Uw
zwangerschap
week na week

Dr. G.B. Curtis   Judith Schuler

Uw zwangerschap
week na week

DELTAS

Original title: *Your pregnany week by week*
Copyright © MMIV by Glade B. Curtis and Judith Schuler
Published in arrangement with Da Capo Press, a Member of the Perseus Books Group.
All rights reserved.
© Zuidnederlandse Uitgeverij N.V., Aartselaar, België, MMVII.
Alle rechten voorbehouden.
Deze uitgave door: Deltas, België-Nederland.
Illustraties: David Fischer
Nederlandse vertaling: Sabine Van Humbeeck
Gedrukt in België

D-MMVII-0001-149
NUR 851

Over dit boek

Dr. Glade Curtis is een van 's werelds populairste verloskundigen. Van zijn boeken over zwangerschap worden er in de VS, Europa en Azië honderdduizenden steeds weer herdrukt. Dr. Curtis dankt zijn succes ontegenzeggelijk aan het feit dat hij er steeds weer naar streeft om de meest recente informatie over zwangerschap te geven. In dit boek probeert hij dat doel te bereiken door informatie te verschaffen die gebaseerd is op zijn praktische ervaring.

Door de unieke week-na-weekinformatie weten vrouwen precies wat er met hen gebeurt vanaf het moment dat ze zwanger worden tot na de bevalling. Lees dit boek van voren naar achteren uit zodra u het in handen hebt. Daarna leest u gedurende uw zwangerschap elke week een hoofdstuk. Zo volgt u de ontwikkeling van uw baby en de veranderingen in uw lichaam op de voet. Op het juiste tijdstip leest u welke tests u moet laten uitvoeren, welke handelingen van invloed zijn op uw baby en daarbij voor eventuele complicaties kunnen zorgen. U krijgt de juiste informatie als het moment daarvoor aangebroken is.

De volgende items maken dit boek extra aantrekkelijk om te lezen:

- Per week krijgt u een overzicht van de veranderingen bij u en uw baby.
- Duidelijke illustraties laten zien hoe u en uw baby zich week na week ontwikkelen.
- Tip van de week: korte, nuttige tips die zowel nieuwe als ervaren moeders kunnen uittesten.

Zwanger zijn is een opwindend gebeuren. U hebt daarbij nog veel te leren en veel om naar uit te kijken. Dankzij dit boek bent u beter voorbereid op de kleine en grote veranderingen die u te wachten staan.

Over de auteurs

Glade B. Curtis is arts, erkend door de *American Board of Obstetrics and Gynecology*. Hij legt zich vooral toe op verloskunde, gynaecologie en onvruchtbaarheid. Hij heeft een eigen praktijk in Salt Lake City, is medisch adviseur en directeur van *The Health Clinics of Utah*. Samen met zijn vrouw en vijf kinderen woont hij in Utah.

Judith Schuler werkt al meer dan 22 jaar als co-auteur en uitgever met dr. Curtis samen. Ze hebben samen al 12 boeken geschreven over zwangerschap, de gezondheid van vrouwen en kinderen. Judith studeerde gezinswetenschappen aan de *University of Arizona* in Tucson. Voordat ze uitgever werd en begon samen te werken met dr. Curtis, was ze universitair docente. Ze heeft een zoon.

Dankbetuigingen

Glade B. Curtis: In dit boek probeer ik een antwoord te geven op de vele vragen die voortvloeien uit gesprekken met zwangere vrouwen en hun partners, en uit gesprekken met collega's. Bijna dagelijks krijgt men meer inzicht in en een beter begrip van de vreugde die gepaard gaat met het moeder/vader worden. Ik verheug mij over het geluk van mijn patiënten en dank hen omdat ze mij deelgenoot maken van dit wonderlijke gebeuren.
Verder gaat mijn dank uit naar mijn begripvolle, onbaatzuchtige vrouw, Debbie, en onze kinderen, die mij steunen ondanks het feit dat mijn beroep veel opofferingen eist. Zij hebben mij aangemoedigd bij de totstandkoming van dit boek. Ook mijn ouders bedank ik voor de liefde en steun die ik altijd van hen heb ontvangen.

Judith Schuler: Ik wil graag mijn vrienden en familie bedanken die met mij hun vragen en zorgen in verband met zwangerschap hebben gedeeld.
Ik bedank ook mijn ouders, wier liefde en steun ik ten zeerste waardeer. Verder gaat mijn dank uit naar mijn zoon, Ian, voor zijn interesse, vriendschap en liefde. Bedankt ook Bob Rucinski voor de hulp op vele vlakken, voor het professionalisme, de ervaring en de aanmoediging.

Inhoud

Voorbereiding op de zwangerschap

Niets is zo prachtig als het wonder van een zwangerschap, dat creatieve proces van het leven zelf. Door u er grondig lichamelijk en geestelijk op voor te bereiden is de kans dat u zich goed voelt tijdens uw zwangerschap en een gezonde baby zult krijgen, veel groter.

Een van de factoren die het belangrijkst zijn voor de gezondheid van uw baby, is *uw levensstijl*. Bereid u goed voor op de zwangerschap, zodat u en uw baby niet onnodig blootgesteld worden aan schadelijke invloeden.

De meeste vrouwen beseffen pas dat ze zwanger zijn als de zwangerschap al 1 tot 2 maanden gevorderd is.

Op het moment dat ze een arts, vroedvrouw of verloskundige raadplegen, zijn ze al 2 of 3 maanden zwanger. De eerste 12 weken van de zwangerschap zijn uitermate belangrijk, omdat in die tijd de belangrijkste organen van de baby gevormd worden.

Voordat u beseft dat u zwanger bent of een arts raadpleegt, kunnen er al veel dingen gebeurd zijn. De voorbereiding op een zwangerschap moet zowel lichamelijk als geestelijk gebeuren.

Zwangerschap is een toestand, geen ziekte. Een zwangere vrouw is niet ziek. U zult enorme veranderingen doormaken in de loop van de zwangerschap. Als u van tevoren al in een goede gezondheid verkeert, zult u zonder problemen de lichamelijke veranderingen en emotionele stress van zwangerschap en bevalling aankunnen. Als de baby eenmaal geboren is, zult u er ook beter voor kunnen zorgen.

Uw algemene gezondheid

De laatste jaren is er enorm veel vooruitgang geboekt op het gebied van technologie, medicatie en behandeling. Door die nieuwe ontwikkelingen weten we dat uw gezondheid in het begin en tijdens het verdere verloop van de zwangerschap van grote invloed is op u en uw baby.

Vroeger vond men het vooral belangrijk dat een vrouw gezond leefde tijdens de zwangerschap. Voor sommige artsen duurt een zwangerschap geen 9, maar 12 maanden of langer. Dat wil zeggen dat een vrouw zich gedurende minstens 3 maanden moet voorbereiden op een zwangerschap. Een goede algemene gezondheid kan u daarbij zeker helpen.

Voorbereiding op de zwangerschap

De volgende zaken zijn belangrijk om over na te denken of te ondernemen voordat u zwanger wordt. Als u vragen of twijfels hebt, spreek daar dan over met uw arts, vroedvrouw of verloskundige.

- Is uw huidige gewicht datgene wat u wilt hebben als u zwanger wordt? Bereken uw BMI. Dat getal zou tussen 18 en 25 moeten liggen om risico's te vermijden. Overgewicht geeft risico voor hoge bloeddruk en zwangerschapsdiabetes en meer kans op een keizersnee. Ondergewicht zorgt voor verminderde vruchtbaarheid, geeft meer kans op een vroeggeboorte en een lager geboortegewicht van de baby.
- Een gezonde, evenwichtige voeding is belangrijk om zwanger te worden en van groot belang voor de toekomstige moeder en de baby. Als u normaal gesproken vitamines neemt, bespreek dit dan met uw arts, vroedvrouw of verloskundige. Meestal is het beter om ermee te stoppen.
- Neem een supplement met foliumzuur vanaf minstens een maand voor de conceptie en ga er in ieder geval mee door tot de 12de week van de zwangerschap. Een dagelijkse inname van 0,4 mg is de richtlijn. Foliumzuur werkt preventief tegen neuraalbuisdefecten, d.w.z. aangeboren hersenafwijkingen en open ruggetje (*spina bifida*). Er is ook aangetoond dat een te laag gehalte aan foliumzuur de kans op een miskraam vergroot. Het is belangrijk dat u een foliumzuursupplement begint te nemen vóór u zwanger wordt, omdat deze vitamine van het meeste belang is tijdens de eerste 28 dagen van de zwangerschap. Aangezien u niet precies weet wanneer de conceptie plaatsvindt, kunt u het beste starten met een foliumzuursupplement op het moment dat u stopt met uw contraceptie en probeert om zwanger te worden.
- Doet u regelmatig aan sport?
- Bespreek eventueel medicijngebruik en de gevolgen daarvan bij een zwangerschap met uw arts. Moet u binnenkort onderzoeken ondergaan, bijvoorbeeld met röntgenstralen?
- Hebt u vaccinaties nodig tegen bof, mazelen, rodehond (BMR)?

- Stop met roken. Vermijd passief roken.
- Drink geen alcohol meer. Gebruik geen drugs of medicijnen.
- Noteer telkens de eerste dag van uw menstruatie om een goed idee te krijgen van uw cyclus. Indien u dit nauwgezet wilt volgen, kunt u een gedetailleerd overzicht met een cycluskaart bijhouden. Daarin worden alle waarnemingen genoteerd die met het vruchtbaarheidsgebeuren in verband staan, en ook de factoren die dit kunnen beïnvloeden.
- Let op met bepaalde kruiden die een invloed hebben op de vruchtbaarheid, zoals sint-janskruid, zaagpalm en echinacea.
- Vraag aan uw arts om een bloedonderzoek te doen, waarbij het ijzergehalte in uw bloed wordt gecontroleerd. Een ijzertekort kan leiden tot vermoeidheid, en u zult toch al vermoeid zijn tijdens uw zwangerschap. Laat ook uw cholesterolgehalte controleren. Met hetzelfde bloedonderzoek kunt u laten vaststellen of u seropositief bent of niet (HIV).
- Laat vaststellen welke bloedgroep en resusfactor u hebt. Vergelijk die met die van de toekomstige vader en bespreek eventueel met uw arts de gevolgen.
- Noteer samen met uw partner de medische voorgeschiedenis van u beiden en uw families.
- Vermijd infecties. Was regelmatig uw handen. Laat iemand anders de kattenbak schoonmaken. Eet alleen voedingsmiddelen die hygiënisch bereid zijn en goed gaar.
- Ga nog eens naar de tandarts voor een controle. Tandproblemen tijdens de zwangerschap kunnen leiden tot een lager geboortegewicht.
- Probeer contact met chemische stoffen op het werk en thuis te vermijden.
- Probeer stress in uw leven te vermijden.

Waar vindt u medisch advies?

Voordat u zwanger wordt, kunt u het beste een arts, vroedvrouw of verloskundige raadplegen. Kies iemand die u gedurende de hele zwangerschap kan bijstaan. Maak een afspraak voor een check-up en bespreek de zwangerschap met uw arts vóór u zwanger wordt. Als u dan inderdaad zwanger bent, weet u zeker dat u in een zo goed mogelijke gezondheid verkeert.

Misschien vereist uw gezondheidstoestand op zich al extra aandacht. Als u daar geen rekening mee houdt, zou u wel eens problemen kunnen ondervinden om zwanger te raken. Misschien moet uw medicatie of uw levensstijl aangepast worden.

☙ *Onderzoeken*

Door een algemeen gezondheidsonderzoek te laten doen voordat u zwanger wordt, weet u dat zich tijdens de zwangerschap waarschijnlijk geen nieuwe problemen zullen voordoen. Bij dat onderzoek horen een uitstrijkje en een borstonderzoek. Laat u ook testen met betrekking tot rodehond, bloedgroep en resusfactor. Als u 35 of ouder bent, kunt u het beste een mammografie laten uitvoeren. Als u in het verleden contact hebt gehad met aids of hepatitis, moet u ook daarvoor tests laten uitvoeren. Bespreek met uw arts de noodzaak van tests voor medische problemen die in uw familie voorkomen. Ook andere chronische medische problemen zoals bloedarmoede (anemie) of herhaaldelijke miskramen moet u met uw arts bespreken.

☙ *Röntgenstralen en andere onderzoeken*

Als u voor bepaalde onderzoeken aan straling wordt blootgesteld, moet u eerst om een zwangerschapstest vragen. Gebruik vóór zulke onderzoeken betrouwbare anticonceptiemiddelen, zodat u zeker weet dat u niet zwanger bent. U loopt risico's bij radiografie, radioscopie en CT-scans. Plan dit soort van onderzoeken bij voorkeur vlak na uw menstruatie, zodat u zeker niet zwanger bent. Als u weet dat u een aantal van deze onderzoeken moet ondergaan, blijft u voorbehoedsmiddelen gebruiken. (Zie ook Week 14.)

Ik heb al patiënten gehad die zwanger bleken te zijn en me vertelden dat ze tijdens de eerste of tweede maand van hun zwangerschap blootgesteld waren aan röntgenstralen. Je kunt echter nooit met zekerheid zeggen of zo'n onderzoek al dan niet schade heeft berokkend. Daarom is het beter dat u een zwangerschap kunt uitsluiten als u zulke onderzoeken laat doen.

☙ *Preconceptionele testen*

Uw arts, vroedvrouw of verloskundige kan u aan verschillende testen en onderzoeken onderwerpen, afhankelijk van uw medische problemen en de medische voorgeschiedenis van uw familie.

- een lichamelijk onderzoek
- een uitstrijkje
- een borstonderzoek (en mammografie vanaf 35 jaar)
- immuniteit voor rodehond vaststellen
- bloedgroep en resusfactor vaststellen
- HIV (als u blootgesteld bent aan risicofactoren) en andere SOA's
- hepatitis (als u blootgesteld bent aan risicofactoren)
- immuniteit voor toxoplasmose vaststellen
- screening voor mucoviscidose

Medische geschiedenis

Een bezoek aan uw arts, vroedvrouw of verloskundige voordat u zwanger wordt, vormt het geschikte ogenblik om uw medische geschiedenis en eventuele problemen bij vroegere zwangerschappen door te lichten. Vraag uw arts hoe u een herhaling van bepaalde problemen kunt vermijden of de kans erop verminderen. Buitenbaarmoederlijke zwangerschap, miskraam, keizersnee en dergelijke zijn enkele voorbeelden van eventuele complicaties uit het verleden.

Dit is ook het geschikte moment om blootstelling aan en eventuele problemen veroorzaakt door seksueel overdraagbare aandoeningen (SOA's) of andere infecties te bespreken. Als u een belangrijke operatie hebt ondergaan of in het verleden behandeld werd voor bepaalde medische problemen, vertel dit dan aan uw arts. Regel voordat u zwanger wordt medicatie die tijdens de zwangerschap niet voor complicaties kan zorgen.

Stoppen met anticonceptie

Het is belangrijk dat u een betrouwbaar voorbehoedsmiddel blijft gebruiken tot het moment dat u klaar bent voor een zwangerschap. Als u midden in een medische behandeling zit of bepaalde onderzoeken moet laten uitvoeren, kunt u beter eerst die behandeling of onderzoeken beëindigen. (Geen voorbehoedsmiddel gebruiken staat in de geneeskunde gelijk met zwanger proberen te worden.)

De meeste artsen raden aan om twee of drie keer 'normaal' te menstrueren na het stoppen met de **anticonceptiepil** of **anticonceptiepleisters**. Als u onmiddellijk na het stopzetten van deze contraceptiemethoden zwanger wordt, is het moeilijker om te bepalen wanneer de conceptie plaatsvond. Ook het bepalen van de vermoedelijke bevallingsdatum wordt zo bemoeilijkt. Later kan dat nog wel gebeuren aan de hand van een echografie. Nu lijkt het bepalen van de vermoedelijke bevallingsdatum voor u misschien niet zo belangrijk, maar dat zal het wel zijn tijdens en tegen het eind van de zwangerschap.

Als u een **koperspiraaltje** (intra-uterien voorbehoedsmiddel) hebt, moet u dat laten verwijderen om zwanger te kunnen worden. Een infectie veroorzaakt door het spiraaltje moet eerst genezen zijn voordat u zwanger probeert te worden. Een spiraaltje wordt het makkelijkst tijdens de menstruatie verwijderd.

Een **spiraaltje met hormoonwerking** moet ook verwijderd worden en u moet minstens twee of drie normale cycli hebben gehad voordat u probeert zwanger te worden. Het kan enkele maanden duren voordat u weer normaal menstrueert na de verwijdering van het spiraaltje. Als u onmiddellijk na de verwijdering zwanger wordt, is het moeilijk te bepalen wanneer de conceptie plaatsvond. Ook de vermoedelijke bevallingsdatum kan niet met zekerheid worden vastgesteld, tenzij door echografie.

Depo-provera®, een **hormoneninjectie** voor geboortebeperking, mag minstens 3 tot 6 maanden voordat u probeert zwanger te raken niet meer toegediend worden. Wacht met conceptie tot u twee of drie normale menstruatiecycli achter de rug hebt.

Veelvoorkomende medische problemen en ziekten

Voordat u zwanger wordt, moet u kritisch kijken naar uw levensstijl, eetgewoonten, lichamelijke activiteiten en eventuele chronische medische problemen zoals hoge bloeddruk of diabetes. Misschien vragen ze voor en tijdens de zwangerschap extra aandacht.

Vertel uw arts welke medicatie u neemt. Bespreek onderzoeken die u binnenkort moet laten uitvoeren (bijvoorbeeld radiografie) en ga alle medische problemen waarvoor u behandeld wordt na. Vragen over die problemen, hun behandeling en eventuele complicaties zijn beter te beantwoorden voordat u zwanger wordt dan tijdens de zwangerschap.

✂ *Astma*

Ongeveer 1% van alle zwangere vrouwen heeft last van astma. Bij de helft daarvan treedt geen verandering op tijdens de zwangerschap. Bij ongeveer 25% verbetert de situatie en bij de overige 25% wordt ze erger.

De meeste medicijnen tegen astma kunnen tijdens de zwangerschap veilig worden gebruikt. Voordat u echter medicatie neemt, moet u dat altijd met uw arts bespreken.

De meeste astmapatiënten weten waardoor aanvallen veroorzaakt worden. Terwijl u probeert zwanger te raken en ook tijdens de zwangerschap moet u die oorzaken zorgvuldig vermijden. Probeer uw astma onder controle te krijgen vóór u zwanger wordt.

✂ *Blaas- en nierproblemen*

Blaasinfecties, meestal *infecties van de urinewegen* genoemd, komen vaker voor tijdens een zwangerschap. Als zo'n infectie niet behandeld wordt, kan ze een nierbekkenontsteking veroorzaken. Ontstekingen van de urinewegen leiden dikwijls tot vroeggeboorte. Als u vaak last hebt van dit soort ontstekingen, moet u zich voor de zwangerschap grondig laten onderzoeken.

Ook nierstenen kunnen voor problemen zorgen. Ze veroorzaken een pijn die moeilijk te onderscheiden is van de pijn die gepaard gaat met typische zwangerschapskwaaltjes. Nierstenen verhogen ook de kans op infecties van de urinewegen en nierbekkenontsteking.

Licht uw arts in als u een nier- of blaasoperatie hebt ondergaan, ernstige nierproblemen hebt of wanneer uw nieren minder goed dan normaal functioneren. Misschien vindt hij het nodig om vóór u zwanger wordt de nierfuncties te onderzoeken.

Raak niet in paniek als u ooit al eens een blaasontsteking hebt gehad. Laat uw arts beslissen of aanvullend onderzoek noodzakelijk is voordat u zwanger wordt.

ஃ *Bloedarmoede (anemie)*

Bloedarmoede betekent dat u te weinig hemoglobine hebt om zuurstof naar uw lichaamscellen te vervoeren. Er zijn verschillende soorten van anemie, gekenmerkt door de volgende symptomen: zwakte, vermoeidheid, kortademigheid en bleekheid.

Als u zwanger bent, vraagt de baby veel ijzer aan uw lichaam. Als u al weinig ijzerreserves hebt, kan een zwangerschap de doorslag geven en kunt u aan bloedarmoede gaan lijden. Laat vóór u zwanger wordt ook een uitgebreid bloedonderzoek uitvoeren.

Een bepaalde soort van bloedarmoede is *sikkelcelanemie*, een genetisch overdraagbare vorm die vooral mensen van Afrikaanse of mediterrane afkomst treft. Als u lijdt aan deze ziekte, kan uw lichaam te weinig zuurstof krijgen, wat heel pijnlijk is en voor infecties en andere problemen kan zorgen tijdens de zwangerschap.

Vrouwen met sikkelcelanemie hebben vaker een miskraam en ontstekingen van de urinewegen. Vaak lijden ze ook aan hoge bloeddruk en pijnlijke sikkelcelcrises. Voor sikkelcelanemie bestaat geen behandeling.

Een andere vorm van bloedarmoede is *thalassemie*, een genetisch erfelijke vorm van anemie die zich voornamelijk bij mensen van mediterrane afkomst voordoet. Als u verwanten hebt die aan deze erfelijke ziekte lijden of vermoedt dat u er zelf aan lijdt, laat u dan grondig door een arts onderzoeken vóór u zwanger wordt.

ஃ *Diabetes*

Diabetes is een medisch probleem dat de zwangerschap ernstig kan bemoeilijken. Als u een diabetespatiënte bent, kan zwanger worden voor u moeilijker zijn. Suikerziekte verhoogt de kans op een miskraam, een doodgeboren kind of geboorteafwijkingen. Als u voor en tijdens de zwangerschap regelmatig uw bloedsuiker of diabetes laat controleren, worden de risico's echter aanzienlijk verminderd. Het is van belang dat tijdens de conceptie de glykemie geen pieken kent.

Als diabetes niet onder controle wordt gehouden, kan de combinatie van zwangerschap en suikerziekte gevaarlijk zijn voor u én voor uw baby. De meeste problemen doen zich voor tijdens het eerste trimester (de eerste 13 weken van de zwangerschap).

Een zwangerschap verhoogt de behoefte van uw lichaam aan insuline, de stof waardoor uw lichaam suiker kan verwerken. Dat kunt u laten onderzoeken door bloedsuikertests.

De meeste artsen raden aan om minstens 2 tot 3 maanden vóór de zwangerschap diabetes goed onder controle te hebben. Uw bloedsuiker moet daarom verscheidene keren per dag worden gecheckt. Vroeger traden tijdens de zwangerschap vaak problemen op bij diabetespatiënten. Tegenwoordig hebben ze veel meer kans op een gezonde zwangerschap.

Als in uw familie gevallen van diabetes voorkomen of u vermoedt dat u eraan lijdt, laat dit dan onderzoeken voordat u zwanger wordt. Dat beperkt het risico op een miskraam en andere complicaties. Als u nooit diabetes hebt gehad, maar het wel ontwikkelt tijdens de zwangerschap, wordt dat *zwangerschapsdiabetes* genoemd. (Zie Week 23.)

✌ *Epilepsie*

Epilepsie wordt gekenmerkt door verschillende soorten van aanvallen, die *grand mal* of *petit mal* worden genoemd. Een zwangere vrouw die lijdt aan epilepsie heeft een kans van 1 op 30 dat haar baby dezelfde ziekte heeft. Het kind heeft ook een verhoogd risico op geboorteafwijkingen die te wijten kunnen zijn aan medicatie die tijdens de zwangerschap werd ingenomen om epilepsieaanvallen te behandelen.

Als u medicijnen inneemt tegen epilepsie, moet u zeker vóór u zwanger wordt uw arts raadplegen. Bespreek met hem de hoeveelheid en het soort medicatie dat u inneemt. Sommige medicijnen kunt u gewoon blijven innemen. De meeste artsen zullen u echter laten overschakelen op aangepaste epilepsiemedicatie voor zwangere vrouwen.

Aanvallen kunnen gevaarlijk zijn voor zowel moeder als kind. Neem uw medicijnen regelmatig en zoals voorgeschreven werd door de arts! Sleutel niet op eigen houtje aan de voorgeschreven hoeveelheden!

✌ *Hartziekten*

Tijdens een zwangerschap moet uw hart 50% harder werken. Als u hartproblemen hebt, brengt u uw arts daarvan op de hoogte voordat u zwanger wordt.

Sommige hartproblemen, zoals een verzwakte mitraalklep, kunnen verergeren tijdens de zwangerschap of vereisen een inname van antibiotica tijdens de bevalling. Aangeboren hartproblemen kunnen uw gezondheid ernstig bedreigen. In dat geval raadt de arts u misschien af om zwanger te worden. Raadpleeg uw arts over elk eventueel hartprobleem, zodat het behandeld kan worden voor u zwanger raakt.

ᔑ *Hypertensie*

Hypertensie of hoge bloeddruk kan bij zwangere vrouwen voor nierbeschadiging, een beroerte of hoofdpijn zorgen. Hoge bloeddruk kan de bloedtoevoer naar de placenta doen afnemen, wat een kleinere baby of een intra-uteriene groeiachterstand tot gevolg kan hebben.

Als u voordat u zwanger bent al last hebt van hoge bloeddruk, houd dat dan nauwlettend in de gaten tijdens de zwangerschap. Misschien verwijst uw arts u door naar een specialist om uw bloeddruk onder controle te krijgen met behulp van medicijnen.

Sommige medicijnen tegen een te hoge bloeddruk mogen genomen worden tijdens de zwangerschap, er zijn echter ook medicijnen die schadelijk zijn. Beslis niet in uw eentje om medicatie te stoppen of te verminderen! Dat kan gevaarlijk zijn.

Als u van plan bent zwanger te worden, bespreekt u eerst met uw arts welke medicijnen u inneemt tegen hoge bloeddruk en of u ze gewoon kunt blijven innemen.

ᔑ *Kanker*

Als u kanker hebt gehad in het verleden, vertel dat dan aan uw arts zodra u zwanger wilt worden of ontdekt dat u zwanger bent. Hij of zij kan dan maatregelen nemen voor uw specifieke situatie. (Zie Week 30 voor meer informatie over kanker en zwangerschap.)

ᔑ *Lupus*

Systemische lupus erythematosus (SLE) of systeemlupus is een auto-immuunziekte, dat wil zeggen dat de immuniteit (afweer) zich op overdreven wijze tegen het lichaam zelf richt, o.a. door auto-antistoffen te vormen die de verscheidene organen en hun werking kunnen aantasten. Lupus kan zich richten tegen verscheidene lichaamsdelen, waaronder ook de gewrichten, nieren, longen en het hart.

De ziekte kan moeilijk te diagnosticeren zijn. Lupus komt voor bij ongeveer 1 op 700 vrouwen tussen de 15 en 64 jaar. Bij zwarte vrouwen komt de ziekte vaker voor, namelijk bij 1 op 250 vrouwen. Lupus komt veel vaker voor bij vrouwen dan bij mannen, en dan vooral bij vrouwen in de vruchtbare leeftijd tussen 20 en 40 jaar.

Lupus is niet te genezen. De behandeling is individueel en gaat meestal gepaard met het innemen van steroïden. Een lupuspatiënte mag zwanger worden als de lupus onder controle is, al of niet met een lage dosis medicatie. Het risico van een spontane miskraam en doodgeboorte is groter bij lupus. De zwangerschap wordt dan ook extra zorgvuldig in de gaten gehouden.

Baby's van lupuspatiëntes hebben huiduitslag, hartafwijkingen of een aangeboren hartblock (het wegblijven of te laat optreden van een kamersamentrekking door een geleidingsstoornis).

De kinderen worden vaak te vroeg geboren en hebben een verminderde intrauteriene groei. Raadpleeg uw arts voordat u zwanger wordt, als u lupuspatiënte bent.

✌ *Migraine*

Ongeveer 15 tot 20% van alle zwangere vrouwen heeft last van migraine. Veel vrouwen merken een verbetering wanneer ze zwanger zijn. Als u medicatie moet innemen, bespreek dit dan op voorhand met uw arts, zodat u weet welke medicijnen veilig zijn gedurende de zwangerschap.

✌ *Schildklierproblemen*

Schildklierproblemen kunnen zowel aan te veel als aan te weinig schildklierhormoon te wijten zijn. Een teveel van het hormoon, *hyperthyroïdie*, doet het metabolisme sneller werken. Het wordt meestal veroorzaakt door de ziekte van Graves.

Het probleem wordt meestal behandeld door een chirurgische ingreep of door medicatie om de hoeveelheid schildklierhormoon te verminderen. Als de kwaal niet onder controle gehouden wordt tijdens de zwangerschap, is er een verhoogd risico op vroegtijdige bevalling en een laag geboortegewicht. Er bestaan voor dit probleem medicijnen die tijdens de zwangerschap veilig kunnen worden ingenomen.

Te weinig schildklierhormoon, *hypothyroïdie*, is meestal te wijten aan problemen met het immuunsysteem, waarbij de schildklier beschadigd wordt door de eigen antilichamen.

Deze kwaal moet behandeld worden met schildklierhormonen; gebeurt dat niet, dan kunt u onvruchtbaar worden of een miskraam krijgen.

Als u last hebt van schildklierproblemen, laat u zich bij voorkeur vóór u zwanger wordt onderzoeken, zodat naar aangepaste medicatie kan worden gezocht. Tijdens uw zwangerschap kan het nodig zijn de medicatie aan te passen. Laat u dus in ieder geval onderzoeken.

Zwangerschap en medicatie

Speel op veilig als u zwanger bent. Dit zijn enkele algemene richtlijnen in verband met medicatie.

- Stop niet met voorbehoedsmiddelen, tenzij u zwanger wilt worden. Consulteer dan wel eerst uw arts.
- Volg voorschriften voor medicijnen exact op en raadpleeg steeds uw arts in geval van twijfel.
- Breng uw arts op de hoogte wanneer hij medicijnen voorschrijft en u denkt dat u zwanger bent of als u niet aan geboortebeperking doet.
- Experimenteer nooit zelf met medicijnen die werden voorgeschreven voor vroegere problemen.
- Gebruik nooit medicijnen van iemand anders.
- Als u niet zeker bent over de inname van een medicijn, raadpleeg dan uw dokter.

Medicatie die u neemt

Het is uiterst belangrijk dat u en uw arts iedere keer dat hij u een medicijn voorschrijft, overwegen of u wellicht zwanger kunt zijn. Zodra u zwanger bent, verandert alles op het gebied van medicijnen.

Normaal gesproken onschuldige medicijnen kunnen schadelijk zijn als u zwanger bent. Misschien is het niet zeker of een medicijn wel veilig is tijdens de zwangerschap. Vraag het aan uw arts voordat u iets inneemt of uw medicatie verandert. (Bepaalde effecten van medicatie en chemische stoffen worden besproken in Week 4.)

De organen van de baby ontwikkelen zich voornamelijk tijdens het eerste trimester. Het is belangrijk dat uw baby in die belangrijke ontwikkelingsperiode niet wordt blootgesteld aan onnodige chemische stoffen. U zult zich beter voelen tijdens de zwangerschap als u uw medicatie onder controle hebt vóór u probeert zwanger te worden.

Sommige medicijnen, zoals antibiotica voor infecties, worden slechts op korte termijn ingenomen. Problemen zoals hoge bloeddruk of diabetes zijn chronisch of van langdurige aard. Bepaalde medicijnen kunt u onder medisch toezicht met een gerust geweten innemen, ook als u zwanger bent. Sommige bevorderen zelfs uw toestand. Andere mag u juist weer niet innemen als u zwanger bent.

Vaccinaties

Voor vaccinaties geldt hetzelfde als voor röntgenstralen: gebruik een betrouwbaar voorbehoedsmiddel als u ingeënt moet worden. Sommige vaccins hebben zeer schadelijke gevolgen als ze in het eerste trimester toegediend worden. Wacht nadat u ingeënt werd minstens 3 maanden voordat u probeert zwanger te worden.

Genetische counseling

Als u voor het eerst zwanger wilt worden, denkt u er waarschijnlijk niet aan om genetisch advies te vragen. In bepaalde omstandigheden kan het u en uw partner echter helpen om te beslissen of u al dan niet een kind wilt krijgen.

Voor genetische counseling kunnen u en uw partner een beroep doen op een genetische counselor of een groep van counselors. Alle informatie die uitgewisseld wordt, is vertrouwelijk. De counseling kan uit één of meer sessies bestaan. Vraag ernaar bij uw arts, vroedvrouw of verloskundige. Bij genetische counseling vertelt men aan de hand van door u verstrekte informatie aan welke aandoening of ziekte u eventueel lijdt of waarvan u misschien drager bent en die op uw kind kan overgaan. Ook uw kansen op een geslaagde zwangerschap worden bekeken. Men geeft u geen precieze informatie, maar 'waarschijnlijkheden'.

Genetische counselors nemen geen beslissingen voor u. U krijgt informatie over onderzoeken die u kunt laten uitvoeren en wat de resultaten van die onderzoeken betekenen. Als u spreekt met een genetische counselor, mag u geen informatie achterhouden die u pijnlijk vindt of waarover u moeilijk kunt praten. Het is belangrijk dat u zo veel mogelijk informatie verstrekt.

Vraag of genetische counseling voor u nuttig is. De meeste paren vinden niet dat het voor hen nodig is, totdat ze een kind met een afwijking krijgen.

Vooral als u zich in een van de volgende categorieën bevindt, zou u genetisch advies moeten vragen:

- als u boven de 35 bent
- als u al een kind met een afwijking hebt
- als u of uw partner een aangeboren afwijking heeft
- als in uw familie een van de volgende ziekten voorkomt: syndroom van Down, geestelijke achterstand, mucoviscidose, spierdystrofie, bloedziekten, skelet- of botproblemen, dwerggroei, epilepsie, aangeboren hartafwijkingen of blindheid

- als u of uw partner verwanten hebben met erfelijke doofheid (prenatale testen kunnen congenitale doofheid (aangeboren doofheid) identificeren veroorzaakt door mutaties van het GJB2-gen dat het Connexion-26-eiwit codeert. Zo zijn de toekomstige ouders en het medisch personeel voorbereid en kunnen ze het probleem onmiddellijk aanpakken.
- als u en uw partner verwanten zijn (bloedverwantschap)
- als u al herhaaldelijk miskramen hebt gehad (drie of meer)
- als zowel u als uw partner afstammen van Ashkenazi-joden (joden uit Centraal- en Oost-Europa)

Volgens bepaalde onderzoeken is ook de leeftijd van de vader belangrijk. Medische informatie toont aan dat een vader die ouder is dan 40 een verhoogde kans heeft op een kind met een aangeboren afwijking.

Misschien kunt u maar moeilijk aan bepaalde informatie komen, bijvoorbeeld als u of uw partner geadopteerd werd. Het kan zijn dat u weinig of niets afweet van de medische geschiedenis van uw familie. Bespreek dit dan met uw arts vóór u zwanger raakt. Zo krijgt u een beter inzicht in welke problemen zich kunnen voordoen.

De situatie wordt alleen maar moeilijker als u al zwanger bent en dan keuzes moet maken. De voornaamste doelstelling van genetische counseling is dezelfde als andere doelstellingen bij een zwangerschap: een vroege diagnose en voorkoming van problemen.

Zwanger op latere leeftijd

Steeds meer paren krijgen op latere leeftijd kinderen, zodat ook steeds meer vrouwen op latere leeftijd voor het eerst moeder worden.

Een oudere vrouw die zwangerschap overweegt, maakt zich vooral zorgen over twee dingen. Ze wil weten welke weerslag de zwangerschap heeft op haar en hoe haar leeftijd de zwangerschap beïnvloedt. Als de moeder niet meer zo jong is, is er een verhoogd risico op complicaties bij zowel de moeder als het kind. (Zie Week 16.)

- een baby met het Downsyndroom
- hoge bloeddruk
- bekkenpijn
- pre-eclampsie (zwangerschapsvergiftiging)
- keizersnee
- verhoogde kans op meerlingen

- loskomen van de placenta
- bloedingen en andere complicaties
- vroegtijdige weeën

Een oudere vrouw die zwanger wil worden, moet rekening houden met meer problemen dan een jongere vrouw. Sterk vereenvoudigd komt het erop neer dat het makkelijker is om zwanger te worden wanneer u 20 bent dan wanneer u 40 bent. Problemen die te wijten zijn aan een hogere leeftijd zijn vaak chronische ziekten die optreden naarmate men ouder wordt. Hoge bloeddruk is een van de meest voorkomende complicaties bij zwangere vrouwen van boven de 35. Ze hebben ook een grotere kans op pre-eclampsie (zwangerschapsvergiftiging).

Diabetes, net als complicaties die te wijten zijn aan diabetes, komt meer voor bij oudere vrouwen. Uit onderzoeken blijkt dat twee keer zoveel vrouwen van boven de 35 complicaties ondervinden vanwege diabetes. Vroeger zorgden hypertensie en diabetes tijdens de zwangerschap altijd voor problemen. Dankzij de medische vooruitgang kunnen we die complicaties echter goed opvangen.

✌ *Syndroom van Down*

Medisch onderzoek heeft aangetoond dat oudere vrouwen meer risico lopen om een kind met het Downsyndroom te baren. Een oudere vrouw kan door verscheidene tests tijdens de zwangerschap laten onderzoeken of haar baby lijdt aan dit syndroom.

Naarmate u ouder wordt, verhoogt het risico op een kind met het Downsyndroom. Dit zijn de statistieken:

- als u 25 bent, is het risico 1 op 1300
- als u 30 bent, 1 op 965
- als u 35 bent, 1 op 365
- als u 40 bent, 1 op 109
- als u 45 bent, 1 op 32
- als u 49 bent, 1 op 12

U kunt deze statistieken ook op een positieve manier bekijken. Als u 45 bent, hebt u 97% kans dat uw kind *niet* het Downsyndroom heeft. Als u 49 bent, is die kans 92%.

Het syndroom van Down is de meest voorkomende chromosomale afwijking die wordt opgespoord door een vruchtwaterpunctie. (Zie Week 16 voor meer informatie over vruchtwateronderzoek.) Als u vanwege uw leeftijd of familiegeschiedenis bang bent om een kind met het Downsyndroom te krijgen, bespreek dit dan met uw arts.

᪥ *Leeftijd van de vader*

Onderzoek heeft aangetoond dat ook de leeftijd van de vader een rol kan spelen. Chromosomale stoornissen die afwijkingen veroorzaken komen vaker voor bij oudere vrouwen en mannen van boven de 40. Mannen die ouder zijn dan 55 hebben twee keer zo vaak de kans vader te worden van een kind met het Downsyndroom dan jongere mannen. De kans op chromosomale problemen neemt toe met de leeftijd van de vader. Sommige onderzoekers bevelen mannen aan om vóór hun 40ste vader te worden. Niet alle wetenschappers echter zijn het daarover eens.

᪥ *Uw gezondheid in het algemeen*

Als u ouder bent, moet u zich vóór u zwanger bent een aantal vragen stellen over uw algemene gezondheidstoestand. Bent u in vorm voor een zwangerschap? Als u ouder bent, kunt u uw kansen op een succesvolle zwangerschap aanzienlijk verhogen door zo gezond mogelijk te zijn voor u zwanger wordt. Meestal wordt op 35-jarige leeftijd een mammografie aanbevolen. Laat die uitvoeren vóór u zwanger wordt. Schenk ook aandacht aan algemene richtlijnen qua voeding en gezondheidszorg.

Uw voeding voordat u zwanger wordt

De meeste mensen voelen zich beter en functioneren beter als ze een goed uitgebalanceerd voedingspatroon volgen. Door een goed voedingspatroon aan te nemen voordat u zwanger wordt, bent u er zeker van dat de foetus in de eerste weken of maanden van de zwangerschap de nodige voedingsstoffen binnenkrijgt. Meestal verzorgen vrouwen zich goed zodra ze weten dat ze zwanger zijn. Door u goed voor te bereiden bent u er zeker van dat uw baby zich gedurende de 9 maanden van de zwangerschap, en niet slechts gedurende 6 of 7 maanden, in een gezonde omgeving bevindt. Bij het opstellen van een voedingsschema bepaalt u de omgeving waarin uw baby wordt verwekt, zich zal ontwikkelen en groeien.

᪥ *Uw gewicht onder controle*

Let op uw gewicht vóór u zwanger wordt. Zowel overgewicht als ondergewicht kunnen problemen geven tijdens de zwangerschap.
Volg *geen* vermageringskuur wanneer u zwanger bent of het wilt worden. Neem nooit dieetpillen. Raadpleeg uw arts als u een bepaald dieet wilt volgen vóór u zwanger probeert te worden. Diëten kunnen tijdelijke tekorten aan vitaminen en mineralen veroorzaken.

ᴥ Voorzichtig met vitaminen, mineralen en kruiden!

Experimenteer niet op eigen houtje met grote hoeveelheden of ongewone combinaties van vitaminen, mineralen of kruiden. In bepaalde omstandigheden kunnen sommige vitaminen voor geboorteafwijkingen zorgen als ze in te grote hoeveelheden worden ingenomen. Een voorbeeld daarvan is vitamine A.

Het is verstandig om minstens 3 maanden vóór de zwangerschap te stoppen met de inname van supplementen. Volg een goed uitgebalanceerd voedingsschema en neem één multivitamine of één prenatale vitamine per dag. De meeste artsen schrijven graag prenatale vitaminen voor als u zwanger wilt worden.

ᴥ Foliumzuur

Foliumzuur is een vitamine van het B-complex (B9), die kan bijdragen tot een gezonde zwangerschap. Als een toekomstige moeder dagelijks 0,4 mg foliumzuur inneemt vanaf de derde of vierde maand vóór de zwangerschap, kan het de zich ontwikkelende baby beschermen tegen neuraalbuisdefecten (geboorteafwijkingen van de hersenen en de ruggengraat).

Een van die afwijkingen, *spina bifida* of open ruggetje, treft heel wat baby's: 4,5 per 10.000 geboortes. De afwijking ontwikkelt zich in de eerste weken van de zwangerschap. Onderzoeken hebben aangetoond dat de aandoening met 75% kan worden voorkomen als de toekomstige moeder foliumzuur inneemt. Als u besluit om zwanger te worden, vraag dan aan uw arts welk supplement u kunt nemen.

Met een evenwichtige voeding kunt u de aanbevolen dagelijkse hoeveelheid misschien bereiken. Sommige voedingsmiddelen bevatten veel foliumzuur: aardbeien, asperges, avocado, (bak)banaan, broccoli, citrusvruchten en -sap, eierdooiers, erwten, groene bladgroenten, lever, linzen, sperziebonen, spinazie, tarwekiemen, tonijn, yoghurt, zwarte bonen.

> **Tip**
>
> Ook als u weet dat u niet zwanger bent, moet u uw lichaam behandelen alsof u zich voorbereidt op een zwangerschap. Als u dan wel zwanger wordt, zit u meteen op het goede spoor qua voeding en lichaamsbeweging, en vermijdt u schadelijke invloeden.

ᴥ Kweek goede eetgewoonten aan

Uw eetgewoonten vóór de zwangerschap hebben hun weerslag tijdens de zwangerschap. Veel vrouwen stoppen terloops iets in hun mond en schenken weinig aandacht aan wat ze eten. Probeer dat af te leren vóór u zwanger wordt.

Is ochtendmisselijkheid te voorkomen?

Recent onderzoek heeft aangetoond dat vrouwen die in het jaar vóór ze zwanger werden grote hoeveelheden verzadigde vetten hebben gegeten (in kaas en rood vlees), een groter risico op ochtendmisselijkheid hebben tijdens de zwangerschap. Als u dus van plan bent om zwanger te worden, kunt u beter dergelijke voedingsmiddelen schrappen.

Vanwege de extra eisen die een zwangerschap en de ontwikkeling van uw baby aan u stellen, zult u een onregelmatig voedingspatroon niet kunnen volhouden als u eenmaal zwanger bent. Evenwicht is de sleutel tot een goede voeding. Extreem veel vitaminen nemen of modediëten volgen, kan schadelijk zijn voor u en uw kind. Het kan zelfs voor uitputting zorgen.

✣ *Specifieke factoren*

Voordat u zwanger wordt, moet u nagaan of u vegetarisch eet, hoeveel lichaamsbeweging u neemt, of u maaltijden overslaat, welk voedingspatroon u volgt (probeert u gewicht te verliezen of aan te komen?) en of u bepaalde voedingsbehoeften hebt.

Als u een speciaal dieet volgt vanwege medische problemen, moet u uw arts daarover informeren. Uw arts, vroedvrouw of verloskundige kan u veel informatie verstrekken over goede en gezonde eetgewoonten.

Veel diëten zijn extreem en worden door u wel goed verdragen, maar ze zijn schadelijk voor de ontwikkeling van de baby.

Bespreek met uw arts geruime tijd voordat u zwanger wilt worden welke diëten u volgt. Als u 8 weken zwanger bent, zult u niet graag te horen krijgen dat u ondervoed bent omdat u een dieet volgt.

Lichaamsbeweging voor de zwangerschap

Lichaamsbeweging is altijd goed voor u: voor en tijdens de zwangerschap. Maar ga niet tot het uiterste!

Doe voor u zwanger raakt regelmatig aan lichaamsbeweging. Aanpassingen in uw levensstijl en regelmatig wat beweging zullen u ten goede komen: u houdt uw gewicht onder controle, voelt zich goed en hebt een beter uithoudingsvermogen, waar u later tijdens de zwangerschap de voordelen van zult ondervinden.

Ga niet intensief trainen of verzwaar uw trainingsprogramma niet terwijl u probeert zwanger te worden. Het is ook niet het geschikte moment om aan competitiesporten te doen, waarbij u het onderste uit de kan probeert te halen.

Kies een vorm van beweging die u leuk vindt en die u op regelmatige basis beoefent, wat voor weer het ook is. Concentreer u op het versterken van uw onderrug en buikspieren.

Er bestaan een aantal richtlijnen in verband met sporten voor en tijdens de zwangerschap. Veel ziekenhuizen en fitnessclubs organiseren sportlessen speciaal voor zwangere vrouwen. Vraag uw arts, vroedvrouw of verloskundige om meer informatie.

✎ *Lichaamsbeweging en eerdere problemen tijdens de zwangerschap*

Raadpleeg uw arts, verloskundige of vroedvrouw over mogelijke lichaamsbeweging als u al drie of meer miskramen hebt gehad, last hebt van cervixinsufficiëntie (vroegtijdige ontsluiting van de baarmoederhals), u al een kind met groeistoornissen hebt, voortijdig bevallen bent of een abnormale bloeding tijdens de zwangerschap hebt gekregen. Ook voor andere vragen omtrent lichaamsbeweging voor en tijdens de zwangerschap kunt u uw arts raadplegen. Een sport die u goed en makkelijk aankunt voor de zwangerschap kan wel voor problemen zorgen als u zwanger bent.

De beste aanpak is een evenwichtige aanpak. Door regelmatig een sport te beoefenen die u leuk vindt, voelt u zich beter en geniet u meer van uw zwangerschap. Zo creëert u ook een gezonde omgeving voor uw baby.

Inname van bepaalde stoffen voor de zwangerschap

Vroeger was slechts weinig informatie beschikbaar over drugs- of alcoholmisbruik. Men kon ook weinig doen om de persoon in kwestie te helpen. Nu kunnen mensen uit de gezondheidszorg informatie geven en hulp bieden aan mensen die drugs, alcohol en dergelijke gebruiken of misbruiken. Wees niet bang om er met uw arts over te praten. Hij is tenslotte begaan met uw welzijn en dat van uw baby.

De laatste jaren werd veel onderzoek gedaan naar het gebruik van drugs en alcohol. We weten nu dat de veiligste manier van omgaan met drugs of alcohol is: ze niet innemen.

Los eventuele problemen op dit gebied op vóór u zwanger wordt. Tegen de tijd dat u zich problemen realiseert, bent u misschien al 8 tot 10 weken zwanger. Uw baby maakt de belangrijkste ontwikkeling door tijdens de eerste 13 weken van de zwangerschap. Misschien gebruikt u drugs en weet u niet dat u zwanger bent. Weinig vrouwen zouden drugs nemen als ze wisten dat ze zwanger waren. Stop de inname van alles wat u niet nodig hebt ten minste *3 maanden* vóór u probeert zwanger te worden!

Steeds meer informatie toont aan dat drugs en alcohol tijdens de zwangerschap nadelig zijn voor het IQ, het concentratievermogen en het leervermogen van het kind. Tot nu toe is geen enkele inname van drugs of alcohol, hoe klein de hoeveelheid ook is, veilig te noemen.

Druggebruik is een ernstig probleem. Maar er is hulp beschikbaar. Zoek hulp vóór u zwanger wordt. U voorbereiden op de zwangerschap kan voor u en uw partner een goede reden zijn om uw levensstijl aan te passen.

✎ Roken

Het is allang bekend dat de schadelijke stoffen ten gevolge van roken de ontwikkeling van de foetus belemmeren. Moeders die roken tijdens de zwangerschap, hebben vaker een baby met een laag geboortegewicht of groeiachterstand. Zoek hulp als u wilt stoppen met roken vóór u zwanger wordt. Uw arts zal u graag informatie verschaffen.

✎ Alcohol

Vroeger dacht men dat een kleine hoeveelheid alcohol tijdens de zwangerschap geen kwaad kon. Nu weten we dat tijdens de zwangerschap *geen enkele hoeveelheid alcohol veilig is*. Alcohol komt in de placenta terecht en beschadigt onmiddellijk uw baby. Zwaar drinken tijdens de zwangerschap kan foetaal alcoholsyndroom (FAS) in de hand werken. (Zie Week 1 & 2.)

✎ Cocaïne

Cocaïne heeft gedurende de hele zwangerschap een sterke invloed op de baby. Vrouwen die tijdens de eerste 12 weken cocaïne innemen, hebben veel kans op een miskraam. Cocaïne veroorzaakt ook afwijkingen, doodgeboorte en wiegendood. Als u cocaïne gebruikt, zoek dan hulp vóór u stopt met voorbehoedsmiddelen en probeert zwanger te raken.

✎ Marihuana

Marihuana (hasj) gebruiken tijdens de zwangerschap is gevaarlijk omdat deze stof in de placenta en dus ook bij de baby zelf terechtkomt. Kinderen van moeders die tijdens de zwangerschap marihuana gebruikten, hebben een verminderd leervermogen, kunnen moeilijker beslissingen nemen en toekomstplannen maken. Ook het verbale redeneervermogen en het geheugen van het kind kunnen beschadigd worden.

Werk en zwangerschap

Uw werk speelt een belangrijke rol tijdens de zwangerschap. Veel vrouwen beseffen pas na een tiental weken dat ze zwanger zijn. Denk er dus van tevoren aan en houd rekening met bepaalde gevaren waaraan u op het werk blootgesteld wordt. Sommige beroepen zijn gevaarlijk of schadelijk tijdens de zwangerschap. Ook bepaalde chemicaliën, gassen, straling of oplossingen kunnen een probleem vormen. Gebruik betrouwbare voorbehoedsmiddelen tot u er zeker van bent dat uw werkomgeving veilig is.

Vrouwen die gedurende lange tijd staand werken, hebben vaak kleinere baby's. Als u al eens vroegtijdig bent bevallen of aan cervixinsufficiëntie lijdt, kunt u beter niet urenlang staand werken als u zwanger bent. Bespreek uw werksituatie met uw arts.

Vanaf het moment dat uw werkgever op de hoogte is van uw zwangerschap, kan hij u niet ontslaan. Breng uw werkgever dus zo snel mogelijk schriftelijk op de hoogte door middel van een medisch attest. Zwangerschap is geen reden tot ontslag. Wordt u om die reden toch ontslagen, dan kunt u uw ontslag door de rechtbank nietig laten verklaren. Wordt u om een andere reden ontslagen tussen de bekendmaking van uw zwangerschap en het werkelijke bevallingsverlof, dan begint de opzegtermijn gewoon te lopen, maar wordt hij geschorst tijdens het bevallingsverlof. Wordt u ontslagen tijdens uw bevallingsverlof, dan wordt de opzegtermijn geschorst tot na dat verlof.

Een ander belangrijk element vormen de sociale voordelen waarvan u kunt genieten met betrekking tot zwangerschap. U hebt recht op zwangerschapsverlof en bevallingsverlof. Informeer vooraf wat de wettelijke termijnen en bepalingen zijn en welke uitkeringen u kunt krijgen. Verder bestaat er in sommige sectoren een recht op borstvoedingsverlof.

Seksueel overdraagbare aandoeningen (SOA)

Infecties of ziekten die van de ene persoon op de andere worden overgedragen door seksueel contact noemen we *seksueel overdraagbare aandoeningen (SOA)*. Ze kunnen u minder vruchtbaar maken en uw baby schade berokkenen. De kans op een SOA is afhankelijk van het soort van voorbehoedsmiddel dat u gebruikt. Condooms verminderen de kansen op een SOA. Als u meer dan één seksuele partner hebt, loopt u meer kans om een seksueel overdraagbare aandoening te krijgen dan wanneer u met één partner vrijt.

Bepaalde SOA's kunnen heel ernstig zijn en veroorzaken *bekkenontsteking*. Dit is ernstig omdat de ziekte zich kan verspreiden van de vagina en baarmoederhals naar de baarmoeder en de eileiders en eierstokken kan aantasten. De eileiders worden beschadigd en raken geblokkeerd, zodat u moeilijk of onmogelijk zwanger kunt worden of de kans op een buitenbaarmoederlijke zwangerschap toeneemt.

❧ Bescherming tegen SOA

Dit vormt een onderdeel van uw voorbereiding op de zwangerschap. U kunt zichzelf beschermen door een condoom te gebruiken (onafhankelijk van welk ander voorbehoedsmiddel u gebruikt), het aantal seksuele partners te beperken en alleen seks te hebben met mensen waarvan u zeker weet dat ze niet meer seksuele partners hebben. Vraag uw arts om raad als u denkt dat u een seksueel overdraagbare aandoening hebt.

Week 1 & 2

Het begin van de zwangerschap

Lees eerst voorgaand hoofdstuk

Een baby die in uw buik groeit en zich ontwikkelt – een prachtige ervaring! Dankzij dit boek zult u uw zwangerschap beter begrijpen en er meer van genieten. Het vertelt wat er met uw lichaam gebeurt en hoe uw baby groeit en verandert.

Daarbij wordt veel aandacht geschonken aan hoe uw activiteiten uw gezondheid en welzijn en die van uw baby beïnvloeden. Als u weet waarom een bepaalde test op een bepaald moment, bijvoorbeeld een onderzoek met röntgenstralen, schadelijk is voor het kind, kunt u besluiten om die test niet te laten uitvoeren. Als u weet hoe een bepaald geneesmiddel uw baby schade kan berokkenen of voor blijvende afwijkingen zorgt, kunt u besluiten het niet in te nemen. Als u weet dat een slecht voedingspatroon voor brandend maagzuur of misselijkheid zorgt, of de groei van uw baby kan vertragen, besluit u wellicht om over te stappen op een gezond voedingsschema. Als u de invloed van uw handelingen op uw zwangerschap kent, kunt u verstandige beslissingen nemen, zodat u zich minder zorgen hoeft te maken en meer kunt genieten van uw zwangerschap.

Dit boek volgt uw zwangerschap week na week. Illustraties tonen duidelijk hoe u en uw kind veranderen en groeien. Daarbij komt iedere keer een aantal thema's terug, zoals de grootte van uw baby en de toename van uw gewicht. Ook zaken waaraan u extra aandacht moet schenken, komen op het juiste moment ter sprake.

Dit boek kan op *geen enkele wijze* een gesprek met uw arts, vroedvrouw of verloskundige vervangen. Bespreek al uw vragen en twijfels uitvoerig met hem of haar. U kunt wel de informatie in dit boek gebruiken als basis voor een gesprek. Zo kunt u beter uw zorgen en belangrijke onderwerpen onder woorden brengen tijdens de consultatie.

Tekens die op zwangerschap wijzen

Als u denkt dat u zwanger bent, ga dan eens na of de volgende symptomen op u van toepassing zijn:

- uw menstruatie blijft uit
- u bent misselijk of moet zelfs overgeven
- u voelt zich erg moe
- uw borsten voelen anders en pijnlijk aan
- u moet vaak urineren

Welk van bovenstaande symptomen zult u het eerst opmerken? Dat hangt af van vrouw tot vrouw. Als uw menstruatie uitblijft, kan dat het eerste symptoom van zwangerschap zijn.

Wanneer wordt uw baby verwacht?

Het begin van de zwangerschap is de eerste dag van de laatste menstruatie. In feite wil dat zeggen dat u volgens de berekening al 2 weken zwanger was vóór de eigenlijke bevruchting! Dat klinkt misschien een beetje verwarrend, zodat wat extra uitleg hier op zijn plaats is.

✎ *De vermoedelijke bevallingsdatum uitrekenen*

De meeste vrouwen weten niet precies wanneer de bevruchting plaatsvond. Wat ze wel weten, is wanneer hun laatste menstruatie begon. Die dag wordt als het begin van de zwangerschap beschouwd. De meeste vrouwen zijn vruchtbaar (eisprong) ongeveer in de helft van hun maandelijkse cyclus of ongeveer 2 weken voor het begin van hun volgende menstruatie.

Een zwangerschap duurt ongeveer 280 dagen, of 40 weken vanaf het begin van de laatste menstruatie. U kunt de vermoedelijke bevallingsdatum uitrekenen door bij de eerste dag van uw laatste menstruatie 280 dagen bij te tellen. Of trek 3 maanden af van de eerste dag van uw laatste menstruatie en voeg er dan opnieuw 7 dagen aan toe. Zo weet u ongeveer wanneer u moet bevallen. Als u bijvoorbeeld voor het laatst begon te menstrueren op 20 februari, is de bevallingsdatum uitgerekend op 27 november.

Als u op deze manier telt, kunt u de zwangerschapsduur bepalen zoals de meeste artsen, verloskundigen en vroedvrouwen dat doen. Soms telt men vanaf de eisprong (ovulatie) of vanaf de bevruchting. Bij deze telling komt men steeds twee weken korter uit. De meeste mensen berekenen een zwangerschap in weken, wat ook het makkelijkst is. Het kan echter verwarrend zijn om te beginnen met tellen vanaf de eerste dag van uw laatste menstruatie, omdat u in feite pas 2 weken later zwanger werd. Als uw arts bijvoorbeeld zegt dat u 10 weken zwanger bent (volgens uw laatste menstruatie), vond de bevruchting 8 weken geleden plaats.

Een zwangerschap wordt ook vaak ingedeeld in trimesters. Er zijn 3 trimesters van ongeveer 13 weken. De ontwikkelingsstadia van de baby worden vaak in deze 3 perioden uitgedrukt. De lichaamsstructuur en de organen van het kind worden hoofdzakelijk gevormd tijdens het eerste trimester, de periode waarin de meeste miskramen zich voordoen. In het derde trimester krijgen moeders het vaakst last van zwangerschapshypertensie of zwangerschapsvergiftiging.

Af en toe berekent men ook een zwangerschap volgens de maancycli, die elk 28 dagen bedragen. Aangezien een zwangerschap vanaf het begin van uw laatste menstruatie 280 dagen duurt, bent u gedurende 10 'maanmaanden' zwanger.

ᵔ *Het 40-wekensysteem*

In dit boek wordt zwangerschap besproken volgens een 40-wekensysteem. Zodoende vindt de bevruchting plaats tijdens de 3de week. Uw zwangerschap wordt week na week besproken, te beginnen bij week 3. De vermoedelijke bevallingsdatum situeert zich aan het eind van de 40ste week.

Elke week wordt de werkelijke leeftijd van de baby vermeld. Bij Week 8 staat bijvoorbeeld:

> Week 8 (= zwangerschapsduur)
> Leeftijd van de foetus – 6 weken

Onthoud goed dat de bevallingsdatum slechts *een schatting* is en geen *exacte datum.* Slechts 1 op de 20 vrouwen bevalt daadwerkelijk op die datum. Reken niet op een bepaalde dag (de vermoedelijke bevallingsdatum of eerder). U zult zien dat de dagen voorbijgaan en dat u nog steeds niet bevallen bent. Beschouw de vermoedelijke bevallingsdatum als een doel, iets waarnaar u uitkijkt en waarop u zich voorbereidt. Onthoud dat u steeds vooruitgang boekt. Een goed begrip van hoe de tijd wordt berekend tijdens de

---

Tip voor Week 1 & 2

Ook zonder voorschrift van uw arts kunt u betrouwbare zwangerschapstests kopen, die al 10 dagen na de bevruchting een positief resultaat (zwangerschap) aangeven.

zwangerschap kan veel helpen. Hoe u de duur van uw zwangerschap ook berekent, ze zal zo lang duren als ze duurt. Tegelijkertijd gebeurt er een wonder: in uw buik groeit een levend wezen dat als de tijd rijp is het levenslicht zal zien! Geniet ten volle van deze prachtige tijd.

∾ *Uw menstruele cyclus*

Menstruatie is de normale, periodieke uitscheiding van bloed, slijm en celresten uit de baarmoederholte. De normale tijd tussen twee menstruaties bedraagt 28 dagen, hoewel die periode wat langer of korter kan zijn en toch nog steeds als normaal wordt beschouwd. De duur (meestal 4 tot 6 dagen) en intensiteit van de menstruatie kunnen erg verschillen.

Twee belangrijke cycli doen zich voor op hetzelfde ogenblik: de ovariale en de endometrische cyclus. De ovariale cyclus produceert een eicel die bevrucht kan worden. De endometrische cyclus zorgt voor een geschikte omgeving waarin het bevruchte eitje zich in uw baarmoeder kan innestelen. Aangezien endometrische veranderingen veroorzaakt worden door hormonen die de eierstokken produceren, zijn beide cycli heel nauw met elkaar verbonden.

De eierstokken produceren een eicel (*ovum*) die bevrucht kan worden. Elk meisje heeft bij haar geboorte ongeveer 2 miljoen eicellen in haar lichaam. Dat aantal neemt vlak voor de puberteit af tot ongeveer 400.000. Het maximale aantal eicellen is al *voor* de geboorte aanwezig. Een vrouwelijke foetus van ongeveer 5 maanden oud (4 maanden voor de geboorte) heeft ongeveer 6 tot 8 miljoen eicellen.

Sommige vrouwen (ongeveer 25%) ervaren pijn of ongemakken in de onderbuik op of rond de dag van de eisprong (ovulatie). Dat wordt *Mittelschmerz* genoemd. Men neemt aan dat het verschijnsel ontstaat door irritatie van vloeistof of bloed uit de follikel als die openbarst. Het al dan niet voorkomen van dat symptoom is echter niet noodzakelijk een bewijs van het al dan niet optreden van de ovulatie.

Uw gezondheid beïnvloedt uw zwangerschap

Een goede gezondheid is een van de belangrijkste factoren tijdens de zwangerschap. Een gezonde voeding, aangepaste lichaamsbeweging, voldoende rust en zorg voor uzelf hebben allemaal hun invloed. In dit boek krijgt u informatie over medicijnen die u mag innemen, onderzoeken die u kunt laten uitvoeren, vrij verkrijgbare geneesmiddelen die u kunt gebruiken, enzovoort. Daarbij wordt steeds aandacht geschonken aan hoe uw handelingen uw gezondheid en die van uw baby beïnvloeden.

De gezondheidszorgen die u krijgt, kunnen ook uw zwangerschap en hoe goed u die verdraagt, beïnvloeden. Een goede zorg voor uw gezondheid is belangrijk voor de ontwikkeling en het welzijn van uw baby.

∽ *Uw medische hulpverlener*

Medische hulp kunt u van een aantal verschillende mensen krijgen. In België wordt de zwangerschap meestal begeleid door een gynaecoloog, door de huisarts of door beiden, soms ook door een vroedvrouw. In Nederland wordt de zwangerschap doorgaans begeleid door de verloskundige of de huisarts. In principe gaat men in Nederland pas naar de gynaecoloog als daarvoor een medische indicatie bestaat, dat wil zeggen als er een verhoogd risico is op problemen tijdens de zwangerschap. Zo kunt u een medische indicatie krijgen op grond van uw leeftijd: als dit uw eerste bevalling is en u 35 jaar of ouder bent. Als u al één of meerdere kinderen hebt, hebt u een medische indicatie bij 40 jaar of ouder. Ook als er zich bij de vorige zwangerschap of bevalling complicaties hebben voorgedaan die mogelijk verhoogde risico's voor de nieuwe zwangerschap opleveren, krijgt u een medische indicatie. Bij drie of meer miskramen, een te vroege geboorte of ernstige onderontwikkeling van het kind, doodgeboorte, wanneer u bij de vorige bevalling bent ingescheurd, een keizersnee hebt ondergaan, aan ernstige zwangerschapsvergiftiging leed, een grote nabloeding hebt gehad of een trombose hebt gekregen, is er een medische indicatie voor begeleiding door een gynaecoloog en een ziekenhuisbevalling. Andere redenen zijn bepaalde ziekten zoals te hoge bloeddruk, suikerziekte, een bepaalde hartafwijking, nieraandoening, astma of een vroegere operatie aan de blaas of baarmoeder.

Communicatie is belangrijk Het is belangrijk dat u goed kunt praten met uw arts of verloskundige. Zwangerschap en bevalling zijn uiterst persoonlijke ervaringen. U moet alle kwesties met hem of haar kunnen bespreken.

*   Gelooft uw hulpverlener in een bevalling zonder pijnstillende middelen?
*   Past hij of zij voor elke patiënt bepaalde routines toe? Krijgt iedereen bijvoorbeeld een lavement (klysma) en dergelijke?
*   Wie vervangt uw hulpverlener als hij of zij weg is?
*   Zijn er nog andere zorgverleners die u wilt spreken of die u zullen begeleiden?

Maak uw zorgen kenbaar en bespreek alles wat voor u van belang is. Uw arts, vroedvrouw of verloskundige heeft ervaring dankzij honderden of duizenden bevallingen die hij of zij al heeft begeleid. Uw arts of verloskundige moet overwegen wat het beste is voor u en de baby, rekening houdend met uw speciale wensen. Wees niet bang om een vraag te stellen. Uw hulpverlener heeft ze waarschijnlijk ooit al eens eerder moeten beantwoorden. Misschien blijkt een bepaald verzoek onverstandig of risicovol. Het belangrijkste is echter dat u er ruim van tevoren over praat. Als een bepaald verzoek ingewilligd kan worden, kunt u zich er samen op voorbereiden, zodat onverwachte voorvallen uitgesloten zijn.

De 'juiste' hulpverlener vinden U mag als zwangere vrouw in **Nederland** zelf uitmaken of u met de hulp van een huisarts of verloskundige wilt bevallen. U bent ook vrij om te kiezen of u thuis of in het ziekenhuis wilt bevallen. De diensten van de huisarts en verloskundige worden vergoed door uw verzekeraar. Bij het verzekerde basispakket is altijd bevalling en kraamzorg inbegrepen. De verzekering is uit te breiden naar wens met aanvullende pakketten.
Als u zwanger bent en in **België** woont, doet u waarschijnlijk een beroep op een gynaecoloog/vroedvrouw en/of op uw huisarts. Wilt u thuis bevallen, dan moet u kunnen rekenen op een speciaal daarvoor opgeleide vroedvrouw of arts.

Uw invloed op de ontwikkeling van de baby

Het is nooit te vroeg om na te denken over hoe uw activiteiten een bepaalde invloed hebben op uw kind. Veel dingen die u altijd gebruikt, kunnen nu een slechte uitwerking hebben op de baby. Daaronder verstaan we medicijnen, tabak, alcohol en cafeïne. Zowel sigaretten als alcohol kunnen de baby ernstige schade berokkenen.

✎ *Roken*
Roken is slecht tijdens de zwangerschap. Een zwangere vrouw die 20 sigaretten (1 pakje) per dag rookt, ademt gedurende de zwangerschap meer dan 11.000 keer tabaksrook in. En die rook komt via de placenta ook bij de baby. Recent onderzoek heeft bovendien aangetoond dat de baby aan veel hogere concentraties van nicotine wordt blootgesteld dan zijn moeder. Deze hoge concentratie kan leiden tot nicotine-ontwenningsverschijnselen bij de baby na de geboorte.
Tabaksrook bevat veel schadelijke stoffen: nicotine, koolmonoxide, waterstofcyanide, teer, hars en kankerverwekkende stoffen (carcinogenen). Al die stoffen kunnen afzonderlijk of samen schade toebrengen aan uw baby. Wetenschappelijke bewijzen tonen aan dat roken tijdens de zwangerschap het risico

op een dode of misvormde foetus vergroot. Roken beïnvloedt ook de opname van vitamine B, C en foliumzuur.

Gedurende meer dan 30 jaar hebben we te maken gehad met rokende moeders van wie het kind geboren werd met een gewicht dat ongeveer 200 g lager lag dan dat van een gemiddeld kind. Verminderd geboortegewicht is rechtstreeks verbonden met het aantal sigaretten dat de aanstaande moeder rookt. Dat effect doet zich echter niet voor bij andere zwangerschappen, als de moeder dan tenminste niet meer rookt. Er bestaat een rechtstreeks verband tussen roken en afwijkende groei bij de foetus.

Een groeiende baby wordt erg beïnvloed door het rookgedrag van zijn moeder. Roken veroorzaakt de vernauwing van de haarvaten in de placenta. Deze haarvaten brengen bloed, zuurstof en voedingsstoffen bij de baby. Een vernauwing ervan kan leiden tot de ondervoeding van de baby, waardoor hij kleiner zal zijn met een lager geboortegewicht.

Kinderen van moeders die rookten tijdens de zwangerschap hebben een lager IQ en een grotere kans op leesstoornissen dan kinderen van niet-roksters. Ook hyperactiviteit komt vaker voor bij kinderen van wie de moeder rookte tijdens de zwangerschap.

Roken tijdens de zwangerschap verhoogt het risico op een miskraam, het afsterven van de foetus of een baby die vlak na de geboorte sterft. Dat risico is nog eens 35% hoger bij vrouwen die meer dan een pakje per dag roken.

Roken kan ook tot meer complicaties leiden tijdens de zwangerschap. Een voorbeeld daarvan is de kans op het loslaten van de placenta (verder besproken in Week 33), waarbij de kans 25% groter is bij gematigde rooksters en 65% bij zware rooksters.

Gematigde rooksters hebben 25% en zware rooksters 90% meer kans op een voorliggende placenta (*placenta praevia*, zie Week 35).

Roken heeft allerlei bekende schadelijke gevolgen voor de algemene gezondheid en verhoogt de kans op longziekten (zoals chronische bronchitis, emfyseem en kanker), hart- en vaatziekten (zoals ischemische hartziekte, perifere bloedvatziekten en aderverkalking), blaaskanker, maagzweer. Bovendien is de kans op overlijden bij rokers 30 tot 80% groter dan bij niet-rokers.

Wat kunt u doen? De oplossing lijkt simpel, maar dat is ze allesbehalve: stop met roken. Een zwangere vrouw die rookt zal er baat bij vinden als ze voor of tijdens de zwangerschap mindert of stopt met roken. Net als haar baby trouwens. Uit onderzoek is gebleken dat niet-roksters en hun ongeboren kind bij passief roken (inademen van sigarettenrook van anderen) blootgesteld werden aan nicotine en andere schadelijke stoffen.

Misschien motiveert uw zwangerschap de hele familie om te stoppen met roken!

Nicotinepleisters en -kauwgom

Verscheidene studies hebben de schadelijke effecten van roken tijdens de zwangerschap aangetoond. Men kent de specifieke effecten van nicotinepleisters en -kauwgom op de ontwikkeling van de foetus niet, maar raadt aan om beide 'stop-met-roken'-middelen niet te gebruiken als u zwanger bent.

✂ *Alcohol*

Alcohol drinken terwijl u zwanger bent, kan voor een heleboel problemen zorgen. Zelfs gematigd drinken werd al in verband gebracht met een verhoogd risico op een miskraam. Buitensporig alcoholgebruik resulteert vaak in afwijkingen bij de foetus. Een chronisch alcoholgebruik kan de ontwikkeling van de foetus verstoren, wat we *foetaal alcoholsyndroom* (FAS) noemen.

FAS wordt gekenmerkt door vertraagde groei voor en na de geboorte, afwijkingen aan de ledematen, het hart en het gezicht bij kinderen van vrouwen die aan alcohol verslaafd zijn. Het kind heeft typische gelaatstrekken: een brede en platte neusbrug, het bovenste kaakbeen is afgevlakt en de ogen zien er 'flets' uit. Een FAS-kind kan ook gedragsproblemen vertonen.

FAS-kinderen hebben vaak spraakproblemen en stoornissen in de fijne en grove motorische functies. De perinatale sterfte (kort voor, tijdens en kort na de geboorte) ligt bij deze kinderen op 15 tot 20%.

De meeste onderzoeken tonen aan dat vrouwen vier tot vijf keer per dag alcohol moeten drinken voor hun kind aan FAS lijdt. Bij 'slechts' twee keer alcohol drinken per dag werden echter al lichte afwijkingen vastgesteld. Dat heeft veel onderzoekers ertoe doen besluiten dat *geen enkele hoeveelheid alcohol veilig is* tijdens de zwangerschap.

Een aantal onderzoekers heeft opgemerkt dat ernstig alcoholgebruik bij de vader vóór de bevruchting ook kan leiden tot FAS. Intra-uteriene groeivertraging (IUGR) zou ook veroorzaakt worden door alcoholgebruik bij de vader.

De combinatie medicijnen-alcohol verhoogt de kans op een kind met afwijkingen. Pijnstillers, antidepressiva en anticonvulsiva veroorzaken de grootste schade.

Ga uit voorzorg heel voorzichtig om met vrij verkrijgbare hoest- en andere middeltjes tegen verkoudheid. Vele bevatten alcohol, sommige zelfs tot 25%! Vaak willen vrouwen weten of er bezwaar is tegen een glaasje voor de gezelligheid. Daarover bestaat geen eensgezindheid, omdat geen enkele hoeveelheid alcohol tijdens de zwangerschap als veilig kan worden beschouwd. Waarom zou u echter risico's nemen? Zie af van elke hoeveelheid alcohol als u zwanger bent, omwille van de gezondheid van uw ongeboren kind. Alleen u draagt de verantwoordelijkheid daarvoor!

Uw voeding

Als u een normaal gewicht hebt voordat u zwanger bent, moet u zorgen voor een verhoogde opname van calorieën tijdens uw zwangerschap. U hebt dagelijks ongeveer 2200 kilocalorieën nodig. In de tweede helft van de zwangerschap hebt u waarschijnlijk nog eens 300 kilocalorieën extra nodig.

Extra calorieën geven uw lichaam de energie die het nodig heeft. Uw baby heeft energie nodig om eiwitten en koolhydraten aan te maken en op te slaan. Door de extra calorieën heeft uw lichaam ook energie om de veranderingen in uw lichaam te ondersteunen. Uw baarmoeder wordt immers groter, en uw bloedvolume neemt met 50% toe.

U kunt uw behoefte aan voedingsstoffen gemakkelijk invullen met een evenwichtige en gevarieerde voeding. De kwaliteit ervan is ook van belang. Verse producten zijn beter voor uw gezondheid dan voedsel dat uit een blik of een pak komt. Let op: 300 kilocalorieën extra opnemen wil niet zeggen dat u uw porties moet verdubbelen! Een middelgrote banaan en een potje yoghurt leveren al 300 kilocalorieën!

Wat ook nog belangrijk is

✄ *Hepatitis en zwangerschap*

Hepatitis is een virale infectie van de lever. Het is een van de meest ernstige aandoeningen die kunnen voorkomen tijdens de zwangerschap. Hepatitis B is de oorzaak van ongeveer de helft van de hepatitisgevallen. Het wordt doorgegeven door seksueel contact of hergebruik van injectienaalden.

Risicogroepen zijn mensen die in het verleden intraveneus drugs hebben gebruikt, mensen die SOA hebben gehad of blootgesteld zijn aan besmette mensen of besmet bloed.

De zwangere vrouw kan het B-type van het virus doorgeven aan de foetus. De symptomen zijn misselijkheid, griepachtige symptomen, gele huid, donkere urine, pijn rond de leverstreek of rechtsboven aan de buik.

Hepatitis B wordt vastgesteld door een bloedtest. Meestal wordt de vrouw getest voordat ze zwanger is of aan het begin van de zwangerschap. Als uw test positief blijkt, kan men uw baby immunoglobuline (antistoffen) toedienen na de geboorte.

Week 3

Leeftijd van de foetus – 1 week

Als u pas ontdekt hebt dat u zwanger bent,
kunt u het beste eerst de vorige hoofdstukken lezen.

Hoe groot is de baby?

Het embryo in uw buik is heel klein: niet meer dan een groepje cellen, dat zich echter heel snel vermenigvuldigt en groeit. Het is zo groot als een spelden-knop, wat wil zeggen dat het met het blote oog zichtbaar is. Dat groepje cellen ziet er nog niet uit als een foetus of een baby. De illustratie op bladzijde 40 geeft u een beeld van hoe het er wel uitziet. In deze eerste week is het embryo ongeveer 0,15 mm groot.

Hoeveel bent u aangekomen?

U zult tijdens de derde week van de zwangerschap geen veranderingen op-merken. Daarvoor is het nog veel te vroeg! Weinig vrouwen beseffen zelfs dat ze zwanger zijn. Op dit moment hebt u zelfs nog geen menstruatie overgesla-gen.

Zo groeit en ontwikkelt uw baby zich

Hoewel dit nog maar het allereerste stadium van de zwangerschap is, gebeurt er al heel wat. De eierstokken in uw bekken of buikholte liggen dicht bij de baarmoeder en de eileiders. Op het moment van de eisprong bevindt het uiteinde van de eileider (*fimbria*) zich dicht bij de eierstok. Volgens sommige wetenschappers bedekt de opening van de eileider de eierstok wanneer de eicel

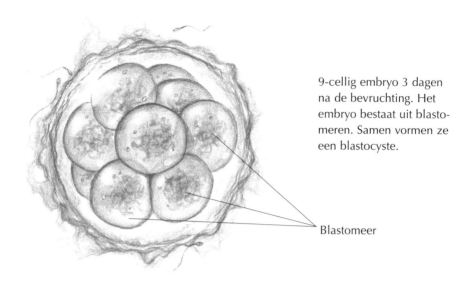

9-cellig embryo 3 dagen na de bevruchting. Het embryo bestaat uit blasto- meren. Samen vormen ze een blastocyste.

Blastomeer

(*ovum*) vrijkomt bij de eisprong. Intussen werd ongeveer 2 tot 5 ml zaad in de vagina geloosd. Elke milliliter bevat zo'n 70 miljoen zaadcellen. Tijdens een ejaculatie komen zo'n 140 tot 350 miljoen zaadcellen vrij. Slechts 200 daarvan bereiken daadwerkelijk de eicel in de eileider. Het moment waarop een zaadcel en een eicel versmelten, noemt men bevruchting.

ᔄ *Bevruchting van de eicel*

De bevruchting gebeurt niet in de baarmoeder, maar in het middelste gedeelte van de eileider, dat we de *ampulla* noemen. Het sperma gaat door de baarmoeder en komt in de eileider terecht, waar de eicel zich bevindt.

De zaadcellen die de eicel bereiken, moeten eerst door de buitenste lagen van de eicel. Meestal slaagt slechts één zaadcel erin om de eicel binnen te dringen en te bevruchten.

Nadat de zaadcel de eicel is binnengedrongen, hecht de kop van de zaadcel zich vast aan het oppervlak van de eicel. De membranen van zaadcel en eicel versmelten met elkaar, zodat ze omgeven worden door hetzelfde membraan. Bij contact met de zaadcel ondergaat de eicel veranderingen, zodat de andere zaadcellen niet meer door de buitenste lagen kunnen dringen.

Als de zaadcel in de eicel aangekomen is, verliest hij zijn staart. De kop van de zaadcel wordt groter en wordt de *mannelijke kern* genoemd. De eicel heet *vrouwelijke kern*. De chromosomen van de mannelijke en vrouwelijke kernen versmelten met elkaar, waarbij kleine codes van informatie over eigenschappen en karaktertrekken van elke partner samenkomen. Dankzij die chromosomale informatie zijn we allemaal uniek. Gewoonlijk heeft iedere mens 46 chromo-

Jongen of meisje?

Het geslacht van uw baby wordt bepaald door de zaadcel (met mannelijk of vrouwelijk erfelijk materiaal) die de eicel bevrucht. Een zaadcel met een Y-chromosoom resulteert in een jongen, een zaadcel met een X-chromosoom in een meisje.

somen, waarvan elke partner er 23 levert. Uw baby is een combinatie van de chromosomale informatie van u en uw partner.

✨ *Het begin van de embryonale ontwikkeling*

Het resultaat van een samengesmolten zaad- en eicel wordt *zygote* genoemd. De zygote reist door de eileider naar de baarmoeder en deelt zich steeds verder op in cellen, die we *blastomeer* noemen. Door celdeling wordt een stevig balletje van cellen gevormd. Dit is het moerbeistadium. Als gevolg van een geleidelijke vochttoename in de moerbei of morula ontstaat een *blastocyste*, die heel klein is.

Tijdens de week daarop reist de blastocyste naar de baarmoeder (3 tot 7 dagen na de bevruchting in de eileider). De blastocyste groeit en ontwikkelt zich al zwevend in de baarmoeder. Ongeveer een week na de bevruchting hecht ze zich vast aan het slijmvlies van de baarmoeder (innesteling).

Veranderingen bij u

Sommige vrouwen weten wanneer ze ovuleren. Ze hebben vage krampen of pijn, of scheiden meer vaginaal vocht uit. Af en toe is er een beetje bloedverlies wanneer de bevruchte eicel zich in de baarmoederwand innestelt.

Het is nog te vroeg om veel veranderingen te merken. Het is u nog niet aan te zien dat u zwanger bent. Geduld, dat komt nog!

Uw invloed op de ontwikkeling van de baby

Lichaamsbeweging is voor veel vrouwen uiterst belangrijk. Hoe meer we te weten komen over gezondheid, hoe duidelijker de voordelen van regelmatig sporten lijken. Door regelmatig wat lichaamsbeweging te nemen, vermindert u de kans op allerlei ziekten, waaronder hart- en vaatziekten, osteoporose (ontkalking van botten), depressie, premenstrueel syndroom (PMS) en zwaarlijvigheid. U kunt kiezen uit een ruim gamma van sporten of lichamelijke activiteiten. Elk ervan heeft zo zijn eigen voordelen. Veel vrouwen die in vorm willen blijven, kiezen tegenwoordig voor aerobics.

ᴥ *Aerobics*

Deze sport houdt uw hart en bloedvaten het gezondst. Ze moet minstens 3 keer per week ten minste 15 minuten beoefend worden, bij een voortdurende hartslag van 110 tot 120 slagen per minuut. De 'norm' van 110 tot 120 slagen per minuut is een gemiddelde waarde voor mensen van verschillende leeftijden. Vrouwen die in een goede gezondheid verkeren en een normale zwangerschap hebben, kunnen aan (matige) aerobe lichaamsbeweging doen: stevig wandelen, fietsen (op de hometrainer), zwemmen en aerobics voor zwangere vrouwen. Vraag aan uw arts, vroedvrouw of verloskundige welk programma u het beste kunt volgen.

ᴥ *Spierversteviging*

Sommige vrouwen doen aan sport om hun spieren te verstevigen. Om een spier te versterken, is weerstand nodig. Er zijn drie verschillende soorten van spiersamentrekkingen: isotone, isometrische en isokinetische. Isotoon betekent dat de spier verkort naarmate er spanning optreedt, bijvoorbeeld als u iets zwaars optilt. Isometrisch wil zeggen dat de spier gespannen wordt, maar dat ze niet langer of korter wordt, bijvoorbeeld wanneer men tegen een muur duwt. Bij isokinetische oefeningen beweegt de spier met een regelmatige snelheid, bijvoorbeeld wanneer u zwemt. De hartspier en de skeletspieren kunnen meestal niet tegelijkertijd verstevigd worden. Om skeletspieren te verstevigen moet u

Aanbevolen hartslag

Leeftijd (jaren)	Aanbevolen hartslag (slagen/minuut)	Maximum hartslag
20	120 - 150	200
25	117 - 146	195
30	114 - 146	190
35	111 - 138	185
40	108 - 135	180
45	105 - 131	175
50	102 - 131	170

(U.S. Department of Health and Human Services)

zware lasten tillen, maar u kunt
die gewichten niet lang genoeg
optillen om uw hartspier te
versterken. Sporten waarbij u
gewichten moet heffen zijn het
doeltreffendst om uw botsterk-
te te bevorderen, waardoor osteoporose wordt tegengegaan.
Andere voordelen van sporten
zijn soepelheid, een goed co-
ordinatievermogen, een verbetering van het humeur en een

> ### Tip voor Week 3
>
> Werk samen met uw dokter een sche-
> ma uit voor lichaamsbeweging tijdens
> de zwangerschap. Als u al een sport
> beoefende, schroeft u uw inspannin-
> gen terug tot 80% van wat u normaal
> gezien presteert.

grotere alertheid. Door voor en na het sporten uw spieren te stretchen en op
te warmen wordt u soepeler en voorkomt u blessures.

✎ *Sporten als u zwanger bent?*

Als u zwanger bent, maakt u zich waarschijnlijk zorgen over de risico's die aan
sporten verbonden zijn. Kunt of moet u sporten als u zwanger bent?

Het is wenselijk dat een zwangere vrouw cardiovasculair goed in vorm is.
Vrouwen die fysiek in orde zijn, kunnen de weeën en de bevalling beter aan.
Aan sporten tijdens de zwangerschap zijn echter risico's verbonden: een verhoogde lichaamstemperatuur bij de baby, verminderde bloedtoevoer naar de
baarmoeder en mogelijke verwondingen in de buik van de moeder.

Als u het verstandig aanpakt, kunt u rustig blijven sporten tijdens uw zwangerschap. Jaag uw lichaamstemperatuur echter niet boven 38,9°C. Let dus goed
op met aerobe lichaamsbeweging. Een verhoogde lichaamstemperatuur kan
toenemende uitdroging met zich meebrengen. Vermijd langdurige aerobe oefeningen, vooral bij warm weer. Bij aerobe lichaamsbeweging kan meer bloed
naar een bepaalde spier of een bepaald huiddeel stromen, dus weg van andere
organen zoals de baarmoeder, de lever of de nieren. Om mogelijke problemen
te vermijden, kunt u het beste uw inspanningen beperken. Dit is *niet* het geschikte moment om records te breken of te trainen voor een marathon! Houd
uw polsslag onder de 140 slagen per minuut als u zwanger bent.

Als u vóór u zwanger was een aerobe sport beoefende, kunt u daar nu mee
doorgaan, maar dan wel in een rustiger tempo. Als er problemen ontstaan,
zoals bloedverlies of voortijdige weeën, moet u in overleg met uw arts uw
oefenprogramma aanpassen.

Het is niet verstandig om tijdens de zwangerschap te beginnen met aerobe
lichaamsbeweging of om intensief te trainen. Als u voor uw zwangerschap niet
regelmatig inspanningssporten beoefende, volstaan wandelen en zwemmen.

Voor u begint te sporten, kunt u dat het best bespreken met uw arts. Samen kunt u een programma uitwerken dat aangepast is aan uw huidige conditie en uw normale inspanningsniveau.

༈ *Algemene richtlijnen voor lichaamsbeweging*

Voor u een oefenprogramma gaat volgen, bespreekt u met uw arts, verloskundige of vroedvrouw medische problemen en vroegere zwangerschappen.

- Begin aan lichaamsbeweging te doen vóór u zwanger bent.
- Oefen regelmatig.
- Begin geleidelijk aan.
- Draag comfortabele kleding, die warm of luchtig genoeg is, en goede, comfortabele schoenen.
- Vermijd risicosporten zoals paardrijden of waterskiën.
- Gun uzelf voldoende tijd om op te warmen en af te koelen.
- Zorg ervoor dat u niet oververhit raakt.
- Sport gedurende 15 minuten, waarna u telkens 5 minuten rust.
- Meet om de 15 minuten uw polsslag. Jaag hem niet over de 140 slagen per minuut. U kunt uw polsslag eenvoudig meten door gedurende 15 seconden het aantal hartslagen in uw nek of aan uw pols te tellen. Vermenigvuldig dat getal met vier. Als het resultaat hoger is dan 140, rust u tot uw polsslag onder de 90 komt.
- Als u regelmatig sport, moet u meer calorieën opnemen.
- Wees voorzichtig met opstaan en gaan liggen als u zwanger bent.
- Vanaf de vierde maand van uw zwangerschap (16 weken) mag u tijdens het sporten niet op uw rug liggen. Dat verlaagt de bloedtoevoer naar de baarmoeder en de placenta.
- Nadat u gestopt bent met sporten, blijft u gedurende 15 tot 20 minuten op uw linkerzij liggen.

Stop met sporten en raadpleeg uw arts als u tijdens het sporten bloed- of vochtverlies opmerkt, kortademig of duizelig bent, hevige buikpijn of een ander ernstig probleem hebt. Raadpleeg uw arts en sport alleen onder toezicht als u last hebt van onregelmatige hartslag, hoge bloeddruk, diabetes, een ziekte aan de schildklier, bloedarmoede of een ander chronisch probleem.

༈ *Het slikken van aspirine*

Bijna elk medicijn dat u tijdens de zwangerschap inneemt, heeft een effect op uw baby. Dat geldt ook voor aspirine, dat vaak om allerlei redenen ingenomen wordt, ofwel alleen ofwel in combinatie met andere medicijnen. Een inname van aspirine kan bloedingen verergeren omdat het de werking beïnvloedt van de bloedplaatjes, die belangrijk zijn voor de bloedstolling. Dat is uiterst belangrijk als u bloedverlies hebt of bijna gaat bevallen. Kleine hoeveelheden aspirine zijn soms wel acceptabel. Praat er in ieder geval over met uw arts. Lees de bijsluiter van elk medicijn dat u inneemt om te zien of er aspirine in zit. Als u een pijnstiller of een koortswerend middel nodig hebt en uw arts niet bereikbaar is, kunt u zonder recept paracetamol krijgen. U kunt het gedurende korte tijd innemen zonder dat er kans is op complicaties bij u of uw baby. Verdere informatie over de inname van geneesmiddelen die u zonder recept kunt verkrijgen, vindt u in Week 7.

Uw voeding

Foliumzuur (vitamine B12) is belangrijk tijdens de zwangerschap. Onderzoek heeft aangetoond dat de inname van foliumzuur helpt om afwijkingen aan het zenuwstelsel te voorkomen, die worden veroorzaakt door gebrekkige sluitingen van het ruggenmergkanaal tijdens de eerste fase van de zwangerschap (neuraalbuisdefecten). De oorzaak ervan is meestal onbekend. De afwijkingen zijn onder andere *spina bifida* (open ruggetje), waarbij de ruggengraat gedeeltelijk open blijft en het ruggenmerg en de zenuwen bloot liggen; *anencefalie*, een bij de geboorte geheel of gedeeltelijke afwezigheid van schedeldak en hersenen; en *encefalocèle*, waarbij de hersenen uitstulpen door een opening in de schedel. Een tekort aan foliumzuur kan ook leiden tot anemie bij de zwangere vrouw. De aanbevolen hoeveelheid foliumzuur die u tijdens de zwangerschap het best kunt innemen, bedraagt 0,4 mg per dag. Men raadt alle vrouwen aan een supplement te nemen te beginnen 1 maand voor ze van plan zijn zwanger te worden en gedurende het eerste trimester van de zwangerschap. Foliumzuur zit ook in veel voedingsmiddelen, zoals fruit, peulvruchten, biergist, sojabonen, volkoren graanproducten en groene bladgroenten. Een evenwichtige voeding helpt dus ook om de benodigde hoeveelheid foliumzuur op te nemen.

Dit is ook belangrijk!

✌ *Bloedverlies tijdens de zwangerschap*

Bloedverlies tijdens de zwangerschap is zorgwekkend. In het eerste trimester moet u zich bij bloedverlies zorgen maken om het welzijn van uw baby en een mogelijke miskraam. (Miskramen worden besproken in Week 8.)

De voordelen van een zwangerschap

- Allergie- en astmapatiënten kunnen zich beter voelen tijdens hun zwangerschap, omdat de natuurlijke steroïden die worden gevormd de symptomen van deze aandoeningen verminderen.
- Zwangerschap kan bescherming bieden tegen borstkanker en eierstokkenkanker. Hoe jonger de vrouw is wanneer ze zwanger wordt en hoe meer baby's ze heeft, hoe minder kans ze heeft op deze vormen van kanker.
- Tijdens het tweede en derde trimester van de zwangerschap verdwijnt migraine vaak.
- Menstruatiepijn behoort tot het verleden tijdens de zwangerschap. En een bijkomend voordeel: er is een mogelijkheid dat u er nooit meer last van hebt nadat de baby is geboren!
- Endometriose (het voorkomen van baarmoederslijmvlies buiten de baarmoeder, zoals in de eierstokken of elders) veroorzaakt bekkenpijn, hevige bloedingen en andere problemen tijdens de menstruatie. Een zwangerschap kan de groei van endometriose stoppen.

Bloedverlies tijdens de zwangerschap is echter *niet* ongewoon. Bepaalde onderzoekers schatten dat 1 op de 5 zwangere vrouwen bloedverlies heeft in het eerste trimester. Hoewel u zich waarschijnlijk zorgen begint te maken, wijst het niet automatisch op een miskraam. Bloedverlies kan optreden bij de innesteling als de blastocyste zich in het slijmvlies van de baarmoeder 'dringt'. U weet op dat moment niet dat u zwanger bent omdat u nog geen menstruatie hebt overgeslagen. U denkt dan waarschijnlijk dat uw menstruatie al eerder begonnen is. Naarmate de zwangerschap vordert en uw baarmoeder uitzet, worden de placenta en de bloedbanen gevormd. Op dat ogenblik kan bloedverlies optreden. Krachtinspanningen of geslachtsgemeenschap kunnen ook bloedingen veroorzaken. Stop in elk geval met datgene waarmee u bezig bent en raadpleeg uw arts.

Als het bloeden een reden tot zorg is, wil uw arts misschien een echografie maken. Daarmee kan soms een oorzaak voor het bloedverlies worden aangetoond. In dit vroege stadium van de zwangerschap is er echter vaak geen aanwijsbare reden. De meeste artsen raden bij bloedverlies aan om te rusten, het kalmer aan te doen en geslachtsgemeenschap te vermijden. Ingrepen of medicijnen kunnen het probleem niet oplossen en maken waarschijnlijk geen verschil. Waarschuw uw arts als u bloedverlies opmerkt. Hij of zij zal u zeggen wat u moet doen.

Week 4

Leeftijd van de foetus – 2 weken

*Als u pas ontdekt hebt dat u zwanger bent,
kunt u het beste eerst de vorige hoofdstukken lezen.*

Hoe groot is de baby?

De baby die in uw buik zit, is nog heel klein: van zo'n 0,36 mm tot ongeveer 1 mm groot. Een millimeter is maar half zo groot als de letter 'o' op deze bladzijde.

Hoeveel bent u aangekomen?

Het is u nog niet aan te zien dat u zwanger bent. U bent nog niet zwaarder geworden en uw figuur is nog steeds hetzelfde. De illustratie op bladzijde 48 toont hoe klein uw baby nog is. Als u ernaar kijkt, zult u begrijpen waarom er uiterlijk nog niets veranderd is bij u.

Zo groeit en ontwikkelt uw baby zich

De ontwikkeling van de foetus zit nog in een heel vroeg stadium, maar er gebeuren veel belangrijke dingen! De blastocyste heeft zich dieper in de baarmoederwand genesteld. De amnionholte, die weldra gevuld wordt met amnionvocht, begint zich te vormen.
De placenta, die een belangrijke rol speelt in de hormoonproductie en bij het transport van zuurstof en voedingsstoffen naar de foetus, begint zich te vormen. Er ontstaan in het baarmoederslijmvlies ook holtes waarin bloed van de moeder stroomt.

Grootte van de baarmoeder na
ongeveer 4 weken zwanger-
schap (leeftijd van de foetus:
2 weken)

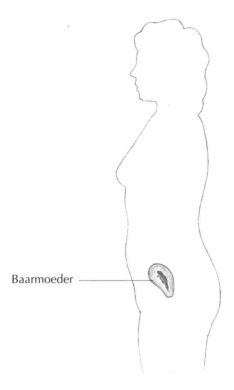

Baarmoeder

✎ *De kiembladen*

Er ontwikkelen zich verschillende lagen met cellen. Die *kiembladen* groeien
later uit tot de verschillende delen van uw baby's lichaam. Ze zorgen onder
andere voor het ontstaan van de organen. Er zijn drie kiembladen: ectoderm,
endoderm en mesoderm. Uit het ectoderm (buitenste kiemblad) groeien het
zenuwstelsel (met de hersenen), de huid en het haar. Het endoderm (binnenste kiemblad) zorgt voor het darmkanaal, de lever, de alvleesklier en de
schildklier. Uit het mesoderm (middelste kiemblad) ontwikkelt zich het skelet,
het bindweefsel, de bloedvaten, het urogenitale systeem (de uitscheidings- en
geslachtsorganen) en een groot deel van de spieren.

Veranderingen bij u

Waarschijnlijk verwacht u dat tegen het einde van deze week uw menstruatie
begint. Gebeurt dat niet, dan kan het zijn dat u zwanger bent!

✎ *Het corpus luteum*

Op de plaats waar de eicel bij de eisprong de eierstok verlaat, vormt zich
het *corpus luteum* of gele lichaam. Als u zwanger wordt, noemt men dat het

zwangerschaps geel lichaam. Onmiddellijk na de eisprong ontwikkelt zich op de plaats waar het eitje uit de follikel gekomen is een klein dooierzakje met vloeistof op de eierstok. Het gele lichaam wordt voorzien van bloedvaten en produceert hormonen, zoals progesteron, alvorens de placenta die taak binnen enkele weken overneemt.

Er zijn al veel discussies gehouden over het belang van het gele lichaam. Men neemt aan dat het tijdens de eerste weken van de zwangerschap vooral belangrijk is omdat het progesteron produceert. Tussen 8 en 12 weken neemt de placenta die taak over. Het gele lichaam verschrompelt gewoonlijk tijdens de zesde maand van de zwangerschap. Bij sommige vrouwen behoudt het gele lichaam echter zijn normale grootte tot het einde van de zwangerschap. Bij andere vrouwen werd ontdekt dat het corpus luteum verwijderd werd door een gebroken cyste rond de 20ste dag na de menstruatie of rond de tijd van de innesteling.

Uw invloed op de ontwikkeling van de baby

⌇ *Abnormale ontwikkeling van de foetus*

Teratologie bestudeert de abnormale ontwikkeling van een foetus. Slechts in minder dan de helft van de gevallen kan een precieze oorzaak of reden voor aangeboren afwijkingen worden vastgesteld. Vaak vragen vrouwen aan verloskundigen en artsen welke stoffen (*teratogenen*) schadelijk kunnen zijn. Van sommige stoffen geloven we dat ze schadelijk zijn, hoewel dat nog niet bewezen is. Van andere stoffen is *wel* bewezen dat ze nadelige gevolgen hebben voor het groeiende kind.

Bepaalde stoffen hebben schadelijkere gevolgen als de foetus er op een specifiek, belangrijk ogenblik aan blootgesteld wordt. Op andere momenten zijn dezelfde stoffen misschien niet schadelijk. Als het belangrijkste stadium van de ontwikkeling voorbij is, meestal rond de 13de week, veroorzaakt een bepaalde stof niet zozeer grote structurele afwijkingen, maar wel groeiachterstand of kleinere organen.

Een voorbeeld daarvan is *rodehond*. Het kan voor veel anatomische afwijkingen zorgen, bijvoorbeeld hartafwijkingen als de foetus tijdens het eerste trimester besmet wordt. Als de besmetting later plaatsvindt, zijn de gevolgen minder erg.

⌇ *Individuele reactie*

De reactie op een bepaalde hoeveelheid van een stof of op bepaalde stoffen verschilt van individu tot individu. Neem nu alcohol. Hoewel sommige foe-

---

> ### Tip voor Week 4
>
> Passief roken is ook schadelijk voor een niet-rookster en haar ongeboren baby. Vraag de mensen rondom u om niet te roken zolang u zwanger bent.

tussen geen schade lijken te ondervinden van grotere hoeveelheden alcohol, zorgen kleine hoeveelheden bij andere foetussen weer wel voor ernstige problemen.

Onderzoek bij dieren heeft ons al veel informatie verschaft over mogelijk schadelijke stoffen. Die kennis kan van pas komen, maar is niet altijd rechtstreeks van toepassing op de mens. Verder krijgen we ook informatie van vrouwen die niet wisten dat ze zwanger waren en blootgesteld werden aan bepaalde stoffen of die niet wisten dat een bepaald geneesmiddel schadelijk was. Het blijft hoe dan ook moeilijk om de op die manier verworven kennis toe te passen op één bepaalde zwangerschap.

Hieronder vindt u een lijst van bekende teratogenen en hun gevolgen voor het embryo. Als u met een van die stoffen in contact bent geweest, moet u zo snel mogelijk uw arts raadplegen. Hij kan u waarschijnlijk geruststellen. Als een onderzoek noodzakelijk is, zal uw arts dat wel zeggen.

↭ *Gebruik van medicijnen en drugs*

Informatie over de effecten van een bepaalde soort medicijnen of drugs op de zwangerschap zijn vastgesteld bij individuele gevallen, waarbij men nog niet wist dat de vrouw zwanger was. Deze enkele 'verslagen' helpen wetenschappers om de verschillende schadelijke effecten te begrijpen en omschrijven, maar er blijven nog steeds veel vraagtekens en onduidelijkheden rond dit onderwerp. Daarom is het moeilijk om de afzonderlijke medicijnen/drugs en hun effect exact te beschrijven. In de tabellen op bladzijde 51 tot 53 vindt u de mogelijke effecten van verscheidene stoffen en middelen.

Als u drugs gebruikt, vertel dat dan eerlijk aan uw arts. Stel vragen over de gevaren van drugs en drugsgebruik. Vertel hem of haar precies welke producten u inneemt en die de gezondheid van uw baby kunnen beschadigen. Het slachtoffer van drugsgebruik is uw baby. Een drugsprobleem kan ernstige gevolgen hebben voor de ontwikkeling van uw kind, die het beste opgelost kunnen worden als ze van tevoren bekend zijn.

Als uw partner marihuana gebruikt, kan hij daar ook beter mee stoppen. Onderzoek heeft aangetoond dat kinderen van vaders die marihuana roken, tweemaal meer kans hebben op wiegendood (SIDS). Dat werd vastgesteld in gevallen waarbij de vader marihuana rookte vóór en tijdens de zwangerschap en na de geboorte.

Medicijnen op voorschrift en andere chemische stoffen

Medicijn of chemische stof	Mogelijke effecten bij de moeder en de baby
Androgenen (mannelijke geslachtshormonen)	onduidelijke ontwikkeling van de geslachtsorganen (hangt af van de dosis en het tijdstip van inname)
ACE-remmers (enalapril, captopril)	foetale en neonatale dood
Anticoagulantia (bloedverdunners)	afwijkingen aan beenderen en handen, intra-uteriene groeiachterstand (IUGR), afwijkingen aan het centrale zenuwstelsel en de ogen
Schildklierremmende geneesmiddelen	verminderde werking van de schildklier; kropgezwel bij de foetus
Carbamazepine (anti-epilepticum)	geboorteafwijkingen, open ruggetje
Chemotherapeutische medicijnen (methotrexaat, aminopterine)	verhoogde kans op een miskraam, foetale dood, geboorteafwijkingen
Coumadine (warfarine)	bloedingen, afwijkingen, miskraam en doodgeboorte
Diëthylstilbestrol (DES)	misvorming van de vrouwelijke geslachtsorganen; onvruchtbaarheid
Foliumzuurblokkers (methotrexaat, aminopterine)	verhoogd risico van miskraam, foetale dood, geboorteafwijkingen
Isotretinoïne (tegen ernstige acne)	miskraam, afwijkingen van het zenuwstelsel, open verhemelte, misvormingen van het gelaat
Lood	verhoogde kans op miskraam en doodgeboorte
Lithium	aangeboren hartafwijkingen
Organisch kwikzilver	hersenatrofie, mentale achterstand, spasticiteit; duizeligheid, blindheid
Fenytoïne (anti-epilepticum, dilantine)	IUGR, microcefalie
Streptomycine (antibioticum bij o.a. tuberculose)	gehoorverlies, beschadiging van de hersenzenuwen

Tetracycline (antibioticum)	onvolledige ontwikkeling van het tandglazuur, verkleuring van de tanden
Thalidomide (Softenon, Contergan)	ernstige misvormingen van de ledematen
Trimethadione	gespleten lip, open verhemelte, IUGR, miskraam
Valproic zuur	neuraalbuisdefecten
Vitamine A e.d. (etretinaat, retinoïden)	foetale dood en geboorteafwijkingen
Röntgentherapie	microcefalie, mentale achterstand, leukemie

Drugs en andere middelen die u moet vermijden

Drugs	Mogelijke effecten bij de moeder en de baby
Alcohol	misvormingen van de foetus, foetaal alcoholsyndroom (FAS), foetaal alcoholeffect (FAE), intra-uteriene groeirestrictie (IUGR)
Amfetaminen	loskomen van de placenta, IUGR, dood van de foetus
Barbituraten	mogelijke geboorteafwijkingen, bij pasgeborenen slechte eetlust, terughoudend gedrag en aanvallen
Benzodiazepinen (o.a. valium en librium)	verhoogd risico van congenitale misvormingen
Cafeïne	lager geboortegewicht, kleiner hoofd, microcefalie, ademhalingsproblemen, slapeloosheid, geïrriteerdheid, slecht calciummetabolisme, IUGR, mentale achterstand, diverse misvormingen
Cocaïne/crack	miskraam, doodgeboorte, congenitale afwijkingen, ernstige misvorming van de foetus, op lange termijn mentale gebreken, wiegendood (SIDS)
Ecstasy	op lange termijn leerproblemen, geheugenproblemen
Ketamine	gedragsproblemen, leerproblemen
Lijm en oplosmiddelen	kleinere kinderen, laag geboortegewicht, klein hoofd, problemen met gewrichten en ledematen, abnormale gelaatskenmerken, hartafwijkingen

Marihuana en hasj	concentratiestoornissen (ADD, ADHD), geheugenproblemen, problemen bij het nemen van beslissingen
Met(h)amfetamine	IUGR, moeilijke hechting, bevingen, extreme verwardheid
Nicotine	miskraam, doodgeboorte, neuraalbuisdefecten, laag geboortegewicht, laag IQ, leesproblemen, hyperactiviteit
Opioïden (zoals morfine, heroïne, sterke pijnstillers)	congenitale afwijkingen, premature geboorte, IUGR, bij de baby terughoudend gedrag

Uw voeding

U moet zich erbij neerleggen dat u wat kilo's zult aankomen tijdens uw zwangerschap. Dat is nodig voor uw gezondheid en die van uw baby. Het kan u misschien moeilijk vallen om op de weegschaal te staan en uw gewicht de hoogte te zien ingaan. Bedenk dan dat een gewichtstoename normaal is. U moet uzelf natuurlijk niet laten gaan – u kunt uw gewicht onder controle houden door de juiste voedingsmiddelen te kiezen.

U moet aankomen. We weten uit ervaring dat een beperkte gewichtstoename niet gezond is voor de baby en de moeder. Toch moet u goed op uw gewicht letten tijdens de zwangerschap, want onderzoek heeft aangetoond dat vrouwen met een normaal gewicht die meer dan 19 kilo aankomen tijdens hun zwangerschap, een groter risico hebben op borstkanker na de menopauze. Ook het feit dat ze de overtollige kilo's na de zwangerschap niet meer kwijtraakten, droeg daartoe bij.

Het is belangrijk om langzaam aan te komen. Laat uzelf niet gaan omdat u zwanger bent. U eet wel voor twee, maar u moet niet dubbel zoveel eten!

Het aantal kilo's dat u aankomt in het eerste trimester is van belang. Er is ontdekt dat het aantal kilo's dat u aankomt in de eerste 13 weken beter overeenkomt met het geboortegewicht van de baby dan het gewicht dat er later bij komt. Als u veel aankomt in het eerste trimester, zult u waarschijnlijk een grote baby hebben. Omgekeerd geldt dat een geringe gewichtstoename in de eerste fase van de zwangerschap waarschijnlijk samengaat met een baby met een lager geboortegewicht.

Meestal kunt u niet alles eten waar u zin in hebt tijdens uw zwangerschap. U moet goed letten op de calorieën en gezonde voedingsmiddelen kiezen, die rijk zijn aan voedingsstoffen. Vermijd suikers en vetten. Kies voor vers fruit en verse groenten. Vermijd zo veel mogelijk cafeïne.

Dit is ook belangrijk!

✍ Milieuverontreiniging en zwangerschap

Sommige vormen van milieuvervuiling zijn ook nadelig voor uw baby. Het is belangrijk dat u als zwangere vrouw op de hoogte bent van de factoren die risico's inhouden, zodat u ze voor het welzijn van uw baby kunt vermijden.

Wat kunt u doen? Er is veel te weinig informatie beschikbaar over de veiligheid of het gebrek aan veiligheid van veel chemicaliën in onze omgeving. Het veiligste is uiteraard de blootstelling aan chemische producten vermijden, of dat nu is door orale inname of door de lucht die u inademt. Ieder contact met schadelijke stoffen vermijden is echter onmogelijk.

Als u weet dat u te maken hebt gehad met allerlei chemicaliën, moet u uw handen zorgvuldig wassen voor u begint te eten. Niet roken helpt ook al een heel stuk.

Een klein lichtpuntje: de meeste geteste chemicaliën veroorzaken eerst ziekte bij de aanstaande moeder en tasten dan pas haar foetus aan. Een omgeving die gezond is voor u is ook gezond voor uw baby.

Op bladzijde 51-52 staat een tabel waarin lood, kwikzilver en andere schadelijke stoffen met hun mogelijke effecten vermeld staan.

De gezondheid van de vader

Sommige vrouwen maken zich zorgen over de gezondheid van de vader van hun baby. Kan zijn gezondheid, eventueel gebruik van alcohol of medicijnen/drugs de gezondheid van de baby beïnvloeden?

De laatste jaren besteedt men steeds meer aandacht aan de rol van de vader in een zwangerschap. Zo is gebleken dat als de vader ouder is dan 40, het risico van een kind met het Downsyndroom groter is. Veel bewijzen voor die theorie zijn echter niet terug te vinden. De inname van medicijnen/drugs door de vader ten tijde van de bevruchting kan ook van invloed zijn op de zwangerschap. Hoewel de bewijzen schaars zijn, is aangetoond dat er wel degelijk een verband bestaat tussen de gezondheid van de vader en die van de baby.

Week 5

Leeftijd van de foetus – 3 weken

*Als u pas ontdekt hebt dat u zwanger bent,
kunt u het beste eerst de vorige hoofdstukken lezen.*

Hoe groot is de baby?

Uw baby is nog niet veel gegroeid. Hij is nu ongeveer 1,25 mm groot.

Hoeveel bent u aangekomen?

Er zijn nog steeds geen grote veranderingen te zien. Het zal zeker nog een tijdje duren voor anderen uw figuur zien veranderen.

Zo groeit en ontwikkelt uw baby zich

Er vormt zich een schijf, die later zal uitgroeien tot het hartje van uw baby. Het centrale zenuwstelsel (hersenen en ruggenmerg), de spieren en de beenderen beginnen vorm te krijgen. Verder begint het skelet zich te ontwikkelen.

Veranderingen bij u

Er treden nu allerlei veranderingen op. Sommige ervan ondergaat u bewust, andere merkt u pas op na de een of andere test.

✣ *Zwangerschapstests*
Doordat zwangerschapstests steeds gevoeliger worden, kan een zwangerschap steeds vroeger vastgesteld worden. De tests kijken of HCG (human chorio-

nic gonadotrophin), een zwangerschapshormoon, aanwezig is. Een zwanger-schapstest kan al positief zijn voor u een menstruatie hebt overgeslagen! Veel tests geven al positieve resultaten (zwangerschap) 10 dagen nadat u bevrucht bent. U kunt echter beter wachten met het investeren van geld en emotionele energie in zwangerschapstests totdat uw menstruatie uitblijft.

De prijs van zelf uit te voeren tests varieert nogal, net als de methode die ze hanteren om de 'diagnose' te stellen.

✑ Misselijkheid en overgeven

Een van de allereerste symptomen is vaak misselijkheid, al dan niet vergezeld van overgeven. Dit verschijnsel wordt *ochtendmisselijkheid* genoemd, of het zich nu 's morgens of in de loop van de dag voordoet. Meestal begint het vroeg op de dag en ebt het geleidelijk aan weg naarmate u actiever wordt. Ochtend-misselijkheid treedt op rond de 6de week en vermindert tegen het einde van het eerste trimester (rond de 13de week).

Veel vrouwen voelen zich misselijk. Meestal zijn de problemen echter niet zo groot dat ze medische aandacht vereisen. Bij *hyperemesis gravidarum* (ernstige misselijkheid en braken) gaan echter veel voedingsstoffen verloren en is er kans op uitdroging.

De zwangere vrouw wordt dan in het ziekenhuis opgenomen en krijgt langs intraveneuze weg vocht en medicijnen toegediend. Ook hypnose is al succesvol gebleken als behandeling voor dit probleem.

Er bestaat geen volledig succesvolle behandeling voor misselijkheid en braken tijdens de zwangerschap. Evenmin bestaan er goedgekeurde medicijnen voor. Dit is een uiterst belangrijke periode voor de ontwikkeling van uw baby. Stel uw kindje niet bloot aan medicijnen, kruiden, vrij verkrijgbare geneesmiddelen of andere 'remedies' tegen misselijkheid waarvan u, noch uw arts, vroedvrouw of verloskundige weet of ze wel veilig zijn. Bespreek samen met hem of haar manieren om de misselijkheid te verminderen.

Wat kunt u doen? Om u beter te voelen, eet u vaker kleinere hoeveelheden. Wetenschappers zijn het erover eens dat een zwangere vrouw beter iets eet waar ze zin in heeft. Voedingsmiddelen die ze graag eet, blijven waarschijnlijk beter in de maag. Als dat wil zeggen dat u aan het zuurdesembrood

Tip voor Week 5

Pas op! Wees voorzichtig met vrij verkrijgbare geneesmiddelen tegen hoest en verkoudheden. Ze bevatten vaak alcohol, soms zelfs 25%!

Wees voorbereid op ochtendmisselijkheid!

Het kan een goed idee zijn om altijd uw eigen 'misselijkheidstas' bij u te hebben. Dat kan nuttig zijn, vooral wanneer u ook overdag last hebt van misselijkheid en braken. Stop in uw tas wat stevige, ondoorzichtige plastic zakjes, vochtige doekjes, zakdoekjes om uw gezicht en mond af te vegen, een klein flesje water om uw mond en tanden te spoelen, een tandenborstel en tandpasta om maagzuur weg te poetsen en een klein flesje ademspray of pepermunt voor uw adem. Onderweg met uw speciale tas zult u zich veel geruster voelen, omdat u op die manier waar u ook bent dit zwangerschapskwaaltje de baas bent.

---

en limonade met citrusvruchten begint, dan is dat maar zo! Sommige vrouwen vinden dat eiwitrijke voedingsmiddelen beter in de maag blijven: kaas, eieren, pindakaas en mager vlees en gevogelte.

Let erop dat u voldoende vocht binnen krijgt, zelfs wanneer u vast voedsel niet kunt binnenhouden. Uitdroging is veel ernstiger dan de gevolgen van een tijdje niet eten. Als u veel moet braken, kan het nuttig zijn om drankjes te kiezen die elektrolyten bevatten. Zo compenseert u de elektrolyten die u verliest bij het braken. Vraag aan uw arts welke drankjes u het best kunt drinken.

ᔔ *Andere veranderingen die u misschien opmerkt*

In het begin moet u wellicht vaker dan anders urineren. Dat kan aanhouden tijdens het grootste gedeelte van de zwangerschap en vooral vervelend worden naarmate de bevalling nadert. Uw baarmoeder zet dan uit en zorgt voor extra druk op uw blaas. U merkt waarschijnlijk ook dat uw borsten veranderen. Prikkelingen en pijn in uw borsten of tepels zijn heel normaal. Het gebied en de klieren rond de tepels kunnen donkerder en groter worden.

U bent erg gauw vermoeid, wat gedurende de hele zwangerschap kan aanhouden. Neem de prenatale vitaminen en andere medicijnen die voorgeschreven werden door uw arts. Zorg ervoor dat u voldoende rust, zodat u zo fit mogelijk blijft.

Uw invloed op de ontwikkeling van de baby

ᔔ *Wanneer moet u een arts of verloskundige raadplegen?*

Een van de eerste vragen die u zich moet stellen als u vermoedt dat u zwanger bent, is: 'Wanneer moet ik een arts of verloskundige raadplegen?'

Opdat een gezonde moeder een gezonde baby kan baren, is goede prenatale zorg vereist.

Maak een afspraak met uw arts, vroedvrouw of verloskundige zodra u redelijk zeker weet dat u zwanger bent. Dat kan al enkele dagen nadat uw menstruatie had moeten beginnen zijn. Raadpleeg tijdig een arts of verloskundige, zowel voor uw eigen gezondheid en welzijn als die van uw baby.

✤ Als u ondanks voorbehoedsmiddelen toch zwanger wordt

Vertel het aan uw arts als u een voorbehoedsmiddel hebt gebruikt. Geen enkele methode is 100% veilig. Af en toe blijken bepaalde middelen, zelfs de pil, ondoeltreffend. Als u zeker weet dat u zwanger bent, stop dan met de pil en raadpleeg zo snel mogelijk uw arts. Raak niet in paniek als het u overkomt. Bespreek samen met uw arts welke maatregelen u het beste kunt nemen en hoe u uw levensstijl moet aanpassen.

Ook met een spiraaltje (intra-uterien voorbehoedsmiddel) kunt u zwanger worden. Raadpleeg onmiddellijk uw arts. Bespreek of het spiraaltje moet worden verwijderd of kan blijven zitten. In de meeste gevallen probeert men het te verwijderen. Als het spiraaltje blijft zitten, wordt de kans op een miskraam iets vergroot.

Zaaddodende middelen die alleen of in combinatie met een condoom, een cervixkapje of een diafragma gebruikt worden, zijn minder betrouwbaar dan de eerder genoemde voorbehoedsmiddelen. Men heeft nog niet kunnen aantonen dat ze schadelijk voor de baby zijn.

Uw voeding

Zoals al eerder vermeld, kunt u te kampen hebben met misselijkheid en braken tijdens uw zwangerschap. Niet iedere vrouw heeft er last van, maar het merendeel toch wel. Het is het hormoon dat uw zwangerschapstest deed kleuren, dat nu ook de oorzaak is van de ongemakken. Een troost: het gehalte ervan gaat omlaag tegen het einde van het eerste trimester. Uw misselijkheid en braakneigingen zouden dus tegen die tijd moeten verbeteren of overgaan. Als u last hebt van ochtendmisselijkheid, probeer dan rekening te houden met de volgende zaken:

- Eet vaker kleine hoeveelheden, zodat uw maag nooit overvol is.
- Drink veel.
- Probeer uit te zoeken welke voedingsmiddelen, geuren of situaties u misselijk maken, zodat u ze zo veel mogelijk kunt vermijden.

- Vermijd koffie, want die stimuleert het maagzuur. En de cafeïne is trouwens niet goed voor de baby.
- Een eiwitrijke snack voor het slapengaan kan uw bloedsuikerspiegel stabiliseren.
- In sommige gevallen kan een koolhydraatrijke snack voor het slapengaan helpen.
- Vraag aan uw partner of hij 's morgens een paar sneetjes geroosterd brood op bed wil brengen, die u opeet voor u opstaat. U kunt ook een doos crackers of beschuit naast uw bed zetten. Zij helpen om het maagzuur te absorberen.
- Zorg ervoor dat de slaapkamer koel blijft 's nachts en lucht regelmatig. Koele, frisse lucht helpt om u beter te voelen.
- Sta langzaam op uit bed.
- Als u een ijzersupplement neemt, neem dat dan een uur voor de maaltijden of twee uur erna.
- Knabbel op verse gember, of giet er kokend water over en drink deze 'thee'.
- Zoutige voedingsmiddelen helpen sommige vrouwen die misselijk zijn.
- Limonade en watermeloen kunnen de symptomen van ochtendmisselijkheid verzachten.

⁓ *Gewichtstoename tijdens de zwangerschap*

Hoeveel zwangere vrouwen toenemen in gewicht, varieert enorm: van gewichtsverlies tot een toename van 25 kg of meer.

Bij extreme gewichtsveranderingen treden vaak complicaties op. Daarom is het moeilijk om een 'ideale' gewichtstoename tijdens de zwangerschap te bepalen. Hoe sterk uw gewicht toeneemt, is afhankelijk van hoeveel u woog voor de zwangerschap. Tot 20 weken mag u rekenen op een gewichtstoename van ongeveer 300 g per week. Van 20 tot 40 weken komt er zo'n 500 g per week bij.

Sommige onderzoekers hanteren enkele richtlijnen voor gewichtstoename afhankelijk van het type vrouw.

Als u zich vragen stelt omtrent uw gewichtstoename tijdens de zwangerschap, stel ze dan aan uw arts, vroedvrouw of verloskundige. Hij of zij kan u goede raad geven over hoeveel uw gewicht mag toenemen tijdens de zwangerschap.

Op dieet gaan als u zwanger bent is onverstandig, wat niet wil zeggen dat u niet hoeft te letten op de hoeveelheid calorieën die u inneemt! Het is uiterst belangrijk dat uw baby de nodige voedingsstoffen krijgt uit wat u eet. Kies voedingsmiddelen om van de voedingsstoffen die ze u en uw ongeboren kind te bieden hebben.

Gewichtstoename tijdens de zwangerschap	
Lichaamstype	Aanvaardbare gewichtstoename (in kg)
Mager	14 tot 20
Normaal	12 tot 18
Zwaar	7 tot 13

Dit is ook belangrijk!

∾ Jongen of meisje?

Net als uw arts – en vaak zelfs beter! – kunt u het geslacht van uw baby raden. Dat geslacht wordt bepaald op het ogenblik dat de eicel bevrucht wordt door een zaadcel van de vader.

Sommige paren willen er zeker van zijn dat ze een jongen of een meisje krijgen. Mannelijke en vrouwelijke zaadcellen worden daarom met opzet van elkaar gescheiden. Door kunstmatige inseminatie wordt dan het gewenste sperma ingebracht. Deze methode is niet 100% betrouwbaar en bovendien heel duur. Ze kan gebruikt worden als er een geslachtsgebonden probleem is, bijvoorbeeld als hemofilie herhaaldelijk voorkomt in een bepaalde familie.

∾ Buitenbaarmoederlijke zwangerschap

In Week 3 hebt u kunnen lezen dat de bevruchting plaatsvindt in de eileider. De bevruchte eicel reist door de eileider naar de baarmoeder, waar ze zich innestelt in het slijmvlies. Bij een buitenbaarmoederlijke zwangerschap nestelt de eicel zich buiten de baarmoederholte, meestal in de eileider. 95% van alle buitenbaarmoederlijke zwangerschappen situeert zich in de eileider. De eicel kan zich ook innestelen in de eierstok, de baarmoederhals of op andere plaatsen in de buikholte. Op bladzijde 61 ziet u een aantal mogelijke plaatsen waar een buitenbaarmoederlijke zwangerschap kan ontstaan.

1 op de100 zwangerschappen is buitenbaarmoederlijk. Het risico wordt groter als de eileiders beschadigd zijn door een bekkenontsteking of andere infecties zoals een gesprongen appendix of operatieve ingrepen in de buikholte. Als u al een buitenbaarmoederlijke zwangerschap hebt gehad, hebt u 12% kans dat die zich weer voordoet. Een spiraaltje vergroot ook de kans op een buitenbaarmoederlijke zwangerschap.

Symptomen van een buitenbaarmoederlijke zwangerschap De symptomen zijn bloedverlies, buikpijn en eventueel ook pijnlijke borsten en misselijkheid.

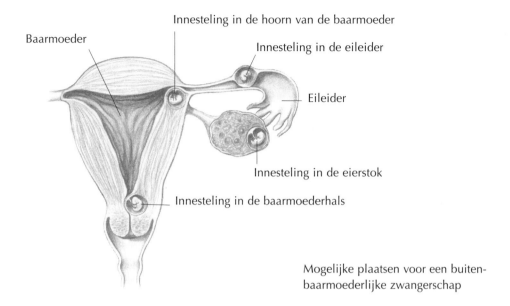

Innesteling in de hoorn van de baarmoeder

Baarmoeder

Innesteling in de eileider

Eileider

Innesteling in de eierstok

Innesteling in de baarmoederhals

Mogelijke plaatsen voor een buitenbaarmoederlijke zwangerschap

Aangezien veel van die symptomen ook optreden bij een normale zwangerschap, kan het moeilijk zijn voor uw arts om een diagnose te stellen.

De diagnose van een buitenbaarmoederlijke zwangerschap Om deze diagnose te stellen, wordt de aanwezige hoeveelheid van het zwangerschapshormoon HCG gemeten. Die test noemt men *kwantitatieve HCG-bepaling*. Bij
een normale zwangerschap verhoogt de hoeveelheid HCG enorm snel: ze ver-
dubbelt elke 2 dagen. Als de hoeveelheid HCG niet verhoogt zoals dat zou
moeten, is er vermoedelijk sprake van een abnormale zwangerschap. Bij een
buitenbaarmoederlijke zwangerschap kan het HCG-niveau hoog zijn, terwijl
er in de baarmoeder geen teken is dat op zwangerschap wijst.

Echografie kan een hulpmiddel zijn om een buitenbaarmoederlijke zwangerschap vast te stellen. (Echografie wordt verder besproken in Week 11.) Een
zwangerschap in de eileider kan opgemerkt worden door echografie, waarbij
in de buikholte bloed afkomstig van een beschadigde eileider of een massa in
de buurt van de eileider of de eierstok te zien is.

Dankzij laparoscopie is een buitenbaarmoederlijke zwangerschap makkelijker
vast te stellen. Bij deze techniek worden in de buurt van de navel en in de
onderbuik heel kleine insnijdingen gemaakt. Met een klein instrument (een *laparoscoop*) kan de arts de binnenkant van de buikholte en het bekken bekijken.
Zo kan een buitenbaarmoederlijke zwangerschap opgemerkt worden.

Men probeert een zwangerschap in de eileider te diagnosticeren voordat de
eileider barst, waarna hij misschien volledig verwijderd moet worden. Een

vroege diagnose vermindert ook de kans op inwendige bloedingen afkomstig van een gebarsten, bloedende eileider.

De meeste buitenbaarmoederlijke zwangerschappen worden rond de 6de tot 8ste week vastgesteld. Het is belangrijk dat u uw arts op de hoogte houdt van alle mogelijke symptomen die u opmerkt.

Behandeling bij een buitenbaarmoederlijke zwangerschap Men probeert altijd de zwangerschap ongedaan te maken zonder dat u onvruchtbaar wordt. Een chirurgische ingreep omvat algemene anesthesie en laparoscopie of laparotomie (een grotere incisie zonder het gebruik van een laparoscoop) en revalidatie na de ingreep. In veel gevallen moet de eileider verwijderd worden, waardoor de vruchtbaarheid in het gedrang komt.

Bij een nieuwe, niet-chirurgische behandelingsmethode van een nog niet gebarsten buitenbaarmoederlijke zwangerschap gebruikt men methotrexaat, een medicijn dat aangewend wordt bij kankerpatiënten. Het wordt intraveneus toegediend in het ziekenhuis en is *cytotoxisch*, wat betekent dat het de zwangerschap afbreekt. Na de injectie neemt het HCG-niveau af, wat erop wijst dat de zwangerschap beëindigd is. De symptomen verdwijnen dan normaal gesproken.

Week 6

Leeftijd van de foetus – 4 weken

*Als u pas ontdekt hebt dat u zwanger bent,
kunt u het beste eerst de vorige hoofdstukken lezen.*

Hoe groot is de baby?

De baby wordt gemeten vanaf de kruin tot aan de stuit en is nu 2 tot 4 mm groot. Men meet vaker op deze manier dan van de kruin tot aan de hielen, omdat de beentjes van de baby meestal gebogen zijn.

Heel af en toe kan met goede apparatuur tijdens een echografie een hartslag waargenomen worden.

Echografie wordt verder besproken in Week 11.

Hoeveel bent u aangekomen?

Misschien bent u al wat aangekomen. Als u vaak misselijk bent en niet goed kunt eten, kan het ook zijn dat u afgevallen bent. U bent nu al een maand zwanger, dus lang genoeg om een aantal veranderingen in uw lichaam opgemerkt te hebben.

Als u voor de eerste keer zwanger bent, ziet uw buik er waarschijnlijk niet veel anders dan normaal uit. Misschien hebt u al gemerkt dat sommige kledingstukken in de taille niet meer zo goed passen. Ook op andere plaatsen, zoals uw benen of borsten, bent u wat zwaarder geworden.

Bij een bekkenonderzoek voelt de arts, vroedvrouw of verloskundige dat uw baarmoeder wat groter geworden is.

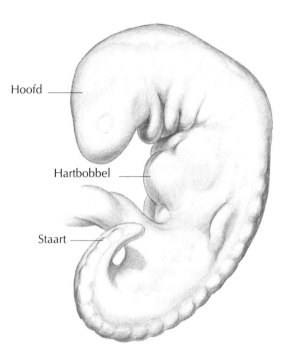

Hoofd

Hartbobbel

Staart

Embryo na 6 weken zwangerschap (leeftijd van de foetus: 4 weken). De baby groeit snel!

Ware grootte

Zo groeit en ontwikkelt uw baby zich

Dit is het begin van de embryonale fase (tot 10 weken zwangerschap; leeftijd van de foetus 8 weken), een uiterst belangrijk stadium in de ontwikkeling van uw baby! Het embryo is nu het gevoeligst voor factoren die zijn ontwikkeling kunnen verstoren. De meeste misvormingen ontstaan in deze periode.

Uw baby heeft nu de vorm van een hoofd met een soort van staart eraan. De zenuwsleuf sluit zich en de hersenkamers worden gevormd. Ook de ogen ontwikkelen zich. De ledematen lijken nog op knoppen.

Er wordt een hartbuis gevormd en het hartje begint te kloppen, wat via echografie waargenomen kan worden.

Veranderingen bij u

✑ *Brandend maagzuur*

Brandend maagzuur (*pyrosis*) is een van de meest voorkomende klachten tijdens de zwangerschap. U kunt er al tijdens de eerste weken last van hebben, hoewel het meestal vaker optreedt naarmate de zwangerschap vordert. Het wordt veroorzaakt doordat sappen uit de maag en alvleesklier terugkomen naar de slokdarm. Dat komt meer voor tijdens een zwangerschap en wel om de volgende twee redenen. Ten eerste beweegt het voedsel zich trager door de ingewanden en ten tweede wordt de maag naar boven ineengedrukt door de steeds groter wordende baarmoeder. Bij de meeste vrouwen zijn de symptomen niet erg uitgesproken. Het helpt als u regelmatig kleine hoeveelheden eet. Vermijd vooroverbuigen of helemaal uitgestrekt liggen.

Sommige antacida zorgen voor verlichting van de klachten: aluminiumhydroxide, magnesiumtrisilicaat en magnesiumhydroxide. Volg de instructies die uw arts u geeft in verband met de inname van deze producten. Neem er vooral niet te veel van! Vermijd natriumbicarbonaat (maagzout), omdat dat te veel natrium bevat, waardoor uw lichaam water gaat opslaan.

✃ *Constipatie*

Tijdens een zwangerschap gaan uw ingewanden in een ander tempo werken. De meeste zwangere vrouwen hebben last van constipatie, vaak vergezeld van een onregelmatige darmwerking. Aambeien zijn daarvan vaak het gevolg.

U kunt constipatie vermijden door meer te drinken en voldoende lichaamsbeweging te nemen. Veel artsen adviseren milde laxeermiddelen zoals melk of pruimensap. Gebruik geen andere laxeermiddelen dan die welke uw arts voorschrijft. Als de constipatie aanhoudt, moet u het probleem bespreken met uw arts, verloskundige of vroedvrouw. Span u bij constipatie niet in om toch maar ontlasting kwijt te raken, want dat kan tot aambeien leiden.

Uw invloed op de ontwikkeling van de baby

Een seksueel overdraagbare aandoening (SOA) kan uw baby veel schade berokkenen. Iedere SOA moet zo snel mogelijk behandeld worden.

✃ *Genitale herpes simplex*

Tijdens de zwangerschap doet een herpesinfectie zich meestal niet voor het eerst voor. Infecties bij de aanstaande moeder worden geassocieerd met een verhoogd risico op een vroeggeboorte en een laag geboortegewicht van de baby. Het kind kan zelf ook besmet worden wanneer het door het geboortekanaal gaat. Als de vliezen breken, kan de infectie zich opwaarts, in de richting van de baarmoeder, uitbreiden. Voor genitale herpes bestaat er tijdens de zwangerschap geen veilige behandeling. Als een vrouw tegen het einde van de zwangerschap besmet wordt, brengt men de baby met een keizersnee ter wereld.

✃ *Vaginale schimmelinfectie*

Moniliale (schimmel)infecties komen vaker voor bij zwangere dan bij niet-zwangere vrouwen. Ze hebben geen grote negatieve invloed op de zwangerschap, maar zorgen voor ongemakken en angst. Schimmelinfecties zijn soms moeilijker te controleren wanneer u zwanger bent. Ze vereisen een regelmatige of langdurige behandeling (10 tot 14 dagen in plaats van 3 tot 7 dagen). Behandelingscrèmes kunt u meestal veilig gebruiken als u zwanger bent. Uw partner hoeft niet behandeld te worden.

Een pasgeboren kind kan spruw krijgen nadat het door een met schimmel geïnfecteerd geboortekanaal gekomen is. Een behandeling met nystatine is doeltreffend gebleken. Vermijd het gebruik van fluconazole, omdat dat niet veilig is tijdens de zwangerschap.

๛ Condylomata Acuminata

Beter bekend onder de naam 'genitale wratten'. Als u uitzonderlijk grote uitwassen hebt, is een keizersnee misschien aan te raden om zware bloedingen te vermijden. De wratten worden vaak groter tijdens de zwangerschap. In enkele zeldzame gevallen blokkeren ze zelfs de vagina tijdens de bevalling. Er werden ook al kinderen geboren met laryngeale papillomas (kleine, goedaardige tumoren op de stembanden).

๛ Gonorroe

Deze infectie houdt risico's in voor zowel de vrouw en haar partner als voor de baby wanneer die door het geboortekanaal komt. De baby kan gonorrale oftalmie, een ernstige ooginfectie, oplopen. Om dat te verhelpen worden bij pasgeborenen oogdruppels toegediend. De baby kan ook nog andere infecties oplopen. Infecties zoals gonorroe kunnen makkelijk behandeld worden met penicilline of andere medicijnen die veilig zijn tijdens de zwangerschap.

๛ Syfilis

De opsporing van een syfilisinfectie is voor uzelf, uw partner en uw kind van groot belang. Gelukkig is deze zeldzame infectie heel makkelijk te behandelen. Als u tijdens de zwangerschap een open zweertje op uw geslachtsorganen opmerkt, moet u dat onmiddellijk laten nakijken door de arts. Syfilis kan doeltreffend behandeld worden met penicilline en andere medicijnen die tijdens de zwangerschap veilig zijn.

๛ Chlamydia

Misschien hebt u al wel gelezen of gehoord over deze seksueel overdraagbare aandoening (SOA). Als u de symptomen van de ziekte niet vertoont, is het moeilijk te zeggen of u besmet bent. Tussen de 20 en 40% van alle seksueel actieve vrouwen is vroeg of laat in contact gekomen met chlamydia. Als de infectie niet wordt behandeld, kan ze voor ernstige problemen zorgen.

Bij besmetting tast de ziektekiem bepaalde gezonde cellen aan. De ziekte kan overgedragen worden door seksueel contact en ook door orale seks.

Chlamydia komt het meest voor bij jonge mensen met meerdere seksuele partners en bij vrouwen met andere SOA's. Sommige artsen menen dat de ziekte vaker voorkomt bij vrouwen die de pil gebruiken. Anticonceptiemiddelen zoals een pessarium of een condoom in combinatie met een zaaddodend middel kunnen chlamydia voorkomen.

Een van de belangrijkste complicaties van chlamydia is bekkenontsteking, een ernstige infectie van de bovenste geslachtsorganen, waaronder de baarmoeder, de eileiders en de eierstokken. De patiënte heeft pijn in het bekken of helemaal geen pijn. Een bekkenontsteking kan ontstaan doordat een onbehandelde infectie zich in het bekken verspreidt. Chlamydia is een van de meest voorkomende oorzaken van bekkenontsteking.

Als een bekkenontsteking lang aanhoudt of steeds terugkeert, kunnen de voortplantingsorganen, de eileiders en de baarmoeder beschadigd worden, waarbij zich gezwellen vormen. Een chirurgische ingreep is dan noodzakelijk. Als de eileiders aangetast zijn, kan het geschonden weefsel de kans op een buitenbaarmoederlijke zwangerschap vergroten.

Chlamydia tijdens de zwangerschap Wanneer de baby door het geboortekanaal en de vagina komt, kan een moeder haar kind besmetten met chlamydia. De baby heeft dan 20 tot 50% kans om de infectie ook te krijgen. Dat kan een oogontsteking tot gevolg hebben, die echter makkelijk te behandelen is. Ernstigere complicaties zijn onder andere longontsteking, waardoor de baby in het ziekenhuis moet blijven.

Het opsporen van chlamydia Deze infectie kan ontdekt worden door een celcultuur te maken. Zoals eerder gezegd, vertoont meer dan de helft van de besmette mensen niet eens symptomen. Die bestaan onder andere uit pijn of jeuk aan de geslachtsorganen, afscheiding uit de vagina, pijnlijk of voortdurend urineren of pijn in het bekken. Ook mannen kunnen die symptomen vertonen.

Uw arts kan de infectie snel diagnosticeren door middel van onderzoeken. Voor u weer naar huis gaat, kan het resultaat al bekend zijn.

Meestal wordt chlamydia behandeld met tetracycline, dat echter niet door zwangere vrouwen mag worden gebruikt. Tijdens de zwangerschap kan het beste erytromycine worden gebruikt. Na de behandeling maakt uw arts nog een celcultuur om er zeker van te zijn dat u volledig genezen bent.

Als u zich afvraagt of u een chlamydia-infectie hebt, praat er dan over met uw arts.

↭ *HIV en aids*

Het HIV of Human Immunodeficiency Virus (menselijk immuundeficiëntie-virus) is het virus dat aids (Acquired Immune Deficiency Syndrome) veroorzaakt. Onderzoek heeft aangetoond dat HIV-positieve vrouwen die zwanger zijn, het virus kunnen doorgeven aan hun baby in de 8ste zwangerschapsweek. Het is dus belangrijk om uw arts te vertellen dat u besmet bent, of dat er een kans bestaat dat u het bent. Door aids wordt een persoon vatbaar voor allerlei infecties en is hij of zij niet in staat om ertegen te vechten.

Vrouwen met een verhoogd risico zijn (ex-)drugsverslaafden die intraveneus drugs gebruik(t)en en vrouwen waarvan de seksuele partners intraveneus drugs hebben gebruikt of biseksuele betrekkingen hebben gehad. Andere groepen met een hoger risico zijn vrouwen met seksueel overdraagbare aandoeningen (SOA's), prostituees en vrouwen die een bloedtransfusie hebben ondergaan voordat de screening naar HIV bij donors werd gestart. Als u niet zeker bent van het risico dat u loopt op een besmetting, vraag dan raad over de mogelijke testen en bloedonderzoeken.

Een vrouw die besmet is met het HIV-virus heeft niet altijd de symptomen van aids. Het kan weken of maanden duren voordat tests de aanwezigheid van het virus onthullen. In de meeste gevallen kunnen de antistoffen 6 tot 12 weken na de besmetting opgespoord worden. In sommige gevallen kan deze wachtperiode zelfs oplopen tot 18 maanden. Als eenmaal de test positief blijkt, kan de persoon gedurende een tijd zonder ziektesymptomen blijven. Hoe lang is niet zeker, dat is verschillend van persoon tot persoon. Het exacte aantal besmette mensen is niet bekend. Er wordt aangenomen dat er voor elke aidspatiënt een 20- tot 30-tal mensen HIV-positief zijn zonder symptomen.

Er is geen bewijs voor de besmetting via contact met water, voedsel of omgeving. Er is ook geen bewijs dat het virus wordt doorgegeven met RhoGAM (zie Week 16). Een moeder kan het virus aan de baby doorgeven tijdens de zwangerschap of tijdens de bevalling. We weten dat 90% van de kinderen die met HIV besmet zijn, het virus van hun moeder hebben gekregen tijdens de zwangerschap, geboorte of borstvoedingsperiode.

Tijdens de zwangerschap kunnen bepaalde ziektesymptomen van aids verborgen blijven, zodat het moeilijker is om de ziekte te ontdekken. Omdat aids ernstige risico's inhoudt voor het ongeboren kind, is het van zeer groot belang om de zwangere te begeleiden en psychologisch te ondersteunen.

Er is toch een positief gegeven voor vrouwen met aids. Als de vrouw in het beginstadium van de ziekte is, kan ze een probleemloze zwangerschap en geboorte doormaken. Haar baby heeft weliswaar een kans om besmet te worden tijdens de zwangerschap, geboorte of borstvoedingsperiode, maar onderzoek heeft aangetoond dat het risico aanzienlijk kan worden verkleind, of bijna te verwaarlozen is. Als de zwangere AZT inneemt tijdens de zwangerschap en er een keizersnee wordt uitgevoerd, wordt het risico verminderd tot ongeveer 2%! Studies hebben nog geen geboorteafwijkingen kunnen vaststellen door het gebruik van deze medicijnen. Als een infectie tijdens de zwangerschap echter niet behandeld wordt, is er een risico van 25% dat de baby geboren wordt met het virus.

Aidstests Aidsonderzoek bestaat uit twee tests: de ELISA-test en de Western Blot-test. Als de eerste positief is, moet het resultaat bevestigd worden door de tweede. Bij beide tests wordt het bloed onderzocht op de aanwezigheid van antilichamen voor het virus, en niet op de aanwezigheid van het virus zelf. Geen enkele test kan als positief beschouwd worden voor de Western Blot-test werd uitgevoerd. Hij is in meer dan 99% van de gevallen nauwkeurig.

HIV/aids en zwangerschap Als u HIV-positief bent, zult u meer bloedonderzoeken moeten ondergaan tijdens uw zwangerschap. Die testen geven de arts een beeld van uw toestand als zwangere vrouw. In westerse landen wordt HIV-positieve vrouwen afgeraden om borstvoeding te geven.

Uw voeding

Om de voedingsstoffen binnen te krijgen die u nodig hebt tijdens uw zwangerschap, moet u selectief te werk gaan. U kunt *niet* eten wat u wilt. Het verlangt een beetje aandacht om de juiste voedingsmiddelen in de juiste hoeveelheden te eten. Eet vooral voedingswaren die rijk zijn aan vitaminen en mineralen, vooral ijzer, calcium, magnesium, foliumzuur en zink. U hebt ook voldoende vezels en vocht nodig om constipatie te voorkomen.
Bepaalde voedingsmiddelen die u nu nodig hebt, staan hieronder opgesomd. Probeer die dan ook dagelijks te eten. Bij de afzonderlijke weken in dit boek worden tips gegeven om voldoende uit elke voedingsgroep te eten. Hier volgen voedingsmiddelen die uw baby helpen om zich goed te ontwikkelen:

- brood, granen, deegwaren en rijst – minstens 6 porties/dag
- fruit – 3 tot 4 porties/dag
- groenten – 4 porties/dag
- vlees en andere eiwitbronnen – 2 tot 3 porties/dag
- zuivelproducten – 3 tot 4 porties/dag
- vetten, suiker, snoepgoed en ander 'leeg' calorierijk voedsel – 2 tot 3 porties/dag

---

Het begrip 'portie' in de voedingsdriehoek

Elk voedingsmiddel op zich levert een aantal voedingsstoffen. Één enkel voedingsmiddel levert echter nooit alle vereiste voedingsstoffen. De actieve voedingsdriehoek geeft een beeld van de 7 groepen die elk hun aandeel leveren in een gezonde levensstijl via voldoende beweging enerzijds en een gevarieerde en evenwichtige voedingskeuze anderzijds. U kunt de voedingsdriehoek bekijken op het internet of uw arts, verloskundige of vroedvrouw om meer informatie vragen. Veel mensen overeten zich tegenwoordig omdat ze niet weten wat een 'portie' betekent uit de voedingsdriehoek. Er zijn algemene aanwijzingen per voedingsgroep, maar de behoeften van mensen zijn verschillend, afhankelijk van hun lichaamsbouw, fysieke activiteit, omgeving. Zwangere vrouwen hebben een beetje meer calorieën nodig, maar ze hoeven niet voor twee te eten!

Dit is ook belangrijk!

◦ *Uw eerste bezoek bij de verloskundige*

Uw eerste bezoek aan de arts, verloskundige of vroedvrouw kan meteen het langste zijn omdat veel zaken goed gecheckt moeten worden.

Als u uw arts of verloskundige hebt geraadpleegd voor u zwanger werd, hebt u toen misschien al een aantal belangrijke punten besproken. Stel alle vragen die in u opkomen, zodat u een idee krijgt van hoe uw arts, vroedvrouw of verloskundige tegen u en uw behoeften aankijkt. Er moet voortdurend een uitwisseling van ideeën zijn. Overweeg de suggesties van uw arts, verloskundige of vroedvrouw. Het is belangrijk dat u uw gevoelens en gedachten met iemand kunt delen. Onthoud ook dat hij of zij veel ervaring heeft, wat van pas kan komen tijdens uw zwangerschap.

Wat gebeurt er? Wat mag u verwachten van dit eerste bezoek? Eerst en vooral wordt er gekeken naar uw medisch verleden, dat wil zeggen algemene medische problemen en specifiek gynaecologische problemen. U moet vragen beantwoorden over uw menstruatie en onlangs gebruikte voorbehoedsmiddelen. Als u een abortus of een miskraam hebt gehad, vertel dat dan aan uw arts. Bent u in het ziekenhuis geweest voor een chirurgische ingreep of iets anders? Hebt u nog medische gegevens van vroeger? Neem ze mee naar uw arts. De arts moet precies weten welke medicijnen u neemt en voor welke geneesmiddelen u allergisch bent. Ook het medisch verleden van de rest van uw

---

Tip voor Week 6

Als u tussen twee prenatale bezoeken in vragen hebt, bel dan gerust uw dokter of vroedvrouw op. Naderhand zult u zich heel wat geruster voelen.

familie kan belangrijk zijn, bijvoorbeeld gevallen van diabetes of chronische ziekten.

Een lichamelijk onderzoek met onder andere een bekkenonderzoek en een uitstrijkje zult u ook moeten ondergaan. Uit dat onderzoek blijkt of uw baarmoeder de juiste grootte heeft in verhouding tot het stadium waarin uw zwangerschap nu verkeert.

Bij de eerste afspraak of tijdens een van de volgende afspraken worden laboratoriumonderzoeken gedaan. Die onderzoeken bespreken we gedetailleerder in Week 8.

Hebt u vragen? Stel ze dan. Als u denkt dat u een zwangerschap met een 'hoog risico' hebt, bespreek dat dan met uw arts, verloskundige of vroedvrouw.

Meestal zal u gevraagd worden om gedurende de eerste 7 maanden om de 4 weken voor een onderzoek langs te komen. Daarna om de 2 weken tot in de laatste maand. Vanaf dan elke week. Als er bepaalde problemen optreden, is het misschien wenselijk dat u vaker een afspraak hebt voor een prenatale controle.

Zwanger zijn: een mooie tijd!

Iedere vrouw wil graag een gelukkige, gezonde zwangerschap doormaken. Als u rekening houdt met de onderstaande zaken, kunt u het allerbeste maken van uw zwangerschap!

- Stel prioriteiten: bepaal wat u moet doen om uzelf en uw groeiende baby te helpen. Doe het noodzakelijke, beslis wat u daarnaast nog kunt doen en schrap alle andere dingen.
- Betrek anderen bij uw zwangerschap: als u uw partner, gezinsleden, familie en vrienden betrekt bij uw zwangerschap, zullen ze meer begrip hebben voor wat u doormaakt en meer steun kunnen bieden.
- Behandel anderen met respect en liefde: vooral aan het begin van de zwangerschap kunt u een moeilijke periode doormaken, door o.a. ochtendmisselijkheid. U kunt het ook moeilijk hebben met uw toekomstige rol als moeder. Mensen zullen meer begrip voor u opbrengen als u hun vertelt hoe u zich

voelt. Respecteer en apprecieer hun medeleven. Behandel hen vriendelijk en liefdevol, en zij zullen op dezelfde manier reageren.

- Schep herinneringen: het vraagt een beetje tijd, maar het is zeker de moeite waard. Wanneer u zwanger bent, lijkt het soms of die toestand eeuwig duurt. Toch zult u achteraf zeggen dat het heel snel voorbij is gegaan en een herinnering wordt. Probeer de veranderingen in uw leven bij te houden, samen met uw partner. Laat hem zijn gevoelens en gedachten opschrijven. Neem foto's van u én van uw partner! Later kunnen jullie samen terugblikken op een periode van leuke en minder leuke momenten. En nog jaren later zullen jullie kinderen vast blij zijn met die vastgelegde herinneringen!

- Ontspan zo veel mogelijk: het is nu belangrijk om zo veel mogelijk stress te vermijden. Doe dingen die u helpen ontspannen en uzelf te richten op de belangrijkste zaken.

- Geniet van de voorbereidingen: de zwangerschap zal sneller achter de rug zijn dan u denkt en dan wordt u moeder, met alle verantwoordelijkheden die gepaard gaan met de rol van mama en partner! Daarbij hebt u misschien nog andere verantwoordelijkheden op professioneel of persoonlijk vlak. Concentreer u tijdens uw zwangerschap dus volledig op uw relatie met uw partner en de veranderingen die eraan komen.

- Richt u op het positieve: vrienden of familie vertellen u soms negatieve dingen, zoals droevige verhalen of angstwekkende feiten. Probeer er niet naar te luisteren! Het merendeel van alle zwangerschappen verloopt probleemloos!

- Zoek professionele hulp: een verloskundige, vroedvrouw of arts in wie u vertrouwen hebt en die u tijdens deze prachtige periode kan begeleiden, is heel belangrijk. Bovendien moet u bij hem of haar steeds terecht kunnen met vragen of twijfels.

- Aarzel niet om hulp te vragen: uw zwangerschap wordt door familie en vrienden ook 'beleefd'. Ze zullen maar al te blij zijn als u ze erbij betrekt.

- Informeer uzelf: er zijn tegenwoordig zoveel informatiebronnen (internet, boeken, brochures, televisie, tijdschriften…) om meer te weten te komen over zwangerschap, geboorte en het leven met een baby.

- Glimlach: u hebt het geluk een wonder van de natuur te beleven samen met uw partner!

Week 7

Leeftijd van de foetus – 5 weken

*Als u pas ontdekt hebt dat u zwanger bent,
kunt u het beste eerst de vorige hoofdstukken lezen.*

Hoe groot is de baby?

Deze week groeit uw baby enorm! In het begin van de 7de week is zijn lengte van kruin tot stuit 4 tot 5 mm, dus ongeveer zo groot als een erwt. Tegen het einde van deze week is uw baby zo'n 11 tot 13 mm groot.

Hoeveel bent u aangekomen?

Waarschijnlijk kunt u niet wachten om de buitenwereld te tonen dat u zwanger bent. Pech! Er is nog steeds weinig te zien. Nog even geduld!

Zo groeit en ontwikkelt uw baby zich

De knoppen voor de benen beginnen te lijken op kleine vinnen. Op bladzijde 74 kunt u zien dat de armknoppen al een stap verder zijn: ze zijn onderverdeeld in een hand- en een arm-schoudersegment. De handen en voeten zijn een platte schijf, waaruit vingers en tenen zullen groeien.
Het hart puilt uit het lichaam. Rond deze tijd heeft het zich opgesplitst in een linker- en rechterhartkamer. In de longen zijn de voornaamste luchtpijpvertakkingen al aanwezig.
Ook de hersenhelften die samen de hersenen vormen, ontwikkelen zich, net als de ogen en neusgaten. De ingewanden en de appendix beginnen te groeien. Ook de alvleesklier, die het hormoon insuline produceert, is al aanwezig. Een

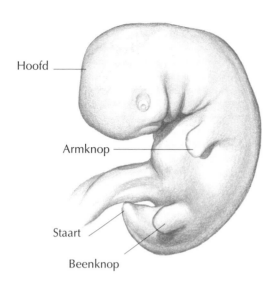

Hoofd

Armknop

Staart

Beenknop

De hersenen beginnen zich te ontwikkelen. Het hart is onderverdeeld in een rechter- en een linkerkamer.

Ware grootte

deel van de darmen stulpt uit in de navelstreng. Als de baby meer ontwikkeld is, nemen de darmen hun plaats in de buikholte in.

Veranderingen bij u

Geleidelijk aan treden een aantal veranderingen op. Het is u echter nog steeds niet aan te zien dat u zwanger bent. U bent waarschijnlijk over uw hele lichaam een beetje aangekomen. In dit vroege stadium mag dat echter maar een kilootje zijn. Weegt u nog niet meer of zelfs wat minder? Dat is niet abnormaal. In de volgende weken zal dat wel veranderen! U wordt nog steeds geplaagd door ochtendmisselijkheid en andere symptomen.

Uw invloed op de ontwikkeling van de baby

✂ *Vrij verkrijgbare geneesmiddelen en preparaten*

Veel mensen beschouwen vrij verkrijgbare middelen niet als medicatie en gebruiken ze, zwanger of niet. Sommige onderzoekers menen dat het gebruik van die geneesmiddelen zelfs toeneemt tijdens de zwangerschap.

Vrij verkrijgbare medicijnen en preparaten zijn niet per se veilig voor zwangere vrouwen. Benader ze met evenveel voorzichtigheid als andere geneesmiddelen! Veel van die middelen zijn een combinatie van medicijnen. Een pijnstiller bevat bijvoorbeeld aspirine, cafeïne en fenacetine. Hoestdrankjes of slaapmiddelen kunnen tot 25% alcohol bevatten en hebben dus hetzelfde effect als

Paracetamol gebruiken

De meeste onderzoekers en artsen zijn het erover eens dat u paracetamol kunt gebruiken tijdens de zwangerschap. Deze werkzame stof zit echter in veel medicijnen. Het is daarom van het uiterste belang om steeds goed de bijsluiter te lezen, als u meerdere medicijnen tegelijkertijd gebruikt om een ziekte te behandelen; het zou gevaarlijk kunnen zijn. Beter is het om slechts één geneesmiddel tegen griep, koorts of verkoudheid in te nemen en de dagelijkse dosis paracetamol niet te overschrijden. Raadpleeg steeds uw arts als u een geneesmiddel wilt innemen.

wijn of bier drinken. Onder medisch toezicht kunnen kleine doses aspirine genomen worden, maar alleen na intensief overleg met uw arts.

Welk geneesmiddel u ook wilt gebruiken, spreek erover met uw arts voor u het daadwerkelijk gebruikt. Lees zorgvuldig etiketten en bijsluiters met informatie over het gebruik van een bepaald product tijdens de zwangerschap. Bijna alle medicijnen hebben een bijsluiter met die informatie. Sommige antacida bevatten natriumbicarbonaat, dat uw natriumopname verhoogt (dat kan belangrijk zijn als uw lichaam water vasthoudt) en constipatie en gasvorming in de hand werkt. Sommige antacida bevatten aluminium, dat constipatie veroorzaakt en de verwerking van andere mineralen (fosfaat) beïnvloedt. Andere antacida bevatten magnesium. Een overmatig gebruik ervan kan voor magnesiumvergiftiging zorgen. Als u denkt dat de symptomen of het ongemak erger zijn dan zou mogen, moet u beslist uw arts bellen. Volg zijn of haar advies zorgvuldig op. Zorg bovendien goed voor uzelf. Neem wat lichaamsbeweging, eet gezond en blijf positief denken over uw zwangerschap.

Uw voeding

✂ *Calcium*
Calcium is voor zwangere vrouwen heel belangrijk. Het zorgt voor stevige beenderen en tanden bij de baby en houdt de beenderen van de moeder sterk. Als u zwanger bent, zou u zo'n 1200 tot 1500 mg calcium per dag moeten opnemen. Dat is hetzelfde als 3 tot 4 glazen magere melk per dag.

Calciumsupplementen helpen uw bloeddruk onder controle te houden. Ze verminderen hypertensie en de kans op zwangerschapsvergiftiging. Bepaalde stoffen verstoren de opname van calcium door het lichaam. Bovendien zal uw lichaam aan het einde van de zwangerschap calcium als reserve opslaan voor de borstvoedingsperiode. Prenatale vitaminen bevatten ongeveer 300 mg, dus moet u de juiste voedingsmiddelen kiezen om de overige 900 mg binnen te krijgen. Schrijf desnoods elke dag op waar u de benodigde hoeveelheid calcium vandaan hebt gehaald. Lees de informatie over de voedingswaarde op verpakkingen.

Melk, kaas, yoghurt en roomijs zijn goede bronnen van calcium. Ook broccoli, paksoi, kool, spinazie, zalm, sardines, kikkererwten, sesamzaad, amandelen, gekookte droge bonen, tofoe en forel bevatten calcium. Tegenwoordig bestaan er ook veel producten die verrijkt zijn met calcium.

Als u uw calorie-inname laag wilt houden, kies dan voor magere of halfvolle melkproducten en kazen. Het calciumgehalte blijft daarbij onveranderd.

Sommige voedingsmiddelen kunnen de opname van calcium door het lichaam hinderen. Zout, eiwitrijke voeding, thee, koffie en ongedesemd brood kunt u beter niet samen consumeren met calciumrijke voeding.

Zorg ervoor dat u de inname van calcium verspreidt over de dag, want uw lichaam kan maar 500 mg ineens opnemen. Zo kan het zijn dat uw ontbijt bestaat uit melk, yoghurt, kaas en met calcium verrijkt sinaasappelsap, wat wil zeggen dat u meer dan 500 mg ineens opneemt. Uw lichaam zal echter zoveel in één keer niet kunnen verwerken.

ᔓ IJzer

Slechts weinig vrouwen hebben van zichzelf genoeg ijzerreserves om de zwangerschap goed door te komen. Bij een normale zwangerschap gaat u de helft meer bloed produceren dan anders. Om die extra bloedcellen aan te maken is veel ijzer nodig, vooral tijdens het tweede deel van de zwangerschap. In het

---

Pas op voor listeriosis

Drink geen ongepasteuriseerde melk en eet geen producten die gemaakt zijn op basis van rauwe of ongepasteuriseerde melk. Vermijd ook zachte kazen, zoals camembert, brie, feta en roquefort. Deze producten zijn vaak een bron van listeriosis, een vorm van voedselvergiftiging. Niet-doorbakken gevogelte, rood vlees, zeevruchten, fastfood en hot dogs kunnen listeriosis bevatten. Zorg ervoor dat u alle vlees en zeevruchten goed gaar maakt voordat u ze opeet. Pas ook op voor kruisbesmetting tussen voedingsmiddelen. Als u rauwe zeevruchten of hot dogs op een aanrecht legt gedurende de bereiding, maak het oppervlak daarna dan eerst goed schoon met zeep en water of een ontsmettingsmiddel, voordat u er andere voedingsmiddelen op legt.

Prenatale vitaminen

Meestal schrijft de arts prenatale vitaminen voor. Sommige vrouwen beginnen al met de inname voordat ze zwanger zijn. Prenatale vitaminen bevatten de dagelijkse hoeveelheid vitaminen en mineralen die aangeraden is tijdens de zwangerschap.

Vanwege de hoeveelheid ijzer en foliumzuur verschillen prenatale vitaminen van gewone multivitaminen. Prenatale vitaminen zijn waarschijnlijk het belangrijkste supplement voor zwangere vrouwen. U verdraagt ze het beste als u ze inneemt tijdens de maaltijd of vlak voor het slapengaan.

Prenatale vitaminen bevatten veel bestanddelen die essentieel zijn voor de ontwikkeling van uw baby en uw gezondheid. Daarom zou u ze dagelijks moeten innemen tot de baby is geboren. Zelfs tijdens de borstvoedingsperiode kunt u ze nog blijven innemen.

Meestal bevat een supplement het volgende:

- calcium voor de ontwikkeling van de tanden en botten van de baby, en om de uwe te versterken
- foliumzuur om het risico van neuraalbuisdefecten te verminderen, en om de bloedcellenproductie te helpen
- ijzer om anemie te voorkomen, en om de bloedvorming van de baby te ondersteunen
- jodium om het metabolisme te controleren
- koper om anemie te voorkomen, en om de botten van de baby te ontwikkelen
- vitamine A voor de algemene gezondheid en de stofwisseling
- vitamine B1 voor de algemene gezondheid en de stofwisseling
- vitamine B2 voor de algemene gezondheid en de stofwisseling
- vitamine B3 voor de algemene gezondheid en de stofwisseling
- vitamine B6 voor de algemene gezondheid en de stofwisseling
- vitamine B12 om de bloedvorming te bevorderen
- vitamine C om de opname van ijzer te bevorderen
- vitamine D om de botten en tanden van de baby te versterken, en om uw lichaam te helpen om fosfor en calcium op te nemen
- vitamine E voor de algemene gezondheid en de stofwisseling
- zink om de vochthuishouding te regelen en de zenuw- en spierfuncties te ondersteunen

eerste trimester moeten de meeste vrouwen geen extra ijzer innemen. Doen ze dat wel, dan zijn ze vaker misselijk en moeten ze meer overgeven.

De hoeveelheid ijzer in prenatale vitaminen kan uw maag irriteren. IJzersupplementen kunnen ook constipatie veroorzaken. Wacht met de inname ervan tot na het eerste trimester.

∽ Zink

Uit onderzoek is gebleken dat eerder magere vrouwen baat hebben bij zinksupplementen tijdens de zwangerschap. Dankzij het mineraal zink baren die vrouwen een grotere, gezondere baby.

Dit is ook belangrijk!

∽ Seksuele intimiteit tijdens de zwangerschap

Veel paren vragen zich af of het wel verstandig en toegestaan is om tijdens de zwangerschap geslachtsgemeenschap te hebben. Een gezonde, zwangere vrouw en haar partner kunnen nog steeds een seksuele relatie hebben.

Bedenk dat er meerdere vormen van seksuele intimiteit bestaan, zoals elkaar massages geven, samen in bad gaan of praten over seks. Wees eerlijk tegenover uw partner en praat over uw gevoelens.

Kunnen we de baby pijn doen bij seks? Veel mannen vragen zich af of ze de baby geen schade kunnen berokkenen bij seks. Seks en een orgasme hebben geen nadelig effect op de baby, bij een normale zwangerschap. De baby zit goed beschermd in de baarmoeder en het vruchtwater. De spieren van de baarmoeder zijn sterk en beschermen de baby. Een dikke slijmprop sluit de baarmoedermond af en voorkomt infecties. Bespreek met uw arts, verloskundige of vroedvrouw uw vragen en twijfels.

Als er kans is op een miskraam of een vroegtijdige bevalling, of als u bloedingen hebt, wordt seks afgeraden. Sommige artsen raden onthouding in de laatste 4 weken van de zwangerschap aan. Niet alle artsen zijn het daar echter mee eens. Bespreek het met uw eigen arts.

Tip voor Week 7

Als u last hebt van krampen in uw benen, blijf dan niet te lang staan. Ga zo vaak mogelijk op uw zij liggen om te rusten.

Week 8

Leeftijd van de foetus – 6 weken

Als u pas ontdekt hebt dat u zwanger bent,
kunt u het beste eerst de vorige hoofdstukken lezen.

Hoe groot is de baby?

Tegen de tijd dat u 8 weken zwanger bent, meet uw baby van kruin tot stuit 14 tot 20 mm. Dat is ongeveer zo groot als een hazelnoot. Een afbeelding van de ware grootte staat op de volgende bladzijde.

Hoeveel bent u aangekomen?

Uw baarmoeder zet uit, maar het is waarschijnlijk nog steeds niet te zien dat u zwanger bent, vooral als dit uw eerste zwangerschap is. Uw taille verandert geleidelijk aan en uw kleding lijkt alsmaar kleiner te worden. Bij een bekken-onderzoek merkt de arts, vroedvrouw of verloskundige dat uw baarmoeder groter geworden is.

Zo groeit en ontwikkelt uw baby zich

Uw baby groeit en verandert in een snel tempo. Vergelijk de illustratie op bladzijde 80 maar eens met die uit Week 7. Ziet u de enorme veranderingen?
Op het gezicht zijn de oogleden zichtbaar. Ook het neuspuntje is er al. Zowel inwendig als uitwendig ontwikkelen de oren zich.
In het hart zijn de aorta en de longslagaders te onderscheiden. Van de keel naar de longen lopen luchtpijptakken, die vertakt zijn zoals een boom. De romp van de baby wordt groter en strekt zich meer uit.

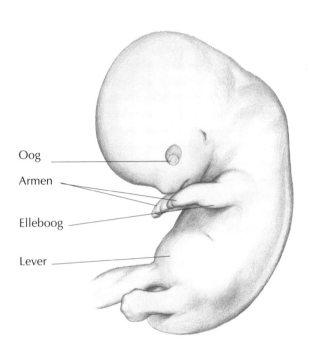

Embryo na 8 weken zwangerschap (leeftijd van de foetus: 6 weken). Van de kruin tot de stuit meet het kind ongeveer 20 mm. De armen zijn langer in verhouding tot de benen en gebogen aan de ellebogen.

Oog

Armen

Elleboog

Lever

Ware grootte

De ellebogen zijn ook al aanwezig. Armen en benen steken naar voren uit. De armen zijn al veel langer geworden. Ze zijn gebogen aan de ellebogen en liggen lichtjes gebogen over het hart. De handen krijgen groefjes, waaruit de vingers gevormd worden. Ook de teenbeentjes zijn zichtbaar op de voeten.

Veranderingen bij u

↣ *Veranderingen in uw baarmoeder*

Voordat u zwanger werd, was uw baarmoeder ongeveer zo groot als uw vuist. Na 6 weken zwangerschap is ze ongeveer zo groot als een grapefruit. Naarmate de baarmoeder uitzet, voelt u misschien krampen, pijn in uw onderbuik of in uw zij. Sommige vrouwen voelen dat de baarmoeder zich samentrekt.

Tijdens de hele zwangerschap trekt de baarmoeder af en toe samen. Maak u geen zorgen als u dat niet voelt. Als de contracties gepaard gaan met bloedverlies, moet u echter wel uw arts raadplegen.

↣ *Heupzenuwpijn*

Naarmate de zwangerschap vordert, voelen veel vrouwen af en toe een scherpe pijn in hun billen en aan de achterkant van hun benen. Dat wordt *heupzenuwpijn* of *ischias* genoemd.

De heupzenuw loopt achter de baarmoeder door het bekken naar de benen. De pijn wordt vermoedelijk veroorzaakt doordat de groeiende, zich uitzettende baarmoeder op de zenuw drukt.

U verjaagt de pijn het makkelijkst door op de andere zij te gaan liggen. Zo verlicht u de druk die op de zenuw wordt uitgeoefend.

Uw invloed op de ontwikkeling van de baby

✌ *Medicijnen tegen acne*

Sommige vrouwen merken dat tijdens de zwangerschap hun acne minder erg is. Maar dat is niet bij iedereen zo.

Acne wordt soms behandeld met medicijnen die absoluut niet tijdens de zwangerschap mogen worden ingenomen, omdat ze misvormingen van de foetus of een miskraam kunnen veroorzaken. Die medicatie moet al vóór het stoppen met voorbehoedsmiddelen gestaakt worden.

✌ *Miskraam*

Als de zwangerschap beëindigd wordt vóór het embryo of de foetus zelfstandig buiten de baarmoeder kan overleven, noemen we dat een miskraam. Bijna alle zwangere vrouwen denken wel eens aan een miskraam, maar slechts in 15% van alle zwangerschappen gebeurt het ook echt.

Symptomen van een miskraam Sommige tekenen die kunnen wijzen op een miskraam:

- vaginale bloedingen
- krampen
- steeds weer terugkerende pijn
- pijn die start in het smalle deel van de rug en dan naar beneden zakt
- verlies van weefsel

Wat is de oorzaak van een miskraam? Meestal blijft de oorzaak van een miskraam onbekend. De meest voorkomende reden is een afwijking in de ontwikkeling van het embryo. Onderzoeken tonen aan dat meer dan de helft van alle miskramen in een vroeg stadium te wijten is aan chromosomale afwijkingen. Het embryo en zijn omgeving kunnen door veel factoren beïnvloed worden: straling, chemicaliën (drugs of geneesmiddelen) en infecties. Die schadelijke factoren, die we *teratogenen* noemen, worden besproken in Week 4.

Bij een aantal miskramen is de moeder gedeeltelijk verantwoordelijk. Ongebruikelijke infecties zoals listeriosis, toxoplasmose en syfilis werden al vaak in verband gebracht met miskramen. Het is nog niet bewezen dat een gebrek aan een bepaalde voedingsstof of zelfs een licht gebrek aan allerlei voedingsstoffen een miskraam kan veroorzaken. Vrouwen die roken en/of alcohol drinken lopen wel meer risico.

Hoewel het moeilijk te bewijzen is, werden trauma's door een ongeval of een ernstige chirurgische ingreep al vaak in verband gebracht met een miskraam. Na het eerste trimester kan cervixinsufficiëntie (zie Week 24) aanleiding geven tot een miskraam.

Hoewel dat lastig te bewijzen is, schuiven veel vrouwen de schuld van een miskraam op emotionele problemen.

Hieronder vindt u een aantal soorten van miskramen. Ze werden opgenomen in dit boek zodat u weet voor welke symptomen u op uw hoede moet zijn. Als u vragen hebt, stel ze dan aan uw arts, verloskundige of vroedvrouw.

Dreigende miskraam Bij bloedverlies in de eerste helft van de zwangerschap vermoedt men soms een dreigende miskraam.

De bloeding kan dagen of zelfs weken aanhouden en al dan niet gepaard gaan met krampen of pijn. De pijn voelt aan zoals bij een menstruatie of een lichte pijn in de rug.

Het enige wat u kunt doen is rusten in bed, hoewel beweging in feite geen miskraam veroorzaakt. Geen enkele behandeling en geen enkel medicijn kan een vrouw behoeden voor een miskraam.

Een dreigende miskraam is een vaak gestelde diagnose omdat 20% van alle vrouwen in het beginstadium van hun zwangerschap bloedverlies heeft, wat echter maar zelden leidt tot een miskraam.

Onafwendbare miskraam Dit is wanneer de vruchtvliezen breken, de baarmoederhals zich openzet en bloedklonters en zelfs weefsel worden afgescheiden. Bij deze symptomen is een miskraam bijna onvermijdelijk. De baarmoeder trekt samen en stoot de foetus of *baarmoederinhoud* (zo genoemd wanneer geen embryo of foetus te herkennen is) uit.

Onvolledige miskraam Bij dit soort van miskraam wordt de zwangerschap niet in één keer beëindigd. Ze gaat gepaard met hevig bloedverlies, dat aanhoudt tot de baarmoeder leeg is.

Mislukte miskraam Zo wordt een miskraam genoemd wanneer het embryo al dood is, maar nog in de baarmoeder blijft. Dit kan zonder symptomen of bloedverlies gebeuren. Het kan enkele weken duren voor men de miskraam ontdekt.

Herhaalde miskraam Men spreekt van een herhaalde miskraam als er sprake is van drie of meer achtereenvolgende miskramen.

Als er zich problemen voordoen Waarschuw onmiddellijk uw arts als er problemen zijn! Meestal is er eerst bloedverlies, gevolgd door krampen. Een buitenbaarmoederlijke zwangerschap behoort tot de mogelijkheden. Een herhaald onderzoek naar het HCG-gehalte kan uitwijzen of de zwangerschap 'normaal' is. Eén enkele test kan geen uitsluitsel geven. Het onderzoek moet dus enkele dagen na elkaar uitgevoerd worden.

Als u meer dan 5 weken zwanger bent, kan een echografie ook voor opheldering zorgen. Het kan zijn dat de bloeding aanhoudt, maar als u het hartje van uw baby ziet kloppen en de zwangerschap normaal lijkt te zijn, is dat een hele geruststelling. Als de eerste echografie niet echt geruststellend is, kunt u na een week of 10 dagen een nieuwe laten uitvoeren.

Hoe langer het bloeden en de pijn duren, hoe waarschijnlijker de kans op een miskraam. Als de volledige vrucht wordt afgedreven, het bloeden ophoudt en de pijn weggaat, is alles waarschijnlijk voorbij.

Als echter niet de hele vrucht afgedreven wordt, kan een curettage uitgevoerd worden om de baarmoeder leeg te maken. Het is beter dat u deze ingreep laat uitvoeren, zodat u niet gedurende lange tijd blijft bloeden en de kans op bloedarmoede en infecties niet onnodig vergroot wordt.

Sommige vrouwen dient men progesteron toe om een zwangerschap volledig uit te dragen. Over het gebruik van progesteron als preventiemiddel tegen miskramen bestaan echter heel wat meningsverschillen.

Resusincompatibiliteit en miskramen Als u resusnegatief bent en een miskraam hebt, moet u RhoGAM krijgen. Dat geldt *alleen* als u resusnegatief bent! RhoGAM verhindert dat u antistoffen aanmaakt voor resuspositief bloed. (Dit wordt verder besproken in Week 16.)

Als u een miskraam hebt Een miskraam kan een traumatische ervaring zijn. Twee na elkaar is nog moeilijker. Herhaaldelijke miskramen zijn meestal te wijten aan 'tegenslag'.

Tenzij u drie of meer miskramen achter elkaar hebt gehad, raden de meeste artsen niet aan om onderzoeken te laten uitvoeren naar de oorzaak. Chromosomen kunnen geanalyseerd worden. Bij andere tests wordt de mogelijkheid onderzocht van een infectie of diabetes.

Geef uzelf of uw partner niet de schuld van een miskraam. Het is bijna onmogelijk om na te gaan wat u allemaal gedaan of gegeten hebt of aan welke stoffen u werd blootgesteld.

Uw voeding

Het is niet gemakkelijk om tijdens elke maaltijd op de voedingswaarde te letten. Misschien eet u niet altijd de nodige voedingsstoffen, in de benodigde hoeveelheden. Hieronder volgt een overzicht van de verschillende voedingsstoffen en waar ze in zitten. Zo kunt u zien of u wel elke dag de juiste dingen eet. Denk eraan dat uw voedingssupplement geen vervanging is voor voeding!

Bronnen van voedingsstoffen	
Voedingsstof (dagelijkse behoefte)	Bronnen
Calcium (1200 mg)	zuivelproducten, groene bladgroenten, gedroogde bonen en erwten, tofoe
Foliumzuur (0,4 mg)	lever, gedroogde bonen en erwten, eieren, broccoli, volkoren graanproducten, sinaasappelen, sinaasappelsap
IJzer (30 mg)	vis, lever, vlees, gevogelte, eierdooiers, noten, gedroogde bonen en erwten, groene bladgroenten, gedroogde vruchten
Magnesium (320 mg)	gedroogde bonen en erwten, cacao, zeevruchten, volkoren graanproducten, noten
Vitamine B6 (2,2 mg)	volkoren graanproducten, lever, vlees
Vitamine E (10 mg)	melk, eieren, vlees, vis, granen, groene bladgroenten, plantaardige olie
Zink (15 mg)	zeevruchten, vlees, noten, melk, gedroogde bonen en erwten

Dit is ook belangrijk!

✂ *Laboratoriumtests*

Bij uw eerste of tweede bezoek worden routinetests uitgevoerd. Verder wordt er een bekkenonderzoek gedaan en een uitstrijkje gemaakt. Andere tests omvatten een uitgebreid bloedonderzoek, een urineanalyse, een test voor syfilis en culturen die in de baarmoederhals aanwezig zijn. Veel artsen kijken ook naar de bloedsuikerspiegel (om te zien of de patiënte aan diabetes lijdt). De arts checkt uw bloedtype en resusfactor, en gaat na of u immuun bent voor rodehond. Indien nodig worden nog andere tests uitgevoerd. Niet bij elke consultatie worden al deze onderzoeken uitgevoerd: alleen in het begin van de zwangerschap en als blijkt dat ze nodig zijn. Tests voor hepatitis behoren ook tot het standaardgamma van uit te voeren onderzoeken.

✌ *Toxoplasmose*

Toxoplasmose wordt veroorzaakt door een parasiet. Deze parasiet kan zich bevinden in rauw vlees en in de stoelgang van vooral jonge poezen. Wanneer u deze infectie oploopt, bestaat er voor uzelf geen gevaar. De symptomen zijn zoals bij griep: koorts, vermoeidheid en lusteloosheid, maar soms zijn ze amper aanwezig. Wanneer u deze infectie oploopt tijdens uw zwangerschap, loopt uw baby gevaar om ook geïnfecteerd te raken. Via de moederkoek kunt u deze infectie immers aan uw baby doorgeven. Tijdens de eerste drie maanden van de zwangerschap kan de infectie de baby zware schade toebrengen. Een miskraam is dan ook niet uitgesloten. Gelukkig is de kans dat u tijdens deze eerste periode de infectie doorgeeft, eerder klein (tot 15%). De schade zal beperkter zijn wanneer u de infectie na 4 maanden zwangerschap oploopt. Maar de kans dat de baby geïnfecteerd raakt, is dan wel groter (tijdens de laatste 3 maanden tot 60%). De mogelijke problemen bij de baby zijn afhankelijk van waar deze parasiet zich precies nestelt: ter hoogte van de oogzenuw (oogbeschadiging), ter hoogte van de hersenen (hersenafwijking)... De ziekte kan bij de baby ook ontwikkelingsstoornissen veroorzaken.

Aan het begin van de zwangerschap kan men aan de hand van een bloedonderzoek nagaan of u immuun bent voor deze parasiet. Indien u voldoende antistoffen hebt, zult u de ziekte niet meer doormaken en is er verder ook geen gevaar voor uw baby. Indien u niet immuun bent en de ziekte toch doormaakt tijdens de zwangerschap, kan men aan de hand van een vruchtwaterpunctie nagaan of de baby geïnfecteerd is. Meestal zal de arts het resultaat niet afwachten en onmiddellijk antibiotica voorschrijven om de schade te beperken. Omdat een parasiet de ziekte veroorzaakt is vaccineren voor toxoplasmose onmogelijk. U kunt dus enkel immuniteit krijgen door de ziekte zelf door te maken. Het is daarom van belang de ziekte tijdens de zwangerschap *absoluut* te voorkomen.

Tip voor Week 8

Was in de loop van de dag regelmatig goed uw handen, vooral wanneer u rauw vlees hebt aangeraakt of naar het toilet bent geweest. Zo voorkomt u de verspreiding van een heleboel bacteriën en virussen.

Wat kunt u doen?

- Eet geen rauw vlees!
- Vermijd alle rauwe voedingswaren van dierlijke afkomst: geen rauwe eieren, geen rauwe melk... Indien de producten gepasteuriseerd zijn, is er geen gevaar.
- Reinig grondig het keukengereedschap wanneer het in contact met rauw vlees is geweest.
- Was groenten (4 tot 5 keer) en was of schil het fruit dat u eet.
- Indien u in contact gekomen bent met een poes, zorg dan dat u daarna goed uw handen wast.
- De kattenbak schoonmaken laat u liever over aan uw partner of iemand anders. Moet u dit toch doen, draag dan degelijke wegwerphandschoenen.
- Het dragen van wegwerphandschoenen geldt ook wanneer u in de tuin werkt. Vermijd hierbij zeker hand-mondcontact en zorg voor een goede handhygiëne.

Week 9

Leeftijd van de foetus – 7 weken

*Als u pas ontdekt hebt dat u zwanger bent,
kunt u het beste eerst de vorige hoofdstukken lezen.*

Hoe groot is de baby?

Van kruin tot stuit meet het embryo in uw buik 22 tot 30 mm. Dat is ongeveer zo groot als een walnoot.

Hoeveel bent u aangekomen?

Naarmate de baby in uw buik groeit, zet ook uw baarmoeder iedere week wat meer uit. Rond deze tijd bent u al wat aangekomen in uw taille. Bij een bekkenonderzoek ziet de arts, vroedvrouw of verloskundige dat uw baarmoeder iets groter is dan een grapefruit.

Zo groeit en ontwikkelt uw baby zich

Als u in uw baarmoeder kon kijken, zou u veel veranderingen opmerken bij uw baby.
Zijn armen en benen zijn langer geworden. De handen zijn aan de pols gebogen en bevinden zich ter hoogte van het hart. Ze steken nog steeds naar voren uit. De vingers zijn langer, met iets gezwollen vingertopjes, waar de voelkussentjes zich ontwikkelen. De voeten reiken tot aan de middellijn van het lichaam en zijn lang genoeg om elkaar voor de romp aan te raken.
Het hoofd is meer opgericht en de nek is beter ontwikkeld. De oogleden bedekken de ogen bijna helemaal. Tot nu toe waren de ogen onbedekt. De oren

Embryo na 9 weken zwangerschap (leeftijd van de foetus: 46 tot 49 dagen). De tenen ontwikkelen zich, zodat de voeten ook herkenbaarder worden. De lengte van kruin tot stuit is nu ongeveer 25 mm.

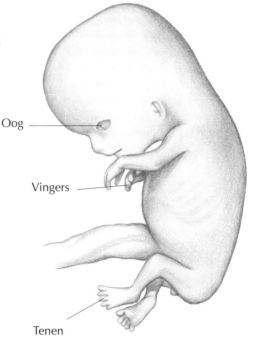

Oog

Vingers

Tenen

Ware grootte

zijn uitwendig goed te onderscheiden en goedgevormd. Uw baby beweegt nu zijn lichaam en ledematen, wat te zien is bij een echografie.

Uw kindje lijkt nu ook meer op een mens, hoewel het nog heel klein is. Het is nog steeds niet te zien of het een jongen of een meisje is. De uitwendige geslachtsorganen van jongens en meisjes lijken in dit stadium nog erg op elkaar. Pas over enkele weken zijn ze duidelijk te onderscheiden.

Veranderingen bij u

✌ *Gewichtstoename*

De meeste zwangere vrouwen zijn erg geïnteresseerd in hun gewicht. Ze houden hun lichaam nauwlettend in de gaten. Het lijkt misschien vreemd, maar aankomen is een belangrijke aanwijzing dat het goed gaat met uw groeiende kindje. Hoewel u slechts weinig aankomt, verandert uw lichaam voortdurend. Kijk maar naar het onderstaande overzicht. De veranderingen in het lichaam – vergroting van de baarmoeder, meer borstweefsel, meer bloed en lichaamsvocht – maken het grootste deel van de gewichtstoename uit. Tijdens de zwangerschap slaat het lichaam voedingsstoffen op en produceert het meer bloed en ander vocht.

Gewichtsverdeling tijdens de zwangerschap

3,5 kg	Reserves voor de moeder (vetten, eiwitten en andere voedingsstoffen)
2 kg	Vochttoename
1 kg	Borsten zijn zwaarder
1 kg	Baarmoeder
3,5 kg	Baby
1 kg	Vruchtwater
500 g	Moederkoek (weefsel dat moeder en kind met elkaar verbindt, voedsel naar de baby voert en afvalstoffen wegvoert)

(Aangepast uit: A.C.O.G., Guide to Planning for Pregnancy, Birth and Beyond; 1990, American College of Obstetricians and Gynecologists)

Verder moet een zwangere vrouw extra vetten opnemen om melk voor borstvoeding te kunnen produceren.

✨ *Verhoogde bloedproductie*

Als u zwanger bent, verandert uw bloedsysteem enorm. Er wordt ongeveer 50% meer bloed geproduceerd dan anders. Die hoeveelheid varieert echter van vrouw tot vrouw.

Een verhoogde bloedproductie is heel belangrijk voor uw groeiende baarmoeder. Het gaat hierbij niet om het bloed in het embryo, dat een eigen bloedsomloop heeft (het bloed van de foetus wordt niet vermengd met uw bloed). Het beschermt u en uw baby wanneer u gaat liggen of opstaat. Het extra bloed dient ook als reserve voor de bevalling, waarbij u bloed verliest.

De bloedproductie wordt opgevoerd tijdens het eerste trimester, maar nog niet zo erg als in het tweede trimester. Tijdens het derde trimester wordt de productie van bloed nog steeds opgevoerd, zij het in een lager tempo.

Bloed bestaat uit vocht (plasma) en cellen (rode en witte bloedlichaampjes). Het plasma en de bloedlichaampjes spelen een belangrijke rol bij het functioneren van uw lichaam. De productie van vocht en cellen verschilt. Meestal verhoogt eerst de hoeveelheid plasma, waarna het volume van rode bloedcellen toeneemt. Door de toename van rode bloedcellen heeft uw lichaam een grotere behoefte aan ijzer.

Rode bloedlichaampjes en plasma nemen allebei toe tijdens de zwangerschap, maar plasma sterker. Door de verhoogde hoeveelheid plasma kan bloedarmoede optreden. Als u anemisch bent, voelt u zich moe, raakt u makkelijk

vermoeid of voelt u zich in het algemeen wat slapjes. (Zie Week 22 over bloedarmoede.)

Uw invloed op de ontwikkeling van de baby

✌ *Sauna en verwenkuren*

Sommige vrouwen vragen zich af of ze zich tijdens hun zwangerschap nog wel
mogen ontspannen in de sauna of andere kuren mogen volgen. Neem liever
geen onnodige risico's en vermijd sauna's en andere kuren. U draagt ook bij
aan de lichaamstemperatuur van uw baby. Als uw lichaamstemperatuur gedurende bepaalde tijd enkele graden hoger ligt, kan dat schadelijk zijn voor de
baby als die net op een kritiek punt in zijn ontwikkeling gekomen is.

✌ *Het gebruik van een elektrische deken*

Er zijn al heel wat discussies gevoerd over het gebruik en de veiligheid van
elektrische dekens tijdens de zwangerschap. Sommige wetenschappers menen
dat ze gezondheidsproblemen kunnen veroorzaken.
Elektrische dekens produceren een laag elektromagnetisch veld. De foetus kan
gevoeliger zijn voor dat veld dan een volwassene.
Omdat onderzoekers het niet eens zijn over de 'aanvaardbare' hoeveelheid
elektriciteit die veilig is, kunt u beter geen elektrische deken gebruiken als u
zwanger bent. Er bestaan tal van andere manieren om het lekker warm te hebben, zoals wollen dekens en kleding.

✌ *Zijn magnetronovens veilig?*

Veel vrouwen vragen zich af of magnetronovens wel veilig zijn. Bestaat er een
kans op straling? Dit soort van ovens is heel nuttig voor mensen die het druk
hebben en daarbij ook nog moeten koken. We weten niet of magnetronovens
schadelijk zijn voor zwangere
vrouwen. Daar werd nog niet
voldoende onderzoek naar verricht.
Uit de eerste onderzoeken is
gebleken dat zich vormend
weefsel in het lichaam, waar-
toe ook de foetus behoort, bijzonder gevoelig kan zijn voor
magnetronovens. Een magne-
tron warmt stoffen van bin-

> **Tip voor Week 9**
>
> Dat uw haar niet krult als u een perma-
> nent neemt tijdens uw zwangerschap,
> zijn bakerpraatjes. De dampen van
> een permanent of haarkleuring kunnen
> u wel misselijk maken.

nenuit op. Volg de instructies die bij uw magnetronoven zitten. U kunt beter niet vlak naast of voor de oven staan terwijl hij aanstaat.

Uw voeding

Fruit en groenten zijn belangrijk gedurende de zwangerschap. Door de verscheidenheid aan soorten die te koop zijn en het seizoensgebonden aanbod, kunt u gemakkelijk afwisseling brengen in uw menu. Het zijn uitstekende bronnen van vitaminen, mineralen en vezels. Het eten van voldoende fruit en groenten vult de voorraad ijzer, foliumzuur, calcium en vitamine C aan in uw lichaam.

Als u wilt letten op het aantal calorieën zijn er goede vitamine C-bronnen die caloriearm zijn: aardbeien, sinaasappelsap, kiwi, broccoli en rode paprika.

Vitamine C is belangrijk voor de opbouw van het foetale weefsel en de baarmoedervliezen en voor de opname van ijzer. Recent onderzoek heeft aangetoond dat vitamine C kan helpen tegen zwangerschapsvergiftiging. Een tekort aan deze vitamine kan leiden tot vroeggeboorte.

De aanbevolen dagelijkse hoeveelheid is 85 mg. U kunt de hoeveelheid uit uw prenataal supplement gemakkelijk aanvullen door elke dag vitaminerijk fruit en groenten te eten. Eet dagelijks een of twee porties fruit rijk aan vitamine C en minstens een portie donkergroene of geel-oranje groente voor extra ijzer, foliumzuur en vezels. Bijvoorbeeld: druiven, banaan, sinaasappel, appel, gedroogde vruchten, vruchtensap, fruit uit blik of gekookt fruit, broccoli, wortelen, aardappelen, groene bladgroenten, groentesap.

Neem niet te veel vitamine op via uw voeding, want een teveel kan krampen en diarree veroorzaken. Het kan ook een negatief effect hebben op de stofwisseling van de baby.

Dit is ook belangrijk!

✑ *Een baby krijgen kost geld!*

Ieder paar wil weten wat een baby krijgen kost. Op die vraag zijn er twee antwoorden: het kost veel en het uiteindelijke bedrag varieert van land tot land. In **België** worden de ziekenhuis- en bevallingskosten gedragen door het ziekenfonds van de werkneemster of de zelfstandige (enkel de grote risico's). Als een getrouwde moeder niet werkt, worden de kosten terugbetaald door het ziekenfonds van haar man. Informeer op voorhand naar de prijzen bij verschillende ziekenhuizen. Die kunnen nogal eens verschillen.

In **Nederland** worden de kosten voor bevalling en kraamzorg terugbetaald door uw verzekeraar (in het basispakket). Aanvullende verzekeringen kunnen zorgen voor bijvoorbeeld langere hulp of een langer vergoed verblijf in het ziekenhuis. Lees zorgvuldig de voorwaarden en vergoedingen die in uw verzekeringspakket staan vermeld. Deze kunnen per verzekeraar verschillen.

Bel naar verschillende ziekenhuizen, zodat u een idee hebt van de verschillende prijzen. Soms kunt u beter wat meer geld uitgeven om een betere service te krijgen. Als u belt, moet u zeker vragen wat allemaal in de prijs inbegrepen is. Misschien geeft men u een prijs die lager en beter lijkt dan elders, maar waarvoor u niet alles krijgt wat u wilt en nodig hebt.

U wilt zich zo goed mogelijk voorbereiden. Het laatste wat u wilt, is voor onprettige verrassingen komen te staan wanneer u de uiteindelijke rekening gepresenteerd krijgt.

Week 10

Leeftijd van de foetus – 8 weken

*Als u pas ontdekt hebt dat u zwanger bent,
kunt u het beste eerst de vorige hoofdstukken lezen.*

Hoe groot is de baby?

Rond de 10de week meet uw kindje van kruin tot stuit zo'n 31 tot 42 mm. Tot nu toe woog de baby nog te weinig om wekelijks een precies gewicht te kunnen opgeven. Vanaf nu kan echter wel het gewicht van de baby geschat worden, dat we dan ook in dit stukje zullen bespreken. Uw kindje weegt nu ongeveer 5 g en is zo groot als een kleine pruim.

Hoeveel bent u aangekomen?

De veranderingen doen zich geleidelijk voor en er is nog steeds niet veel aan u te zien. Misschien gaat u het liefst nu al op zoek naar positiekleding, maar daarvoor is het nog wat te vroeg!

✌ *Molazwangerschap*

Bij deze soort zwangerschap wordt u te snel te dik voor de fase waarin u zich bevindt.

Een molazwangerschap kan makkelijk opgespoord worden door uw HCG-niveau te meten (zie Week 5) en ze kan behandeld worden met medicijnen of door een operatieve ingreep.

Bij een molazwangerschap ontwikkelt het embryo zich meestal niet. Het andere weefsel groeit wel aan, waardoor er abnormaal veel placentaweefsel is. Het meest voorkomende symptoom is bloedverlies tijdens het eerste trimester. Een ander teken aan de wand is de wanverhouding tussen het gewicht van de

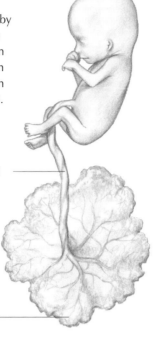

Op de illustratie ziet u hoe de baby door de navelstreng verbonden is met de moederkoek. De oogleden zijn volledig 'samengesmolten' en blijven tot de 27ste week gesloten (leeftijd van de foetus: 25 weken).

Ware grootte

Navelstreng

Moederkoek

aanstaande moeder en het stadium van haar zwangerschap. In de helft van alle gevallen is de vrouw te veel aangekomen. Bij 25% van de vrouwen is er te weinig gewichtstoename. Andere symptomen zijn buitensporige misselijkheid en overgeven. Op de eierstokken kunnen ook cysten voorkomen.

Een molazwangerschap kan het beste opgespoord worden door een echografie, waarbij het beeld eruitziet als 'sneeuwvlokken'. Meestal wordt ze vroeg ontdekt wanneer men een echografie uitvoert om naar de oorzaak van bloedverlies of snelle gewichtstoename te zoeken.

Vaak wordt zo snel mogelijk na het stellen van de diagnose een dilatatie en curettage uitgevoerd. Daarna is het uiterst belangrijk dat betrouwbare voorbehoedsmiddelen gebruikt worden totdat men zeker weet dat de zwangerschap volledig voorbij is. De meeste artsen raden dan ook aan om gedurende minstens een jaar aan geboortebeperking te doen voordat een nieuwe poging om zwanger te worden ondernomen wordt.

Na een dilatatie en curettage kan nog overwogen worden om de baarmoeder te verwijderen. Dat is ongebruikelijk, maar wordt af en toe wel gedaan. De eierstokken laat men daarbij gewoonlijk ongemoeid. Bepaalde geneesmiddelen, zoals methotrexaat, zijn doeltreffend gebleken als behandeling.

Het goede nieuws is dat de behandeling van een molazwangerschap meestal heel succesvol is. De slagingskansen zijn bijna 100%!

Zo groeit en ontwikkelt uw baby zich

Het einde van de 10de week is meteen ook het einde van het embryostadium en het begin van de foetusfase. Typerend voor deze fase is een snelle groei van de foetus na de vorming van de drie kiembladen. (Zie Week 4 voor meer informatie.) In het embryonale stadium was de baby het gevoeligst voor invloeden die zijn ontwikkeling konden verstoren. De meeste aangeboren afwijkingen worden voor het einde van de 10de week ontwikkeld. Het stelt u waarschijnlijk gerust om te weten dat een kritieke periode in de ontwikkeling van uw kind al achter de rug is.

In de foetale periode worden slechts weinig afwijkingen veroorzaakt. Drugs, medicijnen of andere schadelijke factoren zoals enorme stress of straling (röntgenstralen) kunnen echter op ieder ogenblik van de zwangerschap de foetale cellen vernietigen. Blijf dus heel voorzichtig!

Tegen het einde van de 10de week zijn de organen en het lichaam grotendeels ontwikkeld. Uw baby ziet er nu nog meer als een mensje uit.

Veranderingen bij u

ஒ *Emotionele veranderingen*

Als een onderzoek of een zwangerschapstest heeft uitgewezen dat u zwanger bent, kan dat op allerlei gebieden gevolgen hebben. Veel van uw verwachtingen kunnen door een zwangerschap gewijzigd worden. Sommige vrouwen beschouwen zwangerschap als een teken van vrouwelijkheid. Anderen zien het als een zegen. Voor weer anderen is het een ernstig probleem.

U zult merken dat uw lichaam erg verandert. Misschien vraagt u zich af of u nog wel aantrekkelijk bent, ook voor uw partner. (Heel veel mannen vinden zwangere vrouwen heel mooi.) Zult u voldoende steun krijgen van uw partner? Ook kleding kan een probleem vormen. Kunt u zich nog elegant kleden? Kunt u zich aanpassen aan al die veranderingen?

Denk niet dat u de enige bent als u niet meteen wild enthousiast bent over uw zwangerschap. U bent overrompeld en misschien in de war. En dat is heel gewoon. Die reactie wordt grotendeels bepaald door het feit dat u niet precies weet wat u te wachten staat.

Wanneer en op welke manier men de foetus begint te beschouwen als een mens, verschilt van vrouw tot vrouw. Sommigen vinden dat ze een 'kind' dragen vanaf het moment dat ze weten dat ze zwanger zijn. Anderen wanneer ze voor het eerst de hartslag van hun baby horen, zo ongeveer rond de 12de week. Bij weer andere vrouwen is het moment dat ze voor het eerst hun baby voelen bewegen, tussen de 18de en de 22ste week, een echt 'teken van leven'. Misschien bent u heel emotioneel. U bent humeurig, huilt om het minste of geringste of u zit voortdurend te dagdromen. Stemmingswisselingen zijn heel normaal en kunnen gedurende de hele zwangerschap voorkomen.

Hoe kunt u emotionele veranderingen het beste aanpakken? In de allereerste plaats is het heel belangrijk dat u goede prenatale begeleiding krijgt. Volg de raad van uw arts, vroedvrouw of verloskundige goed op. Houd u aan alle prenatale afspraken. Zorg voor een vlotte communicatie met uw arts, verloskundige of vroedvrouw en zijn/haar medewerkers. Stel vragen die bij u opkomen. Als u zich zorgen maakt over iets, praat er dan over met iemand in wie u vertrouwen hebt.

Uw invloed op de ontwikkeling van de baby

∂ *Vaccinaties*

Voor veel ziekten zijn vaccins beschikbaar. Een vaccin is een stof die u wordt toegediend om u te beschermen tegen vreemde stoffen (een infectie). Meestal wordt het geïnjecteerd of oraal ingenomen.

Bij ons zijn de meeste vrouwen die vruchtbaar zijn immuun voor mazelen, de bof, rodehond, tetanus en difterie. De meeste mensen die geboren zijn voor 1957 werden op natuurlijke wijze blootgesteld aan en geïnfecteerd met mazelen, de bof en rodehond. Zij kunnen als immuun beschouwd worden omdat ze antistoffen voor die ziekten hebben en er dus tegen beschermd zijn.

Voor vrouwen die na 1957 geboren zijn, is de situatie niet altijd even duidelijk. Vaststelling van mazelen door een arts, een bewijs van inenting tegen mazelen of een positieve bloedtest zijn noodzakelijk om te weten of iemand immuun is.

Rodehond is moeilijk vast te stellen zonder bloedproef omdat de symptomen ervan sterk lijken op die van een aantal andere ziekten. Men kan alleen immuun beschouwd worden voor de rodehond als de ziekte eerder door een arts werd vastgesteld of wanneer er een bewijs is van vaccinatie.

Inentingen tegen de bof, mazelen en rodehond (BMR) mogen *alleen* uitgevoerd worden als een vrouw aan geboortebeperking doet. Tot minstens drie maanden na de vaccinatie moet ze betrouwbare voorbehoedsmiddelen gebruiken. Ook andere inentingen zijn belangrijk, bijvoorbeeld voor difterie, kinkhoest, tetanus en polio (een combinatievaccin dat DKTP genoemd wordt). Iemand is immuun voor tetanus, difterie en kinkhoest als hij minstens drie doses van het DKTP-vaccin heeft gehad en de laatste dosis minstens een jaar na de voorgaande werd toegediend.

Om de 10 jaar is een herhaalvaccin (booster) nodig. Als u twijfelt of u wel voldoende bent ingeënt, vraag dan raad aan uw arts.

Blootstellingsgevaar Als u besloten hebt zich voor een bepaalde ziekte te laten inenten, moet u overwegen of u blootgesteld kunt worden aan een aantal ziekten. Probeer zo min mogelijk in contact te komen met die ziekten. Vermijd plaatsen waarvan u weet dat er een bepaalde ziekte heerst. Vermijd ook mensen (meestal zijn dat kinderen) waarvan u weet dat ze ziek zijn.

Het is onmogelijk om alle ziekten te vermijden. Als u ermee in contact geweest bent, of blootstelling eraan onvermijdelijk is, moet u het risico om die ziekte te krijgen afwegen tegen de mogelijke schadelijke effecten van een inenting.

Verder moet het vaccin geëvalueerd worden betreffende zijn doeltreffendheid en de mogelijke complicaties die erdoor kunnen ontstaan. Er is nog maar weinig informatie beschikbaar over de schadelijke effecten die vaccins kunnen hebben op een foetus. Inentingen met een dood vaccin zijn meestal veilig.

Een zwangere vrouw mag nooit ingeënt worden met levende entstof tegen mazelen. Het enige vaccin dat tijdens de zwangerschap toegediend mag worden, is het DTP-vaccin.

Het BMR-vaccin moet voor de zwangerschap of na de bevalling gegeven worden. Een zwangere vrouw mag alleen ingeënt worden tegen polio als ze veel kans loopt om aan de ziekte blootgesteld te worden. Alleen een geïnactiveerd poliovaccin mag gebruikt worden.

∽ *Rodehond (rubella)*

Het is het beste als u voordat u zwanger wordt laat nakijken of u immuun bent voor rodehond. Tijdens de zwangerschap kan rodehond een miskraam of misvormingen bij de foetus veroorzaken. Omdat er voor deze ziekte geen behandeling bestaat, is preventie de enige oplossing. Als u niet immuun bent, kunt u zich laten inenten wanneer u een betrouwbaar voorbehoedsmiddel gebruikt. Laat u niet vaccineren vlak voor of als u al zwanger bent, omdat de baby dan wordt blootgesteld aan het rodehondvirus.

∽ *Waterpokken (varicella)*

Hebt u toen u kind was de waterpokken gehad? Dan bent u immuun. Zo niet, dan loopt u de kans om de ziekte te krijgen tijdens uw zwangerschap. Verzorg uzelf in dat geval heel goed, want soms ontwikkelt er zich ook een longontsteking bij volwassenen die waterpokken krijgen. Als u besmet raakt vlak voor de bevalling is het mogelijk dat de ziekte wordt doorgegeven aan uw baby. Voor een pasgeborene zijn waterpokken een ernstige zaak.

Laat u in ieder geval begeleiden door uw arts als u waterpokken krijgt.

❧ De invloed van infecties op uw baby

Bepaalde infecties en ziekten die een vrouw oploopt kunnen ook nadelig zijn voor de groei van haar baby. Dit is een lijst van een aantal infecties en ziekten, en hun effect op uw baby.

Infecties	Effect op de foetus
Cytomegalie	microcefalie, hersenbeschadiging, verminderd gehoorvermogen
Rodehond	staar (cataract), doofheid, hartafwijkingen, kan alle organen aantasten
Syfilis	dood van de foetus, huidafwijkingen
Toxoplasmose	mogelijk effecten op alle organen, afhankelijk van het stadium van de zwangerschap (zie bladzijde 85)
Waterpokken	Mogelijk effecten op alle organen

Uw voeding

Eiwitten voorzien uw lichaam van aminozuren, die essentieel zijn voor de groei en het herstel van het embryo/de foetus, de placenta, de baarmoeder en de borsten. Tijdens de zwangerschap is uw behoefte aan eiwitten groter. Probeer elke dag voldoende eiwitten te eten en in het tweede en derde trimester van de zwangerschap nog iets meer. Maar let op: eiwitten mogen slechts 15% van uw totale calorie-inname uitmaken.

Veel eiwitbronnen bevatten ook veel vetten. Kies voor magere en vetarme varianten. De volgende eiwitbronnen zijn waardevol: kikkererwten, kaas, mozzarella, gebakken kip zonder vel, eieren, mager gehakt, melk, pindakaas, tonijn uit blik in eigen vocht, yoghurt…

❧ Bouwstenen voor de hersenen

Choline en docosa-hexaeenzuur (DHA) helpen bij de opbouw van de hersencellen van de baby tijdens de zwangerschap en na de geboorte bij borstvoeding. Choline is terug te vinden in melk, eieren, pindakaas, volkoren brood en rundvlees. DHA komt voor in vis, eierdooiers, gevogelte, vlees, canola-olie, walnoten en tarwekiemen. Als u deze voedingsmiddelen eet tijdens de zwangerschap en borstvoedingsperiode voorziet u uw baby van deze belangrijke voedingssupplementen.

Tip voor Week 10

Het is normaal dat uw borsten in het begin van de zwangerschap tintelen en pijnlijk aanvoelen. Het kan zelfs een van de eerste tekenen zijn die erop wijzen dat u zwanger bent.

ᴥ *U moet bijkomen*

Ga niet op dieet om af te vallen als u zwanger bent! De bedoeling is dat u aankomt. Als dat niet gebeurt, kan dat schadelijk zijn voor uw baby. Een vrouw met een gemiddeld gewicht komt gewoonlijk zo'n 12 tot 17 kg aan tijdens de zwangerschap. Door op uw gewichtstoename te letten, weet de arts, vroedvrouw of verloskundige meteen hoe het staat met de gezondheid van uw kindje.

Als u zwanger bent, is dit niet het geschikte moment om allerlei diëten uit te proberen of uw calorieopname te verminderen. Dat wil nog niet zeggen dat u zomaar alles mag eten wat u wilt en wanneer u maar wilt.

U kunt uw gewicht in goede banen leiden door lichaamsbeweging en een gezond voedingsschema zonder 'junkfood'. Gebruik uw gezond verstand als het om voeding gaat.

Dit is ook belangrijk!

ᴥ *De vlokkentest*

Met deze test kunnen voor de bevalling genetische afwijkingen opgespoord worden. Hij wordt in het begin van de zwangerschap uitgevoerd, meestal tussen de 9de en de 11de week.

De vlokkentest wordt om verschillende redenen uitgevoerd. Zo maakt hij het bijvoorbeeld mogelijk om genetische problemen zoals mongolisme (syndroom van Down) op te sporen.

Het voordeel van de vlokkentest is dat hij in een veel vroeger stadium dan het vruchtwateronderzoek uitgevoerd wordt. Na ongeveer 1 week zijn de resultaten bekend. Als de zwangerschap afgebroken moet worden, kan dat dankzij deze test eerder vastgesteld worden, zodat de risico's voor de vrouw beperkter blijven.

Bij de vlokkentest worden via de baarmoederhals met een instrumentje enkele stukjes van de moederkoek opgezogen. Deze test houdt een klein risico op een miskraam in en mag dus alleen uitgevoerd worden door iemand die de techniek goed onder de knie heeft.

Als uw arts u een vlokkentest aanraadt, vraag dan naar de risico's ervan. De test houdt slechts een kleine kans op een miskraam in: tussen 1 en 2%.

✢ *Foetoscopie*

Bij foetoscopie worden de baby en de placenta in beeld gebracht. In sommige gevallen kunnen zo afwijkingen en problemen vastgesteld en gecorrigeerd worden.

Het doel van deze techniek is afwijkingen corrigeren voordat ze erger worden, zodat de foetus zich tot een normale baby kan ontwikkelen. Met deze methode kan de arts het probleem duidelijker waarnemen dan met echografie.

De test wordt uitgevoerd door een buis, zoals bij laparoscopie of artroscopie, in de buikholte te brengen. Verder wordt dezelfde procedure gevolgd als bij een vruchtwaterpunctie. Een foetoscoop is echter langer dan de naald die gebruikt wordt voor vruchtwateronderzoek.

Als uw arts een foetoscopie voorstelt, bespreek dan vooraf de risico's, de voordelen en nadelen ervan. De test mag alleen uitgevoerd worden door iemand die ervaring heeft met deze techniek. De kans op een miskraam is 3 tot 4%. De test wordt niet overal uitgevoerd.

Week 11

Leeftijd van de foetus – 9 weken

Hoe groot is de baby?

Van kruin tot stuit meet uw baby nu 44 tot 60 mm. Zijn of haar gewicht is ongeveer 8 g. Uw baby is ongeveer zo groot als een perzik.

Hoeveel bent u aangekomen?

Terwijl uw baby enorm snel verandert, gaat bij u alles een flink stuk langzamer. U bent nu bijna aan het eind van het eerste trimester. Uw baarmoeder groeit samen met de foetus in uw buik en vult bijna uw bekken. Ze is ook voelbaar in uw onderbuik, in het midden boven uw schaambeen.
U kunt de baby nog niet voelen bewegen. Als u denkt dat dat wel het geval is, komt dat door darmgassen of bent u al langer zwanger dan u dacht.

Zo groeit en ontwikkelt uw baby zich

De foetus groeit nu heel snel. In de volgende 3 weken wordt uw baby van kruin tot stuit gemeten eens zo groot. Het hoofdje beslaat ongeveer de helft van de hele lengte van uw baby. Als het hoofd zich opricht (of in de richting van de ruggengraat knikt), komt de kin omhoog van de borst. De nek, die zich begint te ontwikkelen, wordt dan ook langer. De vingernagels beginnen te groeien.
De uitwendige geslachtsorganen beginnen typische kenmerken te vertonen. Binnen 3 weken is de foetus duidelijk herkenbaar als een jongen of een meisje. Als in dit stadium een miskraam optreedt, kan men zien of het om een mannelijke of een vrouwelijke foetus ging.

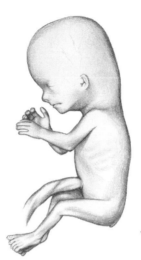

Rond de 11de week (leeftijd
van de foetus: 9 weken) verschijnen de vingernagels.

Ware grootte

Uitwendig zien alle embryo's er in het beginstadium bijna hetzelfde uit. Maar binnenin zit genetische informatie die bepaalt of het embryo mannelijk of vrouwelijk is.

Veranderingen bij u

Sommige zwangere vrouwen merken veranderingen op in hun haar, vinger- of teennagels. Dat is niet altijd het geval. Is het wel zo bij u, maak u dan geen zorgen. Misschien hebt u geluk en krijgt u tijdens uw zwangerschap meer haar of een betere nagelgroei. Het kan ook zijn dat u haar verliest.

Sommige artsen menen dat die veranderingen zich voordoen omdat er tijdens de zwangerschap een verhoogde circulatie is in uw lichaam. Anderen geven als oorzaak hormonale veranderingen op. Weer anderen verklaren die verschijnselen als een veranderende 'fase' in de groeicyclus van haar of nagels.

Hoe dan ook, die veranderingen zijn slechts zelden van blijvende aard. U kunt er weinig of niets aan doen.

Uw invloed op de ontwikkeling van de baby

⊱ *Reizen tijdens de zwangerschap*

Vaak vragen zwangere vrouwen zich af of reizen schadelijk is voor hun ongeboren kind. Als er geen complicaties zijn en u geen groot risico loopt, kunt u gerust op reis gaan. Vraag in elk geval advies aan uw arts, vroedvrouw of verloskundige voordat u reisplannen maakt of tickets koopt. Of u nu per auto, bus, trein of vliegtuig reist, het is verstandig om elke twee uur op te staan en wat rond te lopen. Of sta regelmatig op om naar het toilet te gaan.

Het grootste risico dat u als zwangere vrouw op reis loopt, is dat u ver weg zit van uw arts, vroedvrouw of verloskundige en de mensen die uw medische geschiedenis kennen. Dat kan belangrijk zijn als er complicaties optreden. Als u toch besluit om op reis te gaan, pas uw planning dan aan uw toestand aan. Overdrijf niet. Rustig aan!

Reizen met het vliegtuig Het veiligste is om het vliegtuig te nemen om op reis te gaan. De meeste luchtvaartmaatschappijen laten zwangere vrouwen toe tot 32 weken zwangerschap. Als er een risico bestaat van vroeggeboorte of als er problemen zijn met de placenta, kunt u beter niet gaan vliegen. Denk ook aan het volgende als u het vliegtuig wilt nemen:

- Vermijd vluchten op grote hoogte, omdat het zuurstofniveau minder is. Daardoor gaat uw hart sneller slaan en ook dat van uw baby.
- Als u gezwollen voeten en benen hebt, draag dan losse kleding en schoenen. (Dat geldt trouwens voor iedereen!) Vermijd panty's, strakke kleding, lange kousen en nauwe broeken.
- U kunt speciale maaltijden bestellen, zoals zoutarm of vegetarisch, als u bang bent voor bepaalde voedingsmiddelen.
- Drink veel water.
- Ga staan en loop rond zo veel u kunt tijdens de vlucht. Probeer 10 minuten per uur te wandelen. Soms is gewoon opstaan al goed voor de bloedcirculatie.
- Probeer een comfortabele plaats te krijgen, vlak bij het toilet. Als u vaak moet plassen, kan het handig zijn om een plaats te hebben naast het gangpad. Zo hoeft u niet telkens over mensen heen te klimmen.
- Wees voorzichtig met röntgenapparatuur in de luchthavens.

Veilig autorijden Men vraagt mij vaak of het wel veilig is om auto te rijden als je zwanger bent. Het antwoord is 'ja'. Naarmate uw buik dikker wordt, is het misschien moeilijker om in en uit de auto te stappen, maar dat neemt niet weg dat u nog steeds zelf kunt rijden.

Net zoals anders moet u een veiligheidsgordel dragen die over uw schouder én onder uw buik doorloopt. Als uw zwangerschap normaal is en u zich goed voelt, is er geen reden waarom u niet zou mogen autorijden.

Het dragen van de veiligheidsgordel vermindert aanzienlijk de ernst van bepaalde letsels bij een auto-ongeluk. Elk jaar zijn er bij ongelukken meer dan

50.000 doden en 2 miljoen gewonden. Door het dragen van de veiligheids-gordel kunnen die aantallen aanzienlijk verminderen.

Vaak denken vrouwen dat het niet gezond is om tijdens de zwangerschap een veiligheidsgordel te dragen. Dit zijn enkele vaak gehoorde excuses (en een antwoord erop) om de gordel niet te hoeven dragen.

- 'De gordel kan mijn baby beschadigen.'
  Het is niet bewezen dat de gordel de kans op letsel bij de foetus of aan de baarmoeder vergroot. Met gordel hebt u bij een ongeluk zeker meer overlevingskansen dan zonder. En het is voor uw ongeboren baby van het grootste belang dat u overleeft.
- 'Als er brand uitbreekt, wil ik niet vastgeklemd zitten in de auto.'
  Bij slechts enkele auto-ongelukken breekt er brand uit. Zelfs als het ge-beurt, is de kans groot dat u de gordel kunt losmaken en uit de auto stap-pen. Bijna 25% van alle doden bij auto-ongelukken werd uit de wagen geslingerd. Een veiligheidsgordel kan u daarvoor behoeden.
- 'Ik kan goed autorijden.'
  Defensief rijden is goed, maar voorkomt niet per se een ongeluk.
- 'Ik moet maar een korte afstand afleggen, dus een veiligheidsgordel is niet nodig.'
  De meeste ongelukken gebeuren op een afstand van minder dan 30 km van huis.

Uit onderzoek is gebleken dat slechts 14% van alle zwangere vrouwen de vei-ligheidsgordel droeg, tegen 30% bij niet-zwangere vrouwen. Het is bewezen dat de gordelsystemen zoals we die nu kennen, veilig kunnen worden gedragen tijdens de zwangerschap. Draag de veiligheidsgordel dus voor u *en* voor uw baby.

Zo draagt u het best de veiligheidsgordel

Als u zwanger bent, kunt u de veiligheidsgordel op een aangepaste manier dra-gen. Plaats het onderste deel van de gordel goed onder uw buik en bovendijen. Hij moet zo comfortabel zijn als anders. Ook het bovenstuk moet strak genoeg, maar comfortabel zitten. Ga zo zitten dat de gordel over uw schouder loopt zonder in uw nek te snijden. Schik hem dan tussen uw borsten. U mag de gordel niet van uw schouder laten glijden. Ook als u langer onderweg bent, moet u nog comfortabel de veiligheidsgordel kunnen dragen.

Uw voeding

Koolhydraatrijke voeding is de eerste bron van energie voor uw baby om zich te ontwikkelen. Deze voedingsmiddelen zorgen er ook voor dat het lichaam eiwitten doeltreffend gebruikt. De meeste koolhydraatrijke producten leveren ook andere voedingsstoffen, dus zal het geen probleem zijn om er genoeg van te eten. Voorbeelden: tortilla, deegwaren, graanproducten, rijst, ontbijtgranen, brood en broodjes

Dit is ook belangrijk!

↷ *Echografie*

Op dit ogenblik hebt u waarschijnlijk al met uw arts gesproken over echografie. Of u hebt er al een gehad. Echografie (ook *echoscopie* genoemd) is een van de beste methodes om een zwangerschap op de voet te volgen. Hoewel artsen, ziekenhuizen en verzekeringsmaatschappijen (ja zeker, ook zij hebben hun zegje!) het niet eens zijn over het tijdstip waarop een echografie uitgevoerd moet worden, noch over het feit of het wel nodig is voor iedere zwangere vrouw, neemt echografie tegenwoordig een belangrijke plaats in het prenatale onderzoek in. Het onderzoek is niet schadelijk, volledig veilig en er zijn geen risico's aan verbonden. Bij echografie worden geluidsgolven van een hoge frequentie opgewekt. Om het contact te verbeteren wordt op uw buik een dun laagje vloeistof gesmeerd. Daarna wordt een transducer ter hoogte van de baarmoeder over de buik bewogen. De geluidsgolven dringen het lichaam binnen, worden weerkaatst tegen de weefsels in de buikholte en omgezet in elektrische signalen. De weergave van die signalen op een scherm kan vergeleken worden met de radar van vliegtuigen of schepen.

De verschillende lichaamsweefsels hebben een verschillende consistentie en weerkaatsen de geluidsgolven op een verschillende manier, zodat we een onderscheid kunnen maken tussen die weefsels. Aangezien beweging wordt weergegeven, zien we de baby of delen ervan, zoals het hart, bewegen. Dankzij echografie kunnen we het hartje van een foetus al na 5 of 6 weken zwangerschap zien kloppen. Als het embryo 7 weken oud is (na 9 weken zwangerschap), toont echografie de bewegingen van zijn lichaam en ledematen.

Voor een echografie moet u waarschijnlijk veel water drinken. Als u bij een vorige zwangerschap al een echografie hebt laten uitvoeren, herinnert u zich vast nog wel hoe vervelend het was om daar met een volle blaas te liggen!

Uw blaas bevindt zich voor uw baarmoeder. Als uw blaas leeg is, is uw baarmoeder moeilijker waar te nemen omdat ze dan lager tussen de bekkenbeenderen ligt. Botten onderbreken de geluidsgolven en zorgen voor een vager beeld. Als uw blaas vol is, komt uw baarmoeder meer naar boven en kan ze makkelijker in beeld gebracht worden. De blaas is dus in feite een soort van raam waardoor de baarmoeder en de foetus bekeken kunnen worden.

Tip voor Week 11

Dankzij echografie kunt u al een 'foto' van uw kindje laten maken voor het geboren is. Sommige artsen of ziekenhuizen kunnen ook een video- of dvd-opname maken van de beelden. Vraag vooraf of dat mogelijk is, zodat u een lege cassette of dvd kunt meebrengen.

Echografie op verschillende manieren Tegenwoordig kan men ook een echografie in drie dimensies maken. Die geeft een gedetailleerd, duidelijk beeld van de foetus in de baarmoeder. Het beeld is zo duidelijk dat het bijna een echte foto lijkt. Voor de zwangere vrouw gebeurt het onderzoek op dezelfde manier. Het verschil is dat de software het beeld vertaalt naar een *3-D-beeld*. Een dergelijke echografie kan handig zijn om eventuele afwijkingen van de foetus beter te bekijken. Vaak wordt deze soort echo gebruikt om een gespleten lip of open verhemelte vast te stellen. Zo kan het medisch personeel direct na de geboorte al het nodige doen om de baby op te vangen.

In het begin van de zwangerschap kunnen de baby en de placenta beter bekeken worden door een *transvaginale echografie*. Daarbij wordt een sonde in de vagina geplaatst en wordt de zwangerschap van daaruit bekeken. Uw blaas hoeft voor dit onderzoek niet vol te zijn!

Het geslacht bepalen Sommige paren zijn heel benieuwd of ze een zoon of dochter zullen krijgen. Als de baby in een goede positie ligt, de geslachtsorganen al gevormd en goed zichtbaar zijn, *kan* een echografie een antwoord geven op die vraag. Veel artsen vinden die reden echter onvoldoende om een echografie uit te voeren. Spreek er eens over met uw arts. Onthoud dat echografie een onderzoek is, en dat onderzoeken het af en toe bij het verkeerde eind hebben.

Echografie

Uw dokter kan echografie op allerlei manieren gebruiken.

- om zwangerschap vast te stellen
- om de grootte en de groeisnelheid van het embryo of de foetus te laten zien
- om de aanwezigheid van twee of meer foetussen vast te stellen
- om het hoofd, de buik of het dijbeen van de foetus te meten en zo nauwkeurig te bepalen hoe lang u al zwanger bent
- voor het opsporen van het syndroom van Down (mongolisme)
- om afwijkingen zoals hydrocefalie (waterhoofd) en microcefalie (te kleine schedel) vast te stellen
- om afwijkingen aan inwendige organen zoals nieren of blaas op te sporen
- om de hoeveelheid vruchtwater te meten en zo het welzijn van de baby in de gaten te houden
- om de plaats, grootte en staat van de moederkoek te bepalen
- om afwijkingen aan de moederkoek te identificeren
- om afwijkingen aan de baarmoeder of tumoren op te sporen
- om een spiraaltje te lokaliseren
- om het onderscheid te maken tussen een miskraam, een buitenbaarmoederlijke en een normale zwangerschap
- om de precieze plaatsing van de naald te bepalen bij vruchtwateronderzoek, bloedonderzoek en vlokkentest

Week 12

Leeftijd van de foetus – 10 weken

Hoe groot is de baby?

Uw baby weegt tussen de 8 en 14 g en meet van kruin tot stuit ongeveer 61 mm. Zijn lengte is in de laatste 3 weken bijna verdubbeld! Op dit ogenblik is de lengte een waardevoller gegeven dan het gewicht.

Hoeveel bent u aangekomen?

Tegen het einde van de 12de week is uw baarmoeder te groot voor uw bekken geworden. U voelt ze duidelijk boven uw schaambeen. Het is opmerkelijk hoeveel uw baarmoeder kan groeien tijdens de zwangerschap: ze vult uw hele bekken en buikholte. Enkele weken na de bevalling heeft ze haar normale grootte weer aangenomen.

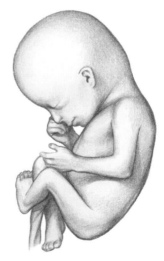

Uw baby groeit nu snel. In 3 weken tijd is zijn lengte verdubbeld.

Voor u zwanger werd, was uw baarmoeder heel stevig. Ze had een inhoud van 10 ml of minder. Tijdens de zwangerschap verandert ze in een soort van dunne, gespierde ballon waarin de foetus, de moederkoek en het vruchtwater zitten. De capaciteit van de baarmoeder wordt dan zo'n 500 tot 1000 keer groter!

Ook het gewicht ervan verandert. Bij de geboorte van de baby weegt uw baarmoeder zo'n 1100 g. Voor de zwangerschap ongeveer 70 g.

Tijdens de eerste maanden wordt de groei van de baarmoederwand gestimuleerd door de hormonen oestrogeen en progesteron. Later zorgen de steeds groter wordende baby en placenta ervoor dat de baarmoederwand uitrekt en dunner wordt.

Zo groeit en ontwikkelt uw baby zich

Na deze week treden bijna geen structurele veranderingen meer op. Maar de structuren die al gevormd zijn, blijven groeien vanaf nu en zich verder ontwikkelen!

Als u rond de 12de week een afspraak hebt met uw arts, kunt u waarschijnlijk het hartje van de baby horen kloppen! Dat kan met *doptone*, een speciaal apparaat. Het versterkt het geluid van uw baby's hartslag, zodat u hem kunt horen.

Het merendeel van de beenderen bevat nu beenweefsel (ossificatie). De vingers en tenen zijn apart te onderscheiden en de nagels beginnen te groeien. Op het lichaam verschijnen her en der plukjes haar. De uitwendige geslachtsorganen van de baby vertonen nu ook al uitgesproken mannelijke of vrouwelijke kenmerken.

Het spijsverteringsstelsel (dunne darm) vertoont al zichtbare samentrekkingen, die voedsel door de darmen stuwen. Het kan ook glucose (suiker) opnemen uit het bloed.

De hypofyse onder aan uw baby's hersenen begint een heleboel hormonen aan te maken. Hormonen zijn chemische stoffen die in een bepaald deel van het lichaam geproduceerd worden, met een specifieke werking in een ander deel.

Er gebeuren nog allerlei andere dingen! Het zenuwstelsel van uw baby heeft zich verder ontwikkeld. Hoewel de baby in uw baarmoeder beweegt, merkt u er waarschijnlijk nog niets van. Door de foetus op een bepaalde plek te stimuleren, opent hij zijn mond of beweegt hij zijn vingers of tenen.

De hoeveelheid vruchtwater neemt toe en bedraagt nu in totaal zo'n 50 ml. Het lijkt sterk op plasma (het niet-cellulaire bestanddeel van uw bloed), maar het bevat veel minder eiwitten.

Veranderingen bij u

Waarschijnlijk begint u zich nu geleidelijk aan wat beter te voelen. U hebt minder vaak last van ochtendmisselijkheid. U bent niet al te veel aangekomen en voelt zich nog redelijk goed. Misschien draagt u al zwangerschapskleding. Als dit uw eerste zwangerschap is, kan het best zijn dat u nog in uw 'gewone' kleren past. Als u al kinderen hebt, is 'het' u eerder aan te zien en voelt u zich beter in lossere kleding. Niet alleen uw buik wordt dikker. Ook uw borsten zijn zwaarder en voelen wat pijnlijk aan. Waarschijnlijk is er ook een gewichtstoename op uw heupen, benen en in uw taille.

✂ *Veranderingen van uw huid*

Tijdens de zwangerschap ondergaat uw huid veranderingen. Bij veel vrouwen verschijnt er op de onderbuik een donkere of bruin-zwarte lijn tussen de navel en het schaambeen, die de *zwangerschapslijn (linea nigra)* wordt genoemd.

Soms komen ook op het gezicht en in de nek onregelmatig gevormde bruine vlekken voor, die we *zwangerschapsmasker* (*chloasma*) noemen. Na de bevalling verdwijnen ze of worden ze lichter van kleur. Ook orale voorbehoedsmiddelen kunnen gelijksoortige pigmentveranderingen veroorzaken.

Een veelvoorkomende huidsverandering is ook een rode uitslag in de nek, het gezicht, op de borstkas en de armen. Het zijn kleine, rode zwellingen op de huid, die naar buiten toe uitstralen (stervormige angiomen, ook *teleangiëctasie* genoemd). Het verschijnsel treedt op bij ongeveer 65% van alle blanke vrouwen en 10% van alle zwarte zwangere vrouwen.

Iets gelijksoortigs is *erythema* op de handpalmen. Het komt voor bij 65% van alle blanke vrouwen en 35% van alle zwarte vrouwen. De twee beschreven symptomen treden meestal tegelijkertijd op. Ze zijn slechts van tijdelijke aard en verdwijnen snel na de bevalling. Waarschijnlijk worden ze veroorzaakt door een verhoogd oestrogeenniveau tijdens de zwangerschap.

✂ *Hoge bloeddruk en zwangerschap*

Als u al hoge bloeddruk hebt voordat u zwanger bent, hebt u meer kans op zwangerschapsvergiftiging (pre-eclampsie). Als u niet wordt behandeld kan een hoge bloeddruk de bloedtoevoer naar de placenta doen afnemen, wat een kleinere baby of een intra-uteriene groeiachterstand (IUGR) tot gevolg kan hebben. Bij de zwangere vrouw kan hoge bloeddruk flauwvallen, nierproblemen, leveraandoeningen, hartproblemen en hersenbeschadiging ten gevolge hebben.

De meeste medicijnen tegen een te hoge bloeddruk mogen genomen worden tijdens de zwangerschap, er zijn echter ook medicijnen die schadelijk zijn. Als u van plan bent om zwanger te worden, bespreekt u dan eerst met uw arts welke medicijnen u inneemt tegen hoge bloeddruk en of u ze gewoon kunt blijven innemen. Als u een hoge bloeddruk hebt, kunnen er meer echografieën dan gewoonlijk worden gemaakt om de groei van de baby te controleren en IUGR te vermijden. U kunt een bloeddrukmeter aanschaffen om uw bloeddruk thuis te checken wanneer nodig.

Uw invloed op de ontwikkeling van de baby

⋙ *Lichamelijk letsel tijdens de zwangerschap*

Bij 6 tot 7% van alle zwangerschappen treedt er lichamelijk letsel op. In 66% van de gevallen gaat het om ongelukken met motorvoertuigen. De overblijvende 34% is te wijten aan valpartijen en geweld. In meer dan 90% van alle gevallen gaat het om licht lichamelijk letsel.

Als u zwanger bent en lichamelijk letsel oploopt, kunt u zich laten verzorgen door eerstehulpverleners, een arts, vroedvrouw of verloskundige.

De meeste specialisten vinden het raadzaam om de zwangere vrouw tot enkele uren na het ongeval in de gaten te houden. De baby kan dan ook via monitors geobserveerd worden. Bij een zwaar ongeval kan het nodig zijn om moeder en kind langer te controleren.

Uw voeding

Sommige vrouwen menen dat ze tijdens de zwangerschap alles kunnen eten wat ze willen. Laat u daartoe niet verleiden! Het is immers ongezond voor zowel u als uw baby wanneer u heel veel aankomt. Het bemoeilijkt het dragen van uw baby en de bevalling. Bovendien raakt u na de bevalling al die extra kilo's maar moeilijk weer kwijt. In die periode kijken de meeste vrouwen ernaar uit 'gewone' kleding te kunnen dragen en er net zo uit te zien als voor de zwangerschap. Als u dan geconfronteerd wordt met extra gewicht, zult u maar moeizaam uw doel bereiken.

⋙ *Junkfood*

Eet u het liefst van alles junkfood? Zelfs vaker op een dag? Dan is het nu het moment om met die gewoonte te breken!

Nu u zwanger bent, beïnvloeden uw eetgewoonten niet alleen uzelf, maar ook uw groeiende baby. Misschien bent u gewend om het ontbijt over te slaan, 's middags een snack te nemen en 's avonds een snelle hap in een fastfoodrestaurant. Dat is echter schadelijk voor u en uw baby.

Wat en wanneer u eet wordt nu des te belangrijker. Het vergt wat inspanning om goede voedingsgewoonten aan te kweken, maar ik weet dat u het kunt.

Neem naar uw werk gezonde voedingsmiddelen mee als lunch en tussendoortje. Laat u niet verleiden door fastfood en junkfood.

Tip voor Week 12

Als u gedurende 24 uur of steeds opnieuw last hebt van diarree, moet u uw dokter waarschuwen. U kunt gedurende 24 uur proberen om het probleem op te lossen door te vasten. Experimenteer niet langer op eigen houtje!

✎ *Snacks laat op de avond*

Voor de meeste vrouwen is het niet nodig om 's avonds laat nog te eten. Als u gewend bent om voor het slapengaan nog een ijsje of snoep te nemen, moet u daar tijdens uw zwangerschap voor boeten met extra gewichtstoename. Voedsel dat 's avonds laat nog in uw maag zit, veroorzaakt makkelijker maagzuur, misselijkheid of overgeven.

✎ *Snoep en vetten*

Wees voorzichtig met snoep en vetten. Veel van deze producten leveren veel calorieën en weinig voedingsstoffen. Eet ze dus met mate. In plaats van chips of koekjes, kunt u beter kiezen voor een stuk fruit, wat kaas of een sneetje volkorenbrood met een beetje pindakaas. Uw honger zal gestild worden en u krijgt voedingsstoffen binnen! Het is wel oké om de volgende producten te eten in de aangegeven hoeveelheid:

- suiker of honing: een eetlepel
- olie: een eetlepel
- margarine of boter: een theelepel
- jam of gelei: een eetlepel
- dressing: een eetlepel

Dit is ook belangrijk!

✎ *De vijfde ziekte*

De vijfde ziekte gaat gepaard met huiduitslag. Het gaat om een milde, via lucht tamelijk snel overdraagbare infectie. De vijfde ziekte verspreidt zich mak-

kelijk in groepen, zoals klassen of dagverblijven. Het lijkt alsof de huid rood
is zoals na een klap. De roodheid verdwijnt en komt weer terug, wat 2 tot 34
dagen kan duren. Er bestaat geen behandeling voor.

Tijdens de zwangerschap verstoort het virus de productie van rode bloedcellen
bij de moeder en haar kind. Neem contact op met uw arts als u denkt dat u
tijdens uw zwangerschap werd blootgesteld aan de vijfde ziekte. Een bloedonderzoek kan uw vermoeden bevestigen of ontkennen. Naderhand kan de arts
kijken of er eventueel problemen zijn opgetreden bij de foetus. Die kunnen
dan opgelost worden vóór de baby ter wereld komt.

✎ *Screening voor mucoviscidose*

Mucoviscidose of *cystic fibrosis* (taaislijmziekte) is een erfelijke aandoening die
problemen geeft met de spijsvertering en de ademhaling. De ziekte kan meestal al bij jonge kinderen gediagnosticeerd worden. Met de moderne technologie
en de nieuwste screeningtests is het mogelijk om al vooraf vast te stellen of
u een kind op de wereld zult zetten met de ziekte. Voor de screening is een
speeksel- of bloedmonster nodig.

De kans dat u drager bent van het gen is klein. Voor een baby met de ziekte
moeten *beide* ouders dragers zijn van het gen. Als er in uw familie al antece-
denten zijn van mucoviscidose, is er meer kans dat u het gen draagt.

Testen voor mucoviscidose   Als u het belangrijk vindt om meer zekerheid
te hebben rond de risico's, kunt u over mogelijke testen praten met uw arts.
Op aanvraag kunt u zich laten testen voor mucoviscidose. Er bestaat een test
die meer dan 1000 mutaties van het gen kan opsporen. Het resultaat kan de
arts helpen om een diagnose te stellen en prenatale zorg te bieden. Als zowel
u als uw partner het gen dragen, is er een kans van 25% dat de baby de ziekte
heeft. U kunt ook kinderen hebben zonder de ziekte. De baby kan tijdens de
zwangerschap getest worden door middel van een vlokkentest (zie Week 10).
Een vruchtwaterpunctie kan ook (zie Week 16).

U beslist zelf of u zich laat testen of niet. Het is een persoonlijke beslissing die
u kunt nemen nadat uw arts, vroedvrouw of verloskundige u heeft ingelicht
over de mogelijkheden en risico's. Veel stellen kiezen ervoor om niet te testen,
omdat dat de loop van de zwangerschap zou beïnvloeden en de moeder zou
blootstellen aan de gevaren van een vruchtwaterpunctie of vlokkentest.

Week 13

Leeftijd van de foetus – 11 weken

Hoe groot is de baby?

Uw baby groeit nu heel snel! Van kruin tot stuit meet hij zo'n 65 tot 78 mm en hij weegt 13 tot 20 g. Uw kindje is dus ongeveer zo groot als een kleine sinaasappel.

Hoeveel bent u aangekomen?

Uw baarmoeder is al een flink stuk gegroeid. U kunt de bovenrand ervan zo'n 10 cm onder uw navel, boven uw schaambeen, voelen. Rond deze tijd vult de baarmoeder uw bekken volledig en groeit ze naar boven toe in uw buikholte. Ze voelt aan als een zachte, gladde bal. U bent nu waarschijnlijk wel wat aangekomen. Als u last hebt gehad van ochtendmisselijkheid en moeilijk kon eten, is uw gewichtstoename eerder beperkt. Nu u zich wat beter voelt en de baby snel groeit, zult u ook meer aankomen.

Zo groeit en ontwikkelt uw baby zich

Vanaf nu tot ongeveer de 24ste week groeit de foetus opvallend hard. De baby is twee keer zo groot als in de 7de week. Ook zijn gewicht is enorm toegenomen tijdens de laatste 8 tot 10 weken. Een interessante verandering is de relatieve groeivertraging van het hoofdje in vergelijking met de rest van uw baby's lichaam. In week 13 beslaat het hoofd ongeveer de helft van de totale kruin-tot-stuitlengte. In week 21 is het hoofd nog maar een derde van het lichaam van uw baby. Bij de geboorte is dat nog een vierde. Zodra het hoofd langzamer groeit, begint het lichaam van de foetus sneller in omvang toe te nemen.

Het gezicht van de baby ziet er steeds 'menselijker' uit. De ogen, die eerst aan de zijkant van het hoofd verschenen, komen nu dichter naar elkaar toe. De oren nemen hun normale positie aan de zijkant van het hoofd in.

De uitwendige geslachtsorganen zijn voldoende ontwikkeld om te zien of de foetus mannelijk of vrouwelijk is.

Aanvankelijk ontwikkelen de darmen zich als een zwelling in de navelstreng, dus buiten het lichaam van de baby. Rond deze tijd trekken ze zich terug in de buikholte van de foetus. Als dat niet gebeurt, bevinden de darmen zich bij de geboorte buiten de foetus, wat we *navelstrengbreuk* (*omfalocèle*) noemen. Het komt slechts in 1 op 10.000 gevallen voor. De operaties zijn vrij ingrijpend, maar geven voor de meeste baby's een goed resultaat.

Veranderingen bij u

Waar zat uw taille ook alweer? Kleren zitten strak om uw lichaam. Dit is het moment om aan positiekleding te denken.

✂ *Zwangerschapsstrepen*

Zwangerschapsstrepen, striemen of *striae* komen vaak en in verschillende gradaties voor. Ze kunnen al in het begin van de zwangerschap verschijnen op uw buik, borsten, heupen en billen. Na de zwangerschap krijgen ze dezelfde kleur als de rest van uw lichaam, maar verdwijnen doen ze niet meer.

Het kan geen kwaad als u een lotion of olie probeert, maar waarschijnlijk zal het geen groot verschil maken. Gebruikt u crème met steroïden om zwangerschapsstrepen te bestrijden? Dan wordt een zekere hoeveelheid steroïden door uw lichaam opgenomen en mogelijk verder naar de baby getransporteerd. *Gebruik tijdens uw zwangerschap geen crèmes met steroïden zonder erover te praten met uw arts.* (Zie Week 26 voor meer informatie.)

Wat kunt u doen? Striemen kunnen zich vormen tijdens de zwangerschap. Dat is een normaal verschijnsel en de verkleuring zal na de bevalling langzaam verdwijnen. Toch kunt u een aantal dingen doen om ze te beperken.

• Drink veel water en eet gezond. Voedingsmiddelen die rijk zijn aan antioxidanten leveren voedingsstoffen die essentieel zijn voor het herstel en de genezing van weefsel. Voorbeeld: fruit en groenten met een felle kleur, rood, geel of oranje.

• Zorg ervoor dat uw huid elastisch blijft door voldoende eiwitten te eten en minder vetten. Lijnzaad, lijnzaadolie, vis en visolie zijn goede bronnen.

Jeuk

Jeuk *(pruritus gravidarum)* is een veelvoorkomend zwangerschapssymptoom. Uw huid vertoont geen bulten of letsel; ze jeukt alleen maar. Bijna 20% van alle zwangere vrouwen heeft er last van, vooral tijdens de laatste weken van de zwangerschap. De jeuk kan echter op ieder moment optreden, ook als u al zwanger bent geweest. Jeuk komt ook vaak voor bij orale anticonceptie. Het is onschadelijk voor u en voor uw baby.

Jeuk kan behandeld worden met antihistaminica of verkoelende lotions met menthol of kamfer. Vaak is een behandeling echter niet noodzakelijk.

Wees voorzichtig met uw visconsumptie: eet niet te veel vis. Voor meer informatie over vis, zie Week 26.

* Ga niet in de zon liggen!
* Blijf aan lichaamsbeweging doen.
* Vraag aan uw arts, verloskundige of vroedvrouw welke crèmes of lotions geschikt zijn om de elastische vezels van uw huid te verzorgen.

๛ *Veranderingen in uw borsten*

U zult al wel gemerkt hebben dat uw borsten veranderen. Kijk maar eens naar de illustratie op bladzijde 117. De borstklier wordt in het Latijn *mamma* genoemd (vandaar mammografie, enzovoort).

Uw borsten bestaan uit klieren, bindweefsel dat steun biedt en vetweefsel dat voor bescherming zorgt. Aan de klieren die naar de tepel leiden, hangen zakjes waarin melk geproduceerd wordt. Voor de zwangerschap weegt een borst gemiddeld 200 g. Tijdens de zwangerschap nemen het gewicht en de omvang toe. Tegen het einde van de zwangerschap weegt elke borst zo'n 400 tot 800 g. Bij de borstvoeding 800 g of zelfs meer!

De grootte en vorm van de borsten verschillen van vrouw tot vrouw. Het borstweefsel begint meestal onder de arm. De klieren waaruit de borst bestaat lopen als kanaaltjes naar de tepel. Elke tepel bevat een heleboel zenuwuiteinden, spiervezels, talgklieren, zweetklieren en ongeveer 20 melkkanalen.

De tepel is omringd door de tepelhof (*areola*), een cirkelvormige, gepigmenteerde zone. Voor de zwangerschap is de tepelhof meestal roze. Tijdens de zwangerschap en borstvoeding wordt hij groter en bruin of bruinrood van kleur. De donkerkleurige tepelhof stimuleert de baby visueel voor de borstvoeding. Als u zwanger bent, ondergaan uw borsten heel wat veranderingen. Tijdens de eerste weken zijn ze vaak pijnlijk of geïrriteerd. Na ongeveer 8

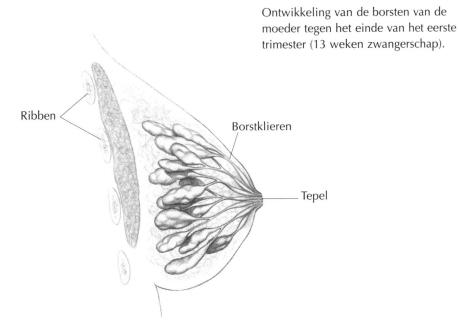

Ontwikkeling van de borsten van de moeder tegen het einde van het eerste trimester (13 weken zwangerschap).

Ribben

Borstklieren

Tepel

weken worden ze zwaarder, knobbelig en gezwollen doordat de klieren en kanalen zich ontwikkelen. Het kan ook zijn dat u vlak onder het huidoppervlak duidelijker aders opmerkt. Tijdens het tweede trimester wordt een dunne, gelige vloeistof (voormelk of *colostrum*) geproduceerd. Soms kan ze uit de borst geperst worden door zacht masseren. Als uw borsten groter zijn geworden, vertonen ze misschien net als uw buik zwangerschapsstrepen.

Wanneer het embryo 6 weken oud is, ontwikkelen zich bij hem of haar de borstklieren. Tegen de geboorte zijn de melkkanalen aanwezig. De borsten van een pasgeboren kindje kunnen gezwollen zijn en zelfs een kleine hoeveelheid melk afscheiden, zowel bij jongens als bij meisjes. Deze melk wordt in de volksmond ook wel 'heksenmelk' genoemd. Dit verschijnsel wordt veroorzaakt door de afscheiding van oestrogeen.

Uw invloed op de ontwikkeling van de baby

✃ *Werken tijdens de zwangerschap*
Veel vrouwen werken buitenshuis en blijven dat ook doen tijdens de zwangerschap. Vaak hebben ze de volgende vragen:

* 'Is het wel veilig om tijdens de zwangerschap te blijven werken?'
* 'Kan ik gedurende de hele zwangerschap blijven werken?'
* 'Breng ik mijn baby in gevaar terwijl ik werk?'

Meer dan de helft van alle vrouwen werkt of zoekt werk. Het is gebruikelijk dat vrouwen die gedurende een bepaalde periode van hun zwangerschap hebben gewerkt, zich een heleboel vragen stellen over hun veiligheid en gezondheid.

Wetten die op u van toepassing kunnen zijn De wet schrijft voor dat zwangere vrouwen niet mogen worden gediscrimineerd op professioneel vlak. Zwangerschap en de erbij horende omstandigheden moeten net als elke andere medische conditie behandeld worden. De arts, vroedvrouw of verloskundige kan een verklaring afleggen dat een zwangere vrouw om een bepaalde reden bijvoorbeeld geen zware lasten mag tillen. De onmogelijkheid om te werken tijdens de zwangerschap kan veroorzaakt worden door:

• de zwangerschap zelf
• complicaties zoals zwangerschapsvergiftiging, voortijdige weeën of andere medische problemen
• blootstelling aan chemische producten, dampen, gassen, oplosmiddelen of straling

Als alles goed gaat, kunt u blijven werken tot de dag dat uw zwangerschapsverlof ingaat. *In Nederland* begint dat verlof zes tot uiterlijk vier weken voor de uitgerekende datum van de bevalling. Elke zwangere vrouw heeft in Nederland recht op in totaal zestien weken zwangerschapsverlof. Ook *in België* bestaat het zwangerschapsverlof uit twee periodes. Werkneemsters hebben recht op vijftien weken, waarvan verplicht één week vóór de vermoedelijke bevallingsdatum (maximum zes weken prenataal verlof) en verplicht negen weken na de uiteindelijke geboortedatum (postnataal verlof). De overige vijf weken zijn facultatief: u neemt ze ofwel vóór het verplicht verlof, ofwel erna, ofwel gedeeltelijk vóór en gedeeltelijk erna op.

Als u tijdens uw zwangerschap om bepaalde redenen (misselijkheid, extreme vermoeidheid, bloedverlies, te hoge bloeddruk,...) niet in staat bent om te werken, valt u in de ziektewet. U moet dat dan wel bij uw werkgever melden.

Risico's als u blijft werken Wat voor risico's een bepaalde baan precies inhoudt, is vaak moeilijk te zeggen. Meestal hebben we niet voldoende informatie om te weten welke stoffen een baby schade kunnen berokkenen.

Het is de bedoeling de risico's voor moeder en kind zo veel mogelijk te beperken, zodat de moeder nog steeds kan blijven werken. Een normale vrouw met een gewone baan zou tijdens haar zwangerschap normaal gezien gewoon kunnen blijven werken. Het kan echter nodig zijn dat ze haar activiteiten een beetje aanpast, bijvoorbeeld minder lang blijft staan. Uit onderzoeken is gebleken dat zwangere vrouwen die lange tijd rechtop staan, een grotere kans lopen op een voortijdige bevalling en een baby met een laag geboortegewicht.

Overleg met uw arts, vroedvrouw of verloskundige en uw werkgever. Volg de medische raad op als er sprake is van voortijdige weeën of bloedverlies. Naarmate de zwangerschap vordert, kan het nodig zijn dat u minder lang werkt of lichter werk verricht. Wees flexibel en luister naar uw lichaam. U helpt er uzelf of uw baby niet mee als u 'zich sterk houdt'. Integendeel zelfs: het kan de complicaties nog verergeren.

Uw voeding

Tip voor Week 13

Lees goed etiketten op voedingsmiddelen als u zwanger bent. Een heleboel producten, drankjes en vrij verkrijgbare medicijnen bevatten cafeïne!

Cafeïne stimuleert het centrale zenuwstelsel en zit in veel drankjes en voedingsmiddelen, onder andere in koffie, thee, cola en chocolade. Ook bepaalde geneesmiddelen, dieetproducten en medicijnen tegen hoofdpijn bevatten cafeïne. Tot nu toe werden aan het gebruik van cafeïne nog geen voordelen voor u of uw baby verbonden. Vier koppen koffie (800 mg cafeïne) per dag zouden zorgen voor een lager geboortegewicht en een kleiner hoofd bij pasgeborenen. Sommige onderzoekers menen ook dat er een verband bestaat tussen cafeïne en miskramen of voortijdige weeën. Cafeïne komt via de moederkoek in de baby terecht. Het kan het calciummetabolisme van zowel de moeder als de baby aantasten en bij het pasgeboren kind voor ademhalingsproblemen zorgen. Cafeïne komt ook terecht in de borstvoeding, waardoor de baby makkelijker geprikkeld is en moeilijk in slaap kan komen. Een kind verwerkt cafeïne langzamer dan een volwassene en slaat de stof makkelijker op. Als u zwanger bent en veel cafeïne gebruikt, kunt u last hebben van geïrriteerdheid, slapeloosheid en gejaagdheid. Roken versterkt het effect van cafeïne.

Ban cafeïne zo veel mogelijk uit uw voedingsschema. Lees ook zorgvuldig de bijsluiters van vrij verkrijgbare geneesmiddelen. Doe het voor de gezondheid van uw baby. Zelf zult u er zich ook beter bij voelen.

Hierna volgt een lijstje met de hoeveelheid cafeïne in verschillende voedingsmiddelen:

- koffie: 60 tot 140 mg of meer
- thee: 30 tot 65 mg
- chocolade: 25 mg
- chocolade snoepreep: 6 mg
- frisdrank: 35 tot 55 mg

Dit is ook belangrijk!

✒ *De ziekte van Lyme*

De ziekte van Lyme is een infectie veroorzaakt door *teken*. Er zijn verschillende stadia van de ziekte. Bij veel mensen die worden gebeten door een teek, ontstaat een rode kring als huiduitslag. Deze rode vlek wordt *erythema migrans* (EM) genoemd. U kunt griepachtige symptomen hebben. Na 4 tot 6 weken kunnen de symptomen ernstiger worden.

In het begin van de ziekte is het soms niet mogelijk om de ziekte van Lyme vast te stellen met een bloedonderzoek. In een later stadium wel.

De ziekte wordt doorgegeven via de placenta aan de baby. Er wordt onderzoek gedaan naar de mogelijke gevolgen en gevaren voor de baby, maar daar is tot nu toe geen duidelijkheid over.

Een behandeling van de ziekte gaat gepaard met het gebruik van antibiotica voor lange termijn en soms intraveneuze antibiotica. Veel medicijnen zijn onschadelijk tijdens de zwangerschap.

Probeer de blootstelling aan deze ziekte te vermijden. Blijf weg uit gebieden waar teken leven, vooral bossen. Als u toch in dergelijke plaatsen moet komen, draag dan lange mouwen, een lange broek, een hoed of hoofddoek, sokken en laarzen of dichte schoenen. Controleer uw haar wanneer u weer naar binnen gaat, want teken zetten zich daar vaak vast. Controleer ook uw kleding, in de plooien, vouwen en zakken, op de aanwezigheid van teken.

Week 14

Leeftijd van de foetus – 12 weken

Hoe groot is de baby?

Van kruin tot stuit meet de baby 80 tot 93 mm. Hij weegt zo'n 25 g en is ongeveer zo groot als uw vuist.

Hoeveel bent u aangekomen?

Zwangerschapskleren zijn nu meestal wel nodig. Sommige vrouwen proberen het dragen ervan nog een tijdje uit te stellen door hun broeken niet helemaal dicht te ritsen of te knopen.
Anderen gebruiken elastiekjes of veiligheidsspelden om hun kleren 'aan te passen'. U kunt kledingstukken van uw partner lenen, maar ook dat zal niet lang helpen.
Want u wordt nog dikker! In ruime, losse, comfortabele kleding zult u meer van uw zwangerschap kunnen genieten.
Hoe uw lichaam reageert, hangt af van vroegere zwangerschappen en van de veranderingen die zich toen voordeden. Uw huid en spieren werden uitgerekt om uw baarmoeder, placenta en baby te kunnen herbergen. Daardoor zijn ze voorgoed veranderd.
Als u opnieuw zwanger bent, zetten uw huid en spieren makkelijker uit. Zodoende is het u ook sneller aan te zien dat u zwanger bent.

Zo groeit en ontwikkelt uw baby zich

De oren van uw baby zijn meer vanuit de nek naar de zijkanten van het hoofd gegroeid. Ook de ogen zijn geleidelijk aan van de zij- naar de voorkant van

Uw baby verandert voortdurend. Ogen en oren groeien
deze week naar hun 'normale'
positie.

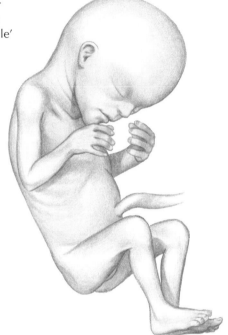

het hoofd gegroeid. De nek wordt steeds langer en de kin rust niet meer op
de borstkas.

Ook de uitwendige geslachtsorganen hebben zich verder ontwikkeld, waardoor het steeds duidelijker wordt of u een jongen of een meisje draagt.

Veranderingen bij u

✂ *Moedervlekken en wratten*

Door zwangerschap kunnen vlekken en wratten veranderen of groter worden.
Pigmentvlekken zijn kleine vlekjes op de huid die voor het eerst verschijnen of
groter worden tijdens de zwangerschap. Hetzelfde geldt voor wratten, die ook
donkerder kunnen worden. Ga onmiddellijk naar uw arts als u merkt dat een
moedervlek of wrat er anders uitziet dan voorheen!

✂ *Hebt u last van aambeien?*

Aambeien zijn een veelvoorkomend probleem tijdens of na de zwangerschap.
Het zijn in feite uitgezette aders rond of in de anus, die veroorzaakt worden
door de verhoogde bloedtoevoer naar de baarmoeder en het bekken, waardoor
de bloedcirculatie trager verloopt of blokkeert. Tegen het einde van de zwan-

gerschap kunnen aambeien erger worden, net als bij iedere volgende zwangerschap. Het is belangrijk constipatie te vermijden door voldoende vezels te eten en veel te drinken. Verder kunt u op uw stoel een zacht kussen leggen, zitbaden nemen of zetpillen gebruiken. In zeldzame gevallen worden aambeien tijdens de zwangerschap behandeld door een chirurgische ingreep. Na de bevalling verminderen de aambeien, maar ze gaan niet volledig weg.

Als de aambeien veel pijn veroorzaken, moet u dat met uw arts bespreken.

De ongemakken van aambeien verminderen Probeer de volgende suggesties eens uit, wanneer u veel last hebt van aambeien:

- Rust elke dag minstens een uur met een kussen onder uw voeten en bekken.
- Slaap 's nachts met uw benen wat hoger en uw knieën gebogen.
- Eet voldoende vezelrijke voeding en drink veel water.
- Neem een warm bad om de pijn te verzachten.
- Medicatie kan helpen; de zetpillen zijn vrij verkrijgbaar.
- Leg ijskompressen of watten gedrenkt in toverhazelaar (*hamamelis*) op de pijnlijke plaats.
- Zit of sta niet gedurende lange tijd.

Uw invloed op de ontwikkeling van de baby

⁓ *Röntgenstralen, CT- en MR-scans*

Zwangere vrouwen maken zich vaak zorgen over onderzoeken waar straling aan te pas komt. Ondervindt de baby er schade van? Kunnen de onderzoeken op elk moment van de zwangerschap uitgevoerd worden?

Er is een aantal medisch verantwoorde redenen om een röntgenonderzoek toe te staan, maar in elke situatie moet de noodzaak ervan afgewogen worden tegen de mogelijke risico's. Een foetus is voor geen enkele vorm of hoeveelheid straling veilig. Straling zorgt voor een verhoogde kans op afwijkingen en op kanker in het latere leven van het kind. Veel artsen zijn van mening dat er *geen* veilige hoeveelheid röntgenstralen bestaat tijdens de zwangerschap.

Wetenschappers worden zich steeds meer bewust van de mogelijke gevaren die straling voor de foetus inhoudt. Tegenwoordig neemt men aan dat de baby het grootste risico loopt tussen de 8ste en 15de week van de zwangerschap (leeftijd van de foetus: tussen 6 en 13 weken).

Zwangere vrouwen kunnen last krijgen van longontsteking of een ontstoken blindedarm, waarbij röntgenonderzoek noodzakelijk is. Als dat bij u het geval is, praat dan eerst met uw arts. Het is uw verantwoordelijkheid om *voordat* u een medische test ondergaat, uw arts of andere medische medewerkers ervan op de hoogte te brengen dat u zwanger bent of kunt zijn. Het is makkelijker om voor het onderzoek beslissingen te nemen in verband met veiligheid en eventuele risico's.

Als u een of meer röntgenonderzoeken hebt ondergaan en dan ontdekt dat u zwanger bent, raadpleegt u zo snel mogelijk uw arts. Hij of zij kan u inlichtingen geven over de mogelijke gevaren voor de baby.

Computertomografie, ook *CT-scan* genoemd, is een speciaal soort röntgenonderzoek. Bij deze techniek worden röntgenstralen en computeranalyse gecombineerd. Veel onderzoekers menen dat men bij dit soort van scans veel minder aan straling wordt blootgesteld dan bij röntgenstralen. Toch moet voorzichtig omgesprongen worden met CT-scans totdat er meer bekend is over de gevolgen van, ook al is het maar een kleine hoeveelheid, straling voor de foetus.

Magnetic resonance scan, ook *MR-scan* genoemd, is een andere diagnosetechniek die tegenwoordig veel gebruikt wordt. Er zijn tot nu toe geen schadelijke effecten van gebleken. Toch is het beter om MR-scans te vermijden in het eerste trimester van uw zwangerschap.

↣ *Gebitsverzorging*

Verwaarloos uw tanden niet als u zwanger bent. U kunt het beste tijdens die 9 maanden minstens één keer langsgaan bij uw tandarts. Vertel hem ook dat u zwanger bent. Stel bepaalde ingrepen aan uw tanden als dat mogelijk is uit tot na de 12de week. Met een infectie is het uiteraard moeilijker om zo lang te wachten: als er niets aan gedaan wordt, kan ze schadelijk zijn voor u én voor uw baby.

Misschien moet u antibiotica of pijnstillers nemen. Raadpleeg echter eerst uw arts voordat u iets inneemt.

Wees ook voorzichtig met verdovingen als u zwanger bent. Vermijd algehele verdoving. Als u er niet aan kunt ontkomen, verzeker u er dan van dat de anesthesist een bekwame man of vrouw is, die weet dat u zwanger bent.

Tijdens de zwangerschap ondergaat het tandvlees veranderingen. Het wordt beïnvloed door zwangerschapshormonen,

---

Tip voor Week 14

Als u tandproblemen hebt of onderzoeken moet ondergaan, vertel dan aan de tandarts of de behandelend geneesheer dat u zwanger bent. Zij kunnen dan extra voorzorgsmaatregelen treffen.

is gevoeliger en bloedt makkelijker. Het is aan te raden om uw tanden regelmatig te flossen en te poetsen. Mondspoelingen en gorgeldrankjes kunnen geen kwaad.

Acute tandproblemen Het kan gebeuren dat u plotseling een ingreep aan uw gebit moet laten uitvoeren: het verwijderen van een tandzenuw, een kies trekken, een groot gat dat gevuld moet worden, een abces of andere problemen door een ongeluk of verwonding. Elk van die problemen kan zich voordoen tijdens uw zwangerschap en het is onverstandig om de behandeling uit te stellen tot na de bevalling.

Als u gebitsproblemen hebt, neem dan contact op met uw tandarts *en* uw arts voordat u iets anders onderneemt. Het is beter dat zij met elkaar overleggen voor het probleem wordt aangepakt. Ook van tanden en kiezen worden soms röntgenfoto's genomen. U kunt ze laten nemen op voorwaarde dat uw buik wordt afgeschermd met een loden schort. Indien mogelijk wacht u tot na het eerste trimester voordat u een ingreep aan uw gebit laat uitvoeren.

Uw voeding

Als u overgewicht hebt aan het begin van de zwangerschap, kan dat een probleem zijn. Uw arts, vroedvrouw of verloskundige zal u waarschijnlijk aanraden om niet te veel kilo's aan te komen. Kies daarom voor vetarme voedingsmiddelen. Stel een evenwichtig voedingsschema op samen met uw arts of diëtist. Maar let op: ga niet op dieet tijdens de zwangerschap.

Overgewicht kan tot problemen leiden, zoals zwangerschapsdiabetes of hoge bloeddruk. Rugpijn, spataderen en vermoeidheid kunnen ook ongemakken zijn. Als u te veel aankomt tijdens uw zwangerschap kan er een grotere kans zijn op een keizersnee. Het is mogelijk dat u ook vaker op controle moet als u overgewicht hebt. Een echografie kan nodig zijn om de vermoedelijke bevallingsdatum te bepalen; omdat het moeilijker is om de positie en de grootte van de foetus vast te stellen. Misschien moet u meer onderzoeken ondergaan als het einde van de zwangerschap nadert.

Dit is ook belangrijk!

✂ *Betrokkenheid van de partner*
Sommige mannen zijn een beetje jaloers vanwege de plotselinge aandacht die hun partner en de ongeboren baby krijgen. Zwangerschapskleding, speelgoed

en allerlei nieuwe spulletjes voor de baby, gesprekken met vrienden of familie gaan voortdurend over zwangerschap... Op den duur voelt de man zich een buitenstaander. Zorg ervoor dat uw partner zich betrokken voelt bij het wonder dat nu plaatsvindt. Hij kan een grote steun zijn voor u. Het helpt een heel stuk als u hem laat voelen dat hij deel uitmaakt van wat er gaande is. Neem hem mee naar uw prenatale onderzoeken. Vraag hem om hulp bij het opstellen van een gezond voedingsschema.

Neem uw partner zo veel mogelijk mee naar uw afspraken bij de arts, vroedvrouw of verloskundige. Zo kan ook uw partner hem of haar beter leren kennen vóór de weeën beginnen. Misschien wil uw moeder of schoonmoeder ook graag mee om de hartslag van uw baby te horen. Of u kunt een cassetterecorder meenemen en de hartslag opnemen om hem later aan anderen te laten horen. Er is heel wat veranderd sinds uw moeder zwanger was van u en heel wat aanstaande grootmoeders zijn dol op dit soort bezoekjes.

Wacht tot u zelf de hartslag van uw baby gehoord hebt voordat u anderen laat meeluisteren. De eerste keer is de hartslag niet altijd hoorbaar, wat voor frustraties en teleurstelling kan zorgen.

✑ *Kinderen meebrengen naar een prenatale controle*

Sommige vrouwen vinden het leuk om hun kinderen mee te brengen naar een prenatale controle. Het is soms ook niet altijd mogelijk om een oppas te vinden terwijl u naar de consultatie komt. Als er echter problemen zijn, of als u veel vragen hebt voor uw arts, verloskundige of vroedvrouw, is het beter om de kinderen thuis te laten.

Als uw kind ziek is of net waterpokken heeft gehad is het aan te raden om de andere zwangere vrouwen in de wachtkamer niet bloot te stellen aan ziekte.

Vraag aan uw arts, verloskundige of vroedvrouw of hij/zij er iets op tegen heeft da u uw kind(eren) meebrengt. Kleine kinderen die huilen of zeuren kunnen voor problemen zorgen wanneer u wordt onderzocht.

Bij een prenatale consultatie zal een vroedvrouw of verloskundige zich richten tot zowel u als uw partner en uw kinderen. De zwangerschap en geboorte zijn immers een moment van groei binnen het hele gezin. De vroedvrouw/verloskundige zal de kinderen zeker betrekken bij de prenatale controle en hen ook voorbereiden op de geboorte van hun broertje of zusje.

Week 15

Leeftijd van de foetus – 13 weken

Hoe groot is de baby?

Van kruin tot stuit meet de baby zo'n 93 tot 103 mm en hij weegt ongeveer 50 g. Uw kindje is dus ongeveer zo groot als een peer.

Hoeveel bent u aangekomen?

Uw onderbuik verandert snel. Dat zult u wel merken aan uw kleding! U kunt uw baarmoeder ongeveer 7,5 tot 10 cm onder uw navel (of *umbilicus*) voelen.

Als u normale kleding draagt, merken anderen misschien nog niet dat u zwanger bent. Met zwangerschapskleding of in badpak zullen ze het snel zien!

Het is nog te vroeg om uw baby te voelen bewegen. Dat zal tijdens een van de volgende weken gebeuren.

Zo groeit en ontwikkelt uw baby zich

Uw baby groeit nog steeds heel snel. Zijn huid is heel dun, zodat de bloedvaten erdoorheen te zien zijn. Het lichaam is bedekt met fijn donshaar, dat *lanugohaar* wordt genoemd.

Rond deze tijd kan uw kindje al op zijn duim zuigen, wat soms te zien is bij een echografie. De ogen groeien verder naar elkaar toe, hoewel ze nog een flink stuk uit elkaar staan.

De oren ontwikkelen zich uitwendig verder en zien er al meer uit zoals normale oren. Uw baby ziet er in feite iedere week meer uit als een echt mensje. Beenderen die al gevormd waren, worden harder en slaan heel snel calcium op

Rond de 15de week van de zwangerschap (leeftijd van de foetus: 13
weken) kan uw baby duimzuigen.
De ogen bevinden zich vooraan op
het gezicht, maar staan nog ver uit
elkaar.

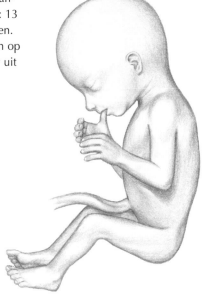

(*ossificatie*). Als nu een röntgenfoto gemaakt zou worden, zou het skelet van
de baby daarop zichtbaar zijn.

๛ Alfafetoproteïne-test

Terwijl uw baby groeit, produceert hij alfafetoproteïne, die via de urine door
de foetus uitgescheiden wordt en in het vruchtwater terechtkomt. Een bepaalde hoeveelheid dringt door de membranen van de foetus en komt in uw
systeem terecht. Die hoeveelheid ligt wel veel lager dan in de foetus of in het
vruchtwater, maar ze neemt toch toe naarmate de zwangerschap vordert.

Hoeveel alfafetoproteïne er precies in het vruchtwater en in uw bloed zit,
kan gemeten worden door vruchtwateronderzoek en door een bloedproef. Het
kan belangrijk zijn om die hoeveelheid te kennen. Een alfafetoproteïne-test
wordt meestal na 16 tot 18 weken zwangerschap uitgevoerd. De timing is heel
belangrijk en afhankelijk van uw gewicht en van het aantal weken zwangerschap.

Een verhoogde hoeveelheid alfafetoproteïnen kan wijzen op afwijkingen bij
de foetus, zoals *spina bifida* (open rug) of anencefalie (ernstige storing in het
centrale zenuwstelsel). Maar de test blijft slechts een risicoberekening. Bij
bepaalde onderzoeken werd ook een verband gelegd tussen een laag alfafe-
toproteïne-niveau en het Downsyndroom. Vroeger kon men het syndroom
van Down alleen vaststellen door een vruchtwateronderzoek. Een laag alfa-
fetoproteïne-niveau kan bevestigd worden door een tweede test of door een

vruchtwateronderzoek. Men kan ook een nauwkeurige echografie maken om *spina bifida* op te sporen en om te bepalen hoe lang u al zwanger bent.

Als aanstaande ouders kiezen u en uw partner zelf of u bepaalde prenatale testen wilt laten uitvoeren of niet. Informeer u goed over de waarde van de test, de mogelijke resultaten, het verloop van de test en mogelijke risico's ervan voor u en uw baby. Alleen als u vooraf goed geïnformeerd bent, kunt u een persoonlijke beslissing nemen. De alfafetoproteïne-test wordt niet altijd uitgevoerd, maar u kunt er wel om vragen. Hij houdt relatief weinig risico's in voor u en de arts krijgt hierdoor een beter beeld van de groei en ontwikkeling van de foetus.

Veranderingen bij u

∼ *Een uitstrijkje tijdens de zwangerschap*

Bij uw eerste bezoek heeft de arts, vroedvrouw of verloskundige waarschijnlijk een uitstrijkje gemaakt. Dat is gebruikelijk bij het begin van de zwangerschap. De resultaten ervan hebt u al besproken, vooral als ze niet normaal waren.

Het uitstrijkje wordt gemaakt tijdens het bekkenonderzoek. Het is een hulpmiddel om bestaande kankercellen of kankercellen in een voorstadium op te sporen in de baarmoederhals, die zich aan het eind van de vagina bevindt. Dankzij het uitstrijkje worden steeds meer gevallen van baarmoederhalskanker in een vroeg stadium opgespoord. Door een aangepaste behandeling wordt de ziekte vaak met succes bestreden, waardoor het sterftecijfer dat verbonden is aan deze vorm van kanker de laatste jaren beduidend lager ligt.

Een abnormaal uitstrijkje Als uw uitstrijkje abnormaal was of als u vroeger na een afwijkend resultaat behandeld werd, moet u zich regelmatig opnieuw laten controleren.

De resultaten moeten gechecked worden en de arts beslist welke behandeling geschikt is. Als u niet zwanger bent, zullen de meeste artsen bij een afwijkend uitstrijkje een biopsie van de baarmoederhals voorstellen.

Als u zwanger bent en de afwijkende cellen 'niet al te slecht' zijn (nog niet kwaadaardig), kunnen ze in de gaten gehouden worden door een colposcopie of uitstrijkjes. Biopsieën zijn ongebruikelijk in dit stadium omdat tijdens de zwangerschap de baarmoederhals makkelijker bloedt door een veranderde bloedcirculatie. Voorzichtigheid is daarom geboden.

Wanneer is een biopsie noodzakelijk? Een biopsie van de baarmoederhals wordt door de arts tijdens de consultatie uitgevoerd, zonder verdoving en met een colposcoop. Dat is een instrument waarmee de baarmoederhals bekeken wordt zoals door een verrekijker of een microscoop. Zo kan de arts de abnormale verschijnselen beter bekijken en stukjes weefsel wegnemen voor onderzoek.

Door een biopsie krijgt men een beter idee van de aard en de omvang van het probleem. Als de afwijkende cellen zich naar andere lichaamsdelen kunnen verplaatsen, is een conus-biopsie misschien een volgende stap. Daarmee kan de omvang van ernstige ziekten precies bepaald worden en abnormaal weefsel verwijderd. Deze ingreep gebeurt meestal onder verdoving en wordt gewoonlijk niet uitgevoerd tijdens een zwangerschap.

De behandeling van afwijkende cellen Er bestaan verscheidene methodes om afwijkende cellen in de baarmoederhals te bestrijden, maar de meeste ervan kunnen niet worden uitgevoerd tijdens de zwangerschap. Men zal dus liever wachten tot u bevallen bent.

Het abnormale weefsel (als het opgespoord kan worden) wordt weggenomen, kleine aantastingen worden elektrisch verwijderd of 'verbrand', kleine letsels worden 'bevroren', bepaalde delen worden met de laser behandeld of al meer aangetaste stukken weefsel verwijderd met een conus-biopsie.

Uw invloed op de ontwikkeling van de baby

✧ *Veranderen van slaaphouding*

Sommige zwangere vrouwen stellen zich vragen rond en maken zich zorgen over hun slaaphoudingen en -gewoonten. Ze vragen zich bijvoorbeeld af of ze wel op hun buik kunnen slapen. Of ze willen weten of een waterbed schadelijk is voor de baby. Naarmate u dikker wordt, zult u steeds moeilijker een comfortabele slaaphouding kunnen vinden. Slaap niet op uw rug. Als uw baarmoeder groter wordt, drukt ze in deze positie op belangrijke bloedvaten (de aorta en de onderste holle ader) die achter in uw buikholte liggen. Daardoor stroomt er minder bloed naar de baby en naar bepaalde delen van uw lichaam. Sommige zwangere vrouwen hebben ook meer moeite met ademen als ze op hun rug liggen.

Op uw buik liggen zorgt voor extra druk op de baarmoeder. Leer dus om op uw zij te slapen. Na hun bevalling vertellen vrouwen me vaak hoe geweldig het is om weer op de buik te kunnen slapen!

Probeer een zo comfortabel mogelijke slaaphouding te vinden. Naarmate u dikker wordt, zal dat steeds belangrijker zijn voor een goede nachtrust. Het is immers belangrijk dat u niet de hele nacht wakker ligt!

Uw voeding

Intussen hebt u zo'n 300 kilocalorieën extra nodig per dag. Dat is nodig voor de groei van de foetus en de ondersteuning van de veranderingen in uw lichaam. Hieronder vindt u een lijstje met wat u dagelijks zoal kunt eten om 300 kilocalorieën extra op te nemen.

> ### *Tip voor Week 15*
>
> Gerechten waarop u vroeger dol was, doen nu misschien uw maag omdraaien. Vervang die voedingsmiddelen door andere, waar u wel tegen kunt.

- 2 dunne plakjes gebraden varkensvlees, 120 g kool, 1 wortel
- 120 g gekookte zilvervliesrijst, 180 g aardbeien, 250 ml sinaasappelsap, een plak verse ananas
- 125 g zalmfilet, 250 g asperges, 500 g Romeinse sla
- 250 g gekookte pasta, een plakje tomaat, 250 ml melk (1%), 120 g gekookte groene bonen, 1/4 meloen
- een potje gesuikerde yoghurt, een middelgrote banaan

Dit is ook belangrijk!

✎ *Tips om goed te slapen*
- Ga elke dag rond hetzelfde uur slapen en sta rond hetzelfde tijdstip op.
- Drink niet te veel 's avonds. Verminder uw opname van vocht na 18.00 uur zodat u niet de hele nacht moet opstaan om naar het toilet te gaan.
- Drink tegen de avond geen cafeïne meer.
- Doe regelmatig aan lichaamsbeweging.
- Slaap in een frisse kamer. 21°C is de maximale temperatuur voor een goede nachtrust.
- Als u last hebt van maagzuur 's nachts, slaap dan wat meer rechtop met een extra hoofdkussen onder uw hoofd en schouders.

U kunt last hebben van kortademigheid door de groter wordende buik, waardoor u slechter zult slapen. Probeer dan op uw linkerzij te liggen. Leg extra kussens onder uw hoofd en schouders. Als dat allemaal niet helpt, kunt u wat lichaamsoefeningen doen en daarna een warme douche of een warm bad nemen en een kop warme melk drinken. Als u echt niet meer comfortabel ligt in bed, kunt u altijd nog een stoel proberen waarin u achterover kunt leunen.

Week 16

Leeftijd van de foetus – 14 weken

Hoe groot is de baby?

De lengte van uw baby is nu ongeveer 108 tot 116 mm, gemeten van kruin tot stuit. Het gewicht is ongeveer 80 g.

Hoeveel bent u aangekomen?

Naarmate uw kindje groeit, worden ook uw baarmoeder en placenta groter. Zes weken geleden woog uw baarmoeder ongeveer 140 g. Nu is dat 250 g. Ook de hoeveelheid vruchtwater neemt voortdurend toe en bedraagt rond de 250 ml. U kunt uw baarmoeder ongeveer 7,5 cm onder uw navel voelen.

Zo groeit en ontwikkelt uw baby zich

Het hoofdje van uw baby is bedekt met fijn donshaar. De navelstreng zit nog steeds vast aan de buik, maar nu lager dan voorheen.

De vingernagels zijn goed ontwikkeld. De benen van de foetus zijn langer dan de armen. Bij een echografie kunt u de armen en benen zien bewegen. Het kan ook zijn dat u uw baby al hebt voelen bewegen.

Veel vrouwen beschrijven dat gevoel als een 'gasbel' of 'gefladder'. Misschien voelt u al een paar dagen iets zonder te beseffen wat het is. Plotseling begint het u te dagen: u voelt hoe de baby in uw buik beweegt!

Maak u geen zorgen als u nog geen beweging hebt gevoeld. Dat gebeurt meestal tussen de 16 en de 20 weken. Niet alle vrouwen 'voelen leven' op hetzelfde tijdstip. Misschien gebeurde dat bij een vorige zwangerschap eerder, maar moet u nu iets langer wachten. Niet alle baby's zijn immers even actief.

Het hoofd en lichaam van de baby
zijn bedekt met fijn donshaar.

Ook de grootte van de baby of het aantal foetussen in de baarmoeder bepaalt wanneer u leven voelt.

Veranderingen bij u

∽ *De baby voelen bewegen*

De meeste vrouwen voelen hun baby voor de eerste keer bewegen tussen 18 en 22 weken zwangerschap. Aanstaande moeders genieten ervan als ze hun baby voelen bewegen en zijn daardoor ook gerustgesteld. Uw partner kan ervan meegenieten door zijn hand op uw buik te leggen als de baby actief is.

Wanneer u zelf druk bezig en actief bent, merkt u misschien niet dat de baby beweegt. Door op uw zij te gaan liggen, kunt u nagaan of de baby actief is of stil ligt. Veel vrouwen hebben een baby die vooral 's nachts actief is en hen wakker houdt of hun slaap verstoort. De grootte van de baby, het aantal foetussen en de plaats van de placenta bepalen ook het gevoel dat u hebt van de bewegingen van het kindje.

Als uw kindje rustig is en niet zo actief als u verwacht had, praat er dan over met uw arts, vroedvrouw of verloskundige. U kunt altijd langsgaan om naar de hartslag van de baby te luisteren als hij minder beweegt dan gewoonlijk. Meestal is er geen reden tot zorgen.

ᴧ *De tripletest*

Als aanstaande ouders kiezen u en uw partner zelf of u bepaalde prenatale testen wilt laten uitvoeren of niet. Informeer u goed over de waarde van de test, de mogelijke resultaten, het verloop van de test en mogelijke risico's ervan voor u en uw baby. Alleen als u vooraf goed geïnformeerd bent, kunt u een persoonlijke beslissing nemen.

Met de tripletest kan nagegaan worden of uw kindje een verhoogde kans heeft om het syndroom van Down (mongolisme) te vertonen. Men test de hoeveelheid alfafetoproteïnen, HCG en oestriol (een soort van oestrogeen geproduceerd door de placenta) in uw bloed. De hoeveelheden van die drie chemische stoffen in uw bloed kunnen wijzen op het syndroom van Down.

Als het resultaat van deze test abnormaal is, wordt meestal een echografie en vruchtwateronderzoek aanbevolen om tot een zekerheidsdiagnose te komen.

Uw invloed op de ontwikkeling van de baby

ᴧ *Vruchtwateronderzoek*

Indien nodig wordt dit onderzoek rond de 16de tot 18de week uitgevoerd. Uw baarmoeder is dan groot genoeg en er zit voldoende vruchtwater rond de foetus. Men voert de test uit rond deze periode omdat de vrouw dan eventueel nog tijd genoeg zou hebben om een beslissing te nemen over het al dan niet afbreken van de zwangerschap als er problemen mochten zijn.

Voor een vruchtwaterpunctie (*amniocentese*) bepaalt men eerst met behulp van echografie de plaats waar de punctie kan worden uitgevoerd zonder de foetus of de placenta te raken. De buik wordt dan ter hoogte van de baarmoeder schoongemaakt. De huid wordt verdoofd en men brengt een naald dwars door de buikwand in de baarmoeder. Daarna wordt wat vruchtwater uit de amnionholte (rond de baby) in de naald getrokken. Met ongeveer 30 ml vruchtwater worden allerlei tests uitgevoerd.

In het vruchtwater drijven cellen van de foetus, die men kan kweken in culturen. Aan de hand daarvan kunnen afwijkingen worden vastgesteld. Op het ogenblik zijn er 400 afwijkingen bekend waarmee een kind geboren kan worden. Dankzij vruchtwaterpunctie kunnen er 40 (10%) van geïdentificeerd worden. Men kan onder andere het volgende vaststellen:

- chromosomale problemen, in het bijzonder het syndroom van Down
- het geslacht van de foetus, als er kans is op een geslachtsgebonden ziekte zoals hemofilie
- beenderziekten zoals osteogenesis imperfecta

- infecties bij de foetus, bijvoorbeeld herpes of rodehond
- afwijkingen aan het centrale zenuwstelsel, zoals anencefalie
- hematologische (= bloed)ziekten, zoals erytroblastosis foetalis
- aangeboren afwijkingen van de stofwisseling (chemische problemen of afwijkingen in de enzymen)

De risico's van een vruchtwaterpunctie zijn: letsel aan de foetus, de placenta of de navelstreng, infecties, een miskraam of voortijdige weeën.

Door echografie kan men tamelijk precies de plaatsing van de naald bepalen, wat complicaties grotendeels, maar niet volledig beperkt. Het kan zijn dat de foetus bloedt, wat problematisch is: het bloed van moeder en kind is normaal gezien gescheiden en kan van een verschillend type zijn. Zoals we eerder hebben gezien, is dit vooral gevaarlijk bij een resusnegatieve moeder en een resuspositieve baby. Daarom moet een resusnegatieve vrouw bij een vruchtwaterpunctie een RhoGAM-injectie krijgen. Slechts in minder dan 1,5% van alle onderzoeken veroorzaakt een vruchtwaterpunctie een miskraam. De punctie mag alleen uitgevoerd worden door een ervaren arts.

⚹ *Zwanger na uw 30ste*

Tegenwoordig willen veel vrouwen eerst een poosje werken aan hun carrière voordat ze trouwen en een gezin stichten. Een vrouw die voor het eerst zwanger is na haar 30ste of zelfs 40ste is geen uitzondering meer. Als u ouder bent, is er ook meer kans dat ook uw partner ouder is. Misschien hebben jullie elkaar op latere leeftijd leren kennen, of is dit uw tweede huwelijk en wilt u opnieuw een gezin stichten samen.

Sommige stellen hebben vruchtbaarheidsproblemen en hebben al een hele weg achter de rug van onderzoeken, medische ingrepen en behandelingen voordat ze zwanger raken. Misschien bent u wel een alleenstaande moeder die voor kunstmatige inseminatie heeft gekozen.

Tegenwoordig kijkt men vooral naar de algemene gezondheid van een vrouw die zwanger is en niet zozeer naar haar leeftijd. De gezondheid en fitheid hebben een grotere invloed op het verloop van de zwangerschap dan de leeftijd van de moeder. De meeste vrouwen van 30 of 40 zijn fit en gezond. Als u geen gezondheidsproblemen hebt en regelmatig aan lichaamsbeweging doet, zult u waarschijnlijk een even goede zwangerschap hebben als iemand die 10 of 15 jaar jonger is. Een uitzondering zijn vrouwen van 40 of ouder die voor het eerst zwanger zijn. Bij hen zullen meer complicaties optreden dan bij vrouwen van dezelfde leeftijd die al kinderen hebben gebaard.

Sommige gezondheidsproblemen hebben te maken met de leeftijd. Zo stijgt de kans op hoge bloeddruk en sommige vormen van diabetes met de leeftijd.

Soms weet u zelfs niet dat u deze problemen hebt. Dergelijke aandoeningen kunnen complicaties met zich meebrengen tijdens een zwangerschap. U kunt ze dus beter onder controle hebben voordat u zwanger wordt.

Genetische counseling Als u of uw partner ouder is dan 35, kan genetische counseling aanbevolen worden. Het risico op afwijkingen van de chromosomen stijgt met 5% voor ouders in die leeftijdscategorie. De leeftijd van de vader heeft ook een invloed op de zwangerschap. Als beide ouders ouder zijn, kan het moeilijk zijn om te bepalen wie er invloed heeft op de zwangerschap. Bepaalde studies hebben aangetoond dat mannen van 55 of ouder meer kans hebben op een baby met Downsyndroom. Het risico stijgt vanaf de leeftijd van 40 – het is dan 1%. Als de vader 45 is, wordt dat 2%.

Bij genetische counseling praat u met een groep van speciaal daarvoor opgeleide medische hulpverleners, die zo veel mogelijk genetische informatie over u en uw partner proberen te verzamelen. Later kunt u die informatie samen met uw partner gebruiken om beslissingen te nemen over het al dan niet krijgen van kinderen.

Zal uw zwangerschap anders zijn? Als u iets ouder bent en zwanger dan zal uw arts, vroedvrouw of verloskundige u meer op controle willen zien en waarschijnlijk meer onderzoeken en tests uitvoeren. Misschien wordt u aangeraden om een vruchtwateronderzoek of vlokkentest te laten doen om het Downsyndroom vast te stellen.

U zult beter in het oog gehouden worden wat betreft uw bloeddruk en zwangerschapsdiabetes. Oudere vrouwen hebben ook meer kans op tweelingen. Lichamelijke effecten kunnen zijn: meer gewichtstoename, striemen waar u deze nooit hebt gehad, zakken van de borsten en minder spierkracht. Een zwangerschap op oudere leeftijd kan haar tol eisen. Maar een gezonde levensstijl met een evenwichtige voeding en lichaamsbeweging kan veel doen.

Vermoeidheid kan een van de grootste problemen zijn. Rust is dan ook belangrijk voor uw gezondheid en die van uw baby. Benut elke gelegenheid voor een rustpauze of dutje. Ga niet nog meer doen dan u al doet! Geef u niet op als vrijwilliger voor grote projecten op uw werk. Leer om 'nee' te zeggen!

Gematigde lichaamsbeweging kan u meer energie geven en ongemakken verlichten. Raadpleeg wel eerst uw arts voordat u aan een oefenprogramma begint.

Stress kan ook een probleem zijn. Om stress te verminderen kunt u het best wat lichaamsbeweging doen, gezond eten en veel rusten. Maak tijd vrij voor uzelf. Sommige vrouwen vinden het leuk om deel te nemen aan prenatale oefengroepen.

Studies hebben aangetoond dat de bevalling anders kan zijn bij oudere vrouwen. Uw baarmoedermond kan moeilijker opengaan dan bij een jongere vrouw. Bij oudere vrouwen wordt ook vaker een keizersnee uitgevoerd. Een reden daarvoor kan zijn dat oudere vrouwen meestal grotere baby's hebben. Na de geboorte is het mogelijk dat de baarmoeder niet zo snel samentrekt. Postpartum bloedingen kunnen langer aanhouden en heviger zijn dan bij jongere kersverse moeders.

Uw voeding

Goed nieuws: zwangere vrouwen moeten vaker iets eten, vooral tijdens de tweede helft van de zwangerschap. U zou drie tot vier tussendoortjes naast uw gewone maaltijden moeten eten. Maar let op: de snacks moeten voedzaam zijn en uw maaltijden moeten kleiner zijn, zodat u tussendoortjes kunt eten! Een doel van uw voeding tijdens de zwangerschap is dat u voldoende eet, zodat uw lichaam en de baby altijd de belangrijke voedingsstoffen ter beschikking hebben.

Een tussendoortje moet snel en gemakkelijk zijn. Het kan een beetje organisatie en moeite vragen om gezond voedsel om te toveren tot snacks. Bereid dingen vooraf. Snijd bijvoorbeeld vooraf verse groenten om later te gebruiken in een salade of als rauw en caloriearm hapje. Hardgekookte eieren, pindakaas, zoutjes en ongesuikerde popcorn zijn ook een goede keuze. Vetarme kaas en kwark leveren calcium. Neem vruchtensap in plaats van frisdrank. Als het sap te zoet is, kunt u het aanlengen met mineraalwater. Kruidenthee is een gezond alternatief (zie ook Week 30).

Dit is ook belangrijk!

∽ *Lig niet op uw rug*

Vanaf week 16 is het beter dat u niet meer op uw rug slaapt in bed of op de bank. Lig ook liever niet meer op uw rug op de grond tijdens lichaamsoefeningen. Door deze positie komt er meer druk op de bloedvaten, wat de bloedtoevoer naar uw baby kan verminderen. Die bloedtoevoer zorgt ervoor dat de voedingsstoffen van de moeder naar de baby gaan om hem te helpen groeien en ontwikkelen. Breng de gezondheid van uw baby dus niet in gevaar door dit belangrijke punt te negeren.

Achterover liggen in een stoel of op kussens is prima, als u maar niet plat op uw rug gaat liggen!

ᘒ *Resusstrijdigheid*

Bij eerdere laboratoriumonderzoeken werden uw bloedgroep
(O, A, B, AB) en resusfactor
bepaald. Vroeger deden zich
bij resusnegatieve vrouwen die
zwanger waren van een resuspositieve baby vaak complicaties voor, met dikwijls een
ernstig zieke baby als resultaat.
Uw bloedstroom en die van
de baby zijn gescheiden. Als u
resuspositief bent, hoeft u zich
nergens zorgen over te maken.
Als u resusnegatief bent, moet
u het volgende aandachtig lezen.

> ### Tip voor Week 16
>
> Probeer vanaf nu op uw zij te slapen.
> U zult er gemak van hebben als u bin-
> nen enkele weken dikker bent. Een
> paar extra kussens kunnen u helpen.
> Leg er een achter u, zodat u niet plat-
> ligt als u op uw rug rolt. Leg een ander
> kussen tussen uw benen of laat uw bo-
> venste been erop rusten.

Als u resusnegatief bent en uw baby resuspositief of als u op de een of andere
manier vreemd bloed toegediend kreeg in het verleden, kan het zijn dat u antilichamen aanmaakt die de resuspositieve bloedcellen van de baby uitschakelen.
(Als uw baby resusnegatief is, is er geen enkel probleem.) De antilichamen zijn
niet schadelijk voor u, maar wel voor uw kind. Via de moederkoek vallen ze
de bloedcellen van uw kindje aan, zodat de foetus of pasgeborene aan de resuszikte lijdt. Daardoor kan uw baby al in de baarmoeder aan bloedarmoede
lijden, wat heel ernstige gevolgen kan hebben.

Gelukkig is de resuszikte te voorkomen. In de vorm van een medicijn wordt
de antistof RhoGAM (Resusimmuun-globuline) in de 28ste week toegediend
aan de zwangere vrouw. Op deze manier worden al veel problemen voorkomen.
Als u resusnegatief en zwanger bent, moet u beslist een RhoGAM-injectie krijgen. RhoGAM is een product dat onttrokken wordt aan menselijk bloed. Als
u wegens godsdienstige, ethische of persoonlijke redenen geen bloedproducten
toegediend wilt krijgen, moet u daarover met uw arts praten.

U krijgt ook binnen 72 uur na de bevalling RhoGAM als uw baby resuspositief is. Als uw baby resusnegatief blijkt te zijn, is de injectie tijdens de zwangerschap en na de bevalling overbodig. Maar u kunt beter geen risico nemen: laat
u voor alle zekerheid inspuiten.

Als u resusnegatief bent en uw zwangerschap is buitenbaarmoederlijk, moet u
ook een RhoGAM-injectie krijgen. Hetzelfde geldt voor een miskraam en een
abortus. Als bij een vruchtwateronderzoek blijkt dat u resusnegatief bent, moet
u in ieder geval een RhoGAM-injectie krijgen.

Week 17

Leeftijd van de foetus – 15 weken

Hoe groot is de baby?

Uw baby meet van kruin tot stuit zo'n 11 tot 12 cm. Zijn gewicht is in twee weken tijd bijna verdubbeld: 100 g. Nu is uw kindje ongeveer zo groot als uw hand.

Hoeveel bent u aangekomen?

Uw baarmoeder komt tot ongeveer 3,5 à 5 cm onder uw navel. Er is nu duidelijk een 'zwelling' van uw onderbuik te zien. Gemakkelijke of speciale zwangerschapskleding is onmisbaar. Als uw partner u knuffelt, voelt hij duidelijk het verschil in uw onderbuik. Ook de rest van uw lichaam verandert nog steeds. Uw gewicht is met zo'n 2,5 tot 5 kg toegenomen.

Zo groeit en ontwikkelt uw baby zich

Vanaf nu krijgt de foetus meer vet, wat belangrijk is voor de productie van lichaamswarmte en voor de stofwisseling.
Het lichaam van uw baby bestaat voor ongeveer 89 g uit water en 0,5 g uit vetweefsel. Bij een volgroeide foetus is ongeveer 2,4 kg van het totale gewicht (ongeveer 3,5 kg) vetweefsel. U hebt uw baby al voelen bewegen, of u zult het binnenkort voelen. Waarschijnlijk gebeurt dat niet elke dag. In de komende weken worden de bewegingen van de baby sterker en frequenter.

De vingernagels van uw baby zijn goed ontwikkeld. De foetus krijgt ook wat vetweefsel.

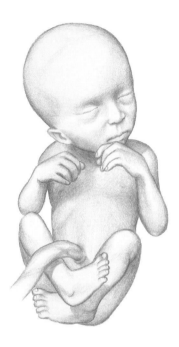

Veranderingen bij u

U voelt zich waarschijnlijk gerustgesteld als u uw baby voelt bewegen, vooral als er in het begin van de zwangerschap problemen waren. Naarmate de zwangerschap vordert, wordt het bovenste deel van de baarmoeder bijna bolvormig. Ze groeit sneller in de lengte (naar boven in uw buik) dan in de breedte, zodat ze eerder ovaal dan rond is. De baarmoeder vult het bekken en groeit verder in de buikholte. Uw ingewanden worden naar boven en opzij gedrukt. Misschien komt uw baarmoeder zelfs al tot aan de lever.

De baarmoeder zit niet op één plaats vast. De meeste 'verankeringen' bevinden zich rond de baarmoederhals (het onderste deel van de baarmoeder) en onder aan de baarmoederholte. De baarmoeder zweeft niet rond in uw buik, maar zit ook niet vast op een bepaalde plek. Als u rechtop staat, raakt uw baarmoeder vooraan uw buikwand. Als u platligt, drukt ze achteraan op uw ruggengraat en bloedvaten (holle aders en aorta).

᠊ᠬ *Rekkingspijn*

Aan weerszijden van het bovenste deel van uw baarmoeder en aan de zijkant van het bekken bevinden zich ronde banden. Als de baarmoeder uitzet, worden die banden uitgerekt. Ze worden langer en dikker. Door plotselinge, zelfs zachte bewegingen worden ze uitgerekt en samengedrukt, wat voor pijn of ongemak zorgt. Die pijn noemen we rekkingspijn. Het is geen echt probleem, maar geeft aan dat uw baarmoeder groeit. De pijn kan aan één of aan beide kanten voorkomen, of aan één kant erger zijn dan aan de andere. Ze berokkent u noch de baby schade.

Bij pijn kunt u beter wat gaan liggen en rusten. Praat erover met uw arts, vroedvrouw of verloskundige als het erger wordt of als zich andere symptomen voordoen. Alarmsignalen zijn bloedverlies, afscheiding van vocht uit de vagina of hevige pijn.

Uw invloed op de ontwikkeling van de baby

↝ *Verhoogde afscheiding uit de schede*

Het is normaal dat er tijdens de zwangerschap meer afscheiding uit uw vagina komt, die *leucorree* wordt genoemd. De afscheiding is meestal wit of geel en tamelijk dik. Het wijst *niet* op een infectie en wordt veroorzaakt door de verhoogde bloedtoevoer naar de huid en de spieren rond de vagina, waardoor de vagina paars of blauw van kleur is. Dat symptoom, dat al in het begin van de zwangerschap voor uw arts, vroedvrouw of verloskundige zichtbaar is, heet *het teken van Chadwick*.

Als u heel veel afscheiding hebt, kunt u misschien een maandverband dragen. Vermijd nylon ondergoed en kies voor slipjes met een katoenen kruisje.

> **Tip voor Week 17**
>
> Neem nooit zomaar vrij verkrijgbare geneesmiddelen zonder uw arts te raadplegen. Als een bepaald middel niet helpt, kent uw arts vast wel een geschikte en veilige behandeling.

Tijdens de zwangerschap kunnen ook ontstekingen van de vagina voorkomen. De afscheiding die daarmee gepaard gaat, ruikt vies, is geel of groen en veroorzaakt irritatie of jeuk rond en in de schede. Raadpleeg uw arts of verloskundige als u een van die symptomen herkent. Er bestaat een aangepaste behandeling voor, die ook tijdens de zwangerschap veilig kan worden gebruikt.

↝ *Vaginale spoeling tijdens de zwangerschap*

De meeste artsen raden dit af. Ballonspuiten zijn zeker uit den boze!

Een vaginale spoeling kan bloedingen of ernstigere problemen veroorzaken, zoals een luchtembolie. Die ontstaat wanneer door de druk van de douche lucht in uw bloedstroom terechtkomt. Het komt zelden voor, maar het kan ernstige gevolgen hebben voor u.

Uw voeding

Sommige vrouwen kiezen ervoor om vegetarisch te eten om persoonlijke of religieuze redenen. Andere vrouwen worden al misselijk bij de gedachte aan het eten van vlees tijdens de zwangerschap. Is het verantwoord om vegetarisch te eten als u zwanger bent? Ja, als u genoeg aandacht besteedt aan het kiezen en combineren van voedingsmiddelen.

Als u geen vlees eet, moet u voldoende calorieën opnemen om aan uw energiebehoefte te voldoen. Die calorieën moeten bovendien van de juiste soort zijn, zoals verse groenten en fruit. Vermijd voedingsmiddelen die 'leeg' zijn, zonder voedingswaarde. U moet genoeg eiwitten eten om energie te leveren aan de foetus en uzelf.

Het is belangrijk dat u de nodige vitaminen en mineralen binnenkrijgt. Als u een waaier aan volkoren graanproducten, peulvruchten, gedroogde vruchten en tarwekiemen eet, dan zou u genoeg ijzer, zink en sporenelementen aan uw lichaam moeten leveren. U moet ook alternatieve bronnen van calcium, vitamine B2, B12 en D zoeken.

Als u geen vlees eet omdat u er ziek van wordt, vraag dan om raad. U hebt dan waarschijnlijk hulp nodig om een goed voedingspatroon op te stellen. Als u vegetariër bent uit overtuiging, weet u normaal gezien wel welke voedingsmiddelen u moet eten. Stel uw eventuele vragen steeds aan uw arts, vroedvrouw of verloskundige.

Dit is ook belangrijk!

∽ *Quadrupletest*

De quadrupletest kan helpen om de kans te bepalen die u kunt hebben op een baby met het Downsyndroom. Dit bloedonderzoek kan ook de kans op andere problemen opsporen, zoals neuraalbuisdefecten.

De quadrupletest is in feite hetzelfde als de tripletest, maar uitgebreid met een vierde merkstof: de inhibinewaarde. Deze vierde meting verhoogt de gevoeligheid van de gewone tripletest met 20% om de kans op een baby met Downsyndroom te bepalen. Bovendien kan de test vroeger uitgevoerd worden dan de tripletest, waardoor er eerder een diagnostische screening kan worden uitgevoerd, indien nodig.

Week 18

Leeftijd van de foetus – 16 weken

Hoe groot is de baby?

Van kruin tot stuit meet uw baby ongeveer 12,5 tot 14 cm. Zijn gewicht ligt rond 150 g.

Hoeveel bent u aangekomen?

U kunt nu nog net twee vingers tussen de bovenrand van uw baarmoeder en uw navel leggen. Uw baarmoeder is ongeveer zo groot als een kleine meloen. Uw gewicht is met 4,5 tot 6 kg toegenomen, hoewel dat uiteraard niet voor iedereen het geval zal zijn. Bent u meer aangekomen, praat er dan eens over met uw arts of verloskundige. Misschien raadt hij u aan om een voedingsdeskundige te raadplegen. U bent immers nog niet op de helft van uw zwangerschap en er zal nog veel meer gewicht bijkomen.

Als uw gewicht sneller toeneemt dan aanbevolen is, dan zullen de zwangerschap en de bevalling zwaarder dan normaal voor u worden. Bovendien is het heel moeilijk om dat extra gewicht er later weer af te krijgen.

Diëten als u zwanger bent is onverstandig, wat *niet* wil zeggen dat u zomaar alles mag eten! Uw voeding moet immers voldoende voedingsstoffen bevatten voor uw groeiende baby. Kies voedingsmiddelen waarin gezonde voedingsstoffen voor u en uw baby zitten.

Zo groeit en ontwikkelt uw baby zich

De uiterst snelle groei van de laatste weken vertraagt nu een beetje. Op de illustratie hierna ziet u dat uw kindje er nu al heel 'menselijk' uitziet.

Uw baby wordt steeds groter!
Rond deze tijd is hij ongeveer
12,5 cm lang en ziet hij er ook
veel menselijker uit.

✜ *Ontwikkeling van hartstelsel en bloedsomloop*

Rond de derde week smelten twee buizen in de foetus samen tot het hart. Rond de 22ste dag of het begin van de 5de week begint het hart samen te trekken. Dankzij echografie kan rond de 5de of 6de week al de hartslag van de baby in beeld gebracht worden.

Het hart splitst zich later in twee bulten, die zich ontwikkelen tot de hartkamers of *ventrikels* (linker- en rechter-) en de hartboezems of *atria* (linker- en rechter-). Dat gebeurt tussen de 6de en de 7de week. In de 7de week groeit het weefsel dat de linker- en rechterboezem van elkaar scheidt. In de scheidingswand tussen de twee boezems ontstaat ook een gat, dat *ovale opening* wordt genoemd. Daardoor kan het bloed van de ene boezem naar de andere stromen zonder dat het in de longen terechtkomt. Bij de geboorte sluit die opening zich.

Ook tussen de hartkamers (onder de hartboezems) ontwikkelt zich een scheidingswand. De wanden van de hartkamers bevatten veel spieren. Vanuit de linkerkamer wordt het bloed naar het lichaam en de hersenen gepompt, vanuit de rechterkamer naar de longen. De hartkleppen ontwikkelen zich tegelijk met de hartkamers. Door die kleppen kan het bloed in en uit het hart stromen, wat voor allerlei geluiden en geruis zorgt.

Via de navelstreng stroomt het bloed van uw baby naar de moederkoek. Daar neemt het zuurstof en voedingsstoffen op uit uw bloed. Hoewel uw bloedsomloop en die van uw baby heel dicht bij elkaar liggen, blijven de twee systemen volledig gescheiden.

Na de geboorte moet de baby, die volledig van u afhankelijk was voor de opname van zuurstof, heel snel overschakelen op het gebruik van zijn eigen hart en longen. De ovale opening sluit zich en het bloed stroomt naar de rechterkamer, de rechterboezem en de longen, om daar voor het eerst zuurstof op te nemen. Die overschakeling is een echt wonder.

In de 18de week van de zwangerschap kunnen door echografie hartafwijkingen en andere problemen opgespoord worden. Met een uiterst verfijnde vorm van echografie kunnen specifieke hartafwijkingen ontdekt worden. Indien men hartafwijkingen vermoedt, zal men, naarmate de zwangerschap vordert, de baby op de voet volgen door aanvullende echografieën.

Veranderingen bij u

↝ *Hebt u last van rugpijn?*

Bijna elke zwangere vrouw krijgt op een bepaald moment last van rugpijn. Misschien is dat bij u nu al het geval. Of u krijgt er later, als u nog dikker bent, mee te maken. Sommige vrouwen hebben ernstige rugpijn na intensieve lichamelijke inspanning, wandelen, buigen, optillen of staan. Milde rugpijn komt vaker voor dan ernstige klachten. Let extra op als u uit bed stapt of vanuit een zittende positie opstaat. In ernstige gevallen wordt het soms moeilijk om gewoon te lopen.

Een verandering in de beweeglijkheid van uw gewrichten zorgt voor een verandering in uw houding, wat voor ongemak in de onderrug kan zorgen. Dit verschijnsel doet zich vooral tegen het einde van de zwangerschap voor.

Doordat uw baarmoeder steeds maar groeit, verplaatst het zwaartepunt van uw lichaam zich langzaam naar voren, wat een effect kan hebben op uw gewrichten en bekken. De verhoogde productie van hormonen kan daar ook een oorzaak van zijn, maar de ongemakken kunnen ook wijzen op meer ernstige problemen, zoals een ontsteking van de nieren of nierstenen. Raadpleeg uw arts als de rugpijn chronisch is. Speciale zwangerschapsgordels kunnen extra steun bieden. Houd uw gewicht onder controle en neem voldoende lichaamsbeweging. In sommige gevallen kan kinesitherapie nodig zijn.

Wat kunt u doen om pijn te voorkomen of verminderen? Probeer de volgende tips eens uit. Begin er tijdig mee. U zult er dankbaar voor zijn naarmate uw zwangerschap vordert.

- Let op uw voeding en gewichtstoename.
- Pas uw lichaamsbeweging aan uw toestand aan.
- Maak er een gewoonte van om op uw zij te slapen.
- Ga af en toe een halfuurtje op uw zij liggen om wat te rusten.
- Als u kinderen hebt, kunt u wat rusten terwijl zij hun middagdutje doen.
- Paracetamol kunt u innemen tegen de pijn.
- Leg iets warms op de pijnlijke plek.
- Als de pijn constant blijft of verergert, raadpleeg dan uw arts.

Uw invloed op de ontwikkeling van de baby

❧ *Lichaamsbeweging in het tweede trimester*

Naarmate uw baarmoeder groter wordt, zal uw gevoel van evenwicht verstoord raken, waardoor u zich een beetje onhandig voelt. Het is nu niet het moment om contactsporten te beoefenen, zoals basketbal, of sporten waarbij u gemakkelijk kunt vallen, uzelf kunt verwonden of waarbij u geraakt kunt worden aan de buik.

Zwangere vrouwen kunnen veilig allerlei sporten en andere lichamelijke activiteiten beoefenen. Ongeveer 20, 30 en 40 jaar geleden dacht men daar heel anders over. Toen raadde men aan om veel te rusten in bed en de activiteiten sterk te beperken. Tegenwoordig is men ervan overtuigd dat lichaamsbeweging goed is voor u en uw baby.

Bespreek al uw activiteiten van tevoren met uw arts, vroedvrouw of verloskundige, vooral als u meerdere miskramen hebt gehad of een patiënte met een 'hoge risicofactor' bent. Dit is niet het geschikte moment om intensief te trainen of inspanningen extra op te voeren. Nu moet u beginnen met het rustiger aan doen en naar uw lichaam luisteren.

Hieronder vindt u een aantal specifieke sporten en hun effect op uw zwangerschap in het tweede en derde trimester. (In Week 3 vindt u meer over lichaamsbeweging.)

Zwemmen Zwemmen is heel goed voor zwangere vrouwen. De gewichtsloosheid in en het

> ### *Tip voor Week 18*
>
> Als u sport, heeft uw lichaam meer zuurstof nodig. Het is ook veel zwaarder en uw evenwichtsgevoel is veranderd. Bovendien wordt u sneller moe. Houd daarmee rekening en pas uw programma aan.

drijven op het water hebben een ontspannend effect. Als u regelmatig zwemt, moet u dat zeker volhouden tijdens de zwangerschap. Als u niet kunt zwemmen, kunt u wel gymoefeningen doen in het ondiepe. In verscheidene zwembaden worden groepslessen aquagym gegeven. Informeer er eens naar bij uw plaatselijke zwembad of sportclub.

Fietsen Dit is niet het moment om te leren fietsen. Als u regelmatig fietst en dat op een veilige plaats kunt doen, kunt u samen met uw partner of de rest van het gezin deze sport beoefenen. Aangezien uw gewichtstoename uw evenwichtsgevoel beïnvloedt, wordt het op en van een fiets stappen moeilijker. Door een val met de fiets kunt u uzelf of uw baby letsel toebrengen. Als het slecht weer is en uw zwangerschap vergevorderd is, kan een hometrainer nuttig zijn.

Wandelen Dit is een prima sport voor zwangere vrouwen. Begin met kleine afstanden en een paar minuten per dag. Elke dag drie kilometer wandelen in een stevig tempo is al voldoende. Tijdens een wandeling kunt u ook goed praten met uw partner. En als het weer slecht is, kunt u toch nog aan uw dagelijkse portie 'wandelplezier' komen in overdekte winkelcentra. Naarmate uw zwangerschap vordert, moet u wel uw tempo en de afstand die u aflegt, aanpassen.

Joggen Veel vrouwen blijven joggen als ze zwanger zijn. Joggen kan toegestaan zijn, maar bespreek het eerst met uw arts. Als u een 'hoge risicofactor' hebt, is joggen niet goed voor u. Dit is niet het moment om een marathon te lopen of om te trainen voor een wedstrijd. Draag comfortabele kleding en schoenen die voldoende steun bieden. Neem voldoende tijd om na het joggen af te koelen.
Als u zwanger bent, moet u geleidelijk aan het aantal kilometers beperken. Misschien moet u zelfs overschakelen op wandelen. Bij pijn, contracties, bloedverlies of andere symptomen moet u meteen uw arts raadplegen.

Andere vormen van sport
* Tennissen en golfen zijn veilig, maar de laatste sport omvat niet veel beweging.
* Paardrijden kunt u maar beter niet doen.
* Vermijd waterskiën tijdens de zwangerschap.
* Bowlen kan wel, hoewel u daarbij niet echt veel beweging krijgt. Let er vooral in de laatste maanden op dat u uw rug niet overbelast! Aangezien uw evenwichtsgevoel verandert, kan bowlen moeilijker worden.

- Praat met uw arts over skiën *voor* u eraan begint. Ook hier geldt dat uw evenwichtsgevoel aanzienlijk verandert. Als u valt, kunt u uzelf en uw baby letsel toebrengen. De meeste artsen raden skiën in de tweede helft van de zwangerschap af. Sommige artsen hebben niets tegen skiën in het begin van de zwangerschap, maar alleen als er geen complicaties zijn in deze of in voorgaande zwangerschappen.
- Rondsnorren op een sneeuwscooter of een motorfiets is af te raden. Misschien staat uw arts het wel toe als het niet te veel inspanning vergt. Meestal wordt het risico echter te groot geacht, vooral als u problemen hebt gehad bij deze of bij vorige zwangerschappen.

Uw voeding

IJzer is belangrijk tijdens uw zwangerschap. U hebt ongeveer 30 mg per dag nodig om aan uw verhoogde ijzerbehoefte te voldoen door de toename van het bloedvolume. Tijdens de zwangerschap zal uw baby uit uw ijzervoorraad putten om zijn eigen voorraad aan te maken voor de eerste levensmaanden. Zo wordt uw baby beschermd tegen een ijzertekort als hij borstvoeding krijgt.

De meeste prenatale vitaminen bevatten genoeg ijzer. Als u extra ijzersupplementen moet nemen, neem dat dan in met een glas sinaasappelsap of grapefruitsap om de opname ervan te bevorderen. Drink geen melk, koffie of thee wanneer u een supplement ijzer neemt of ijzerrijk voedsel eet. Die dranken weerhouden het lichaam ervan het ijzer op te nemen.

Als u moe bent, concentratieproblemen of hoofdpijn hebt, duizelig bent, lijdt aan indigestie of u zich snel ziek voelt, is het mogelijk dat u een ijzertekort hebt. Een eenvoudige manier om dat vast te stellen is door de binnenkant van uw onderste ooglid te bekijken. Als u voldoende ijzer hebt, is dat donkerroze. Uw nagelbedden moeten ook roze zijn.

Slechts 10 tot 15% van het ijzer dat u opneemt, wordt door het lichaam geabsorbeerd. Het lichaam maakt wel een voorraad aan, maar u moet regelmatig ijzerrijke voeding eten om die voorraad aan te vullen. Voedingsmiddelen die veel ijzer bevatten zijn: kip, rood vlees, orgaanvlees (lever, hart, nieren), eierdooiers, gedroogde vruchten, spinazie, tofoe…

Als u ijzerrijke voeding bovendien combineert met het opnemen van veel vitamine C, bevordert u de absorptie ervan door het lichaam. Zo is een spinaziesalade met partjes sinaasappel of grapefruit een goed voorbeeld. Als u uw dagelijkse prenatale vitamine combineert met een evenwichtige voeding, hebt u waarschijnlijk geen extra ijzer nodig. Stel uw vragen aan uw arts, vroedvrouw of verloskundige.

Dit is ook belangrijk!

✄ *Infecties van de urinewegen*

Door veranderingen in uw urinewegen verhoogt ook het risico op infecties. Naarmate de baarmoeder groeit, rust ze op de blaas en de urineleiders, die van de nieren naar de blaas lopen. Raadpleeg uw arts als u denkt dat u een blaasontsteking hebt. Hij of zij kan uw urine onderzoeken op specifieke bacteriën die de infectie kunnen veroorzaken. Als u gevoelig bent voor infecties van de urinewegen, is het goed om voldoende te drinken. Een onderzoek heeft aangetoond dat het drinken van veenbessensap de kans op infecties vermindert.

Blaasontsteking Een van de eerste symptomen van zwangerschap is vaak urineren. Dat symptoom zal niet verdwijnen, zodat u ook 's nachts dikwijls het bed uit moet.

Tijdens de zwangerschap bent u vatbaarder voor infecties aan de urinewegen, die ook *blaasontsteking* en *cystitis* worden genoemd. Als u daaraan lijdt, is plassen vaak pijnlijk (vooral als u er bijna klaar mee bent) en hebt u een voortdurende en hevige drang tot urineren.

Bij uw eerste bezoek aan de arts, vroedvrouw of verloskundige wordt meestal een urinetest gedaan, net als op latere tijdstippen van de zwangerschap, om een eventuele ontsteking op te sporen als er symptomen in die richting optreden. U kunt een blaasontsteking vermijden door uw urine niet te lang op te houden. Maak uw blaas leeg zodra u daartoe de drang voelt. Drink voldoende. Bessensap helpt een ontsteking voorkomen. Meteen na het vrijen de blaas leegmaken voorkomt bij sommige vrouwen ontstekingen.

Consulteer uw arts als u denkt dat u een blaasontsteking hebt, want ze moet zeker behandeld worden. Bepaalde antibiotica kunnen daarvoor veilig gebruikt worden tijdens de zwangerschap.

Als de ontsteking niet behandeld wordt, kunnen er ernstige complicaties optreden. Ze kunnen zelfs leiden tot een nierbekkenontsteking (*pyelonefritis*), waarbij u in het ziekenhuis moet worden opgenomen.

Een ontsteking aan de urinewegen kan ook leiden tot voortijdige weeën of een kind met een laag geboortegewicht. Praat in ieder geval met uw arts als u denkt dat u een blaasontsteking hebt. Hij zal dan medicijnen voorschrijven die u veilig kunt gebruiken.

Nierbekkenontsteking (*pyelonefritis*) Een ernstig gevolg van een blaasontsteking is een nierbekkenontsteking, wat bij 1 tot 2% van alle zwangere vrouwen voorkomt. Meestal is de rechternier geïnfecteerd. De symptomen zijn frequent urineren, pijn tijdens of vlak na het plassen, een voortdurende drang om te plassen, terwijl er niets uitkomt, hoge koorts, rillingen en rugpijn. De aandoening moet in het ziekenhuis behandeld worden met intraveneuze antibiotica.

Nierstenen Dit is een andere aandoening van nieren en blaas. Nierstenen komen slechts bij 1 op de 1500 zwangerschappen voor, maar veroorzaken hevige pijn in de rug of de onderbuik en gaan soms gepaard met bloed in de urine. Tijdens de zwangerschap worden nierstenen meestal behandeld met pijnstillers en door veel te drinken. Zo kunnen de stenen uitgedreven worden zonder chirurgische ingreep of lithotripsie (een behandeling met ultrageluid).

Week 19

Leeftijd van de foetus – 17 weken

Hoe groot is de baby?

Van kruin tot stuit gemeten is de lengte van uw baby nu ongeveer 13 tot 15 cm. Het gewicht ligt rond 200 g. Voordat uw kindje geboren wordt, zal zijn gewicht nog 15 keer zoveel als nu worden.

Hoeveel bent u aangekomen?

Ongeveer 1,5 cm onder uw navel kunt u uw baarmoeder voelen zitten. In profiel zijn de veranderingen bij u nu goed zichtbaar! U bent tot nu toe ongeveer 3,5 tot 6,5 kg aangekomen. Uw baby is slechts voor 200 g van die gewichtstoename verantwoordelijk! De placenta weegt zo'n 170 g, het vruchtwater 320 g, uw baarmoeder 320 g en uw borsten zijn 180 g zwaarder geworden.

Zo groeit en ontwikkelt uw baby zich

∼ Het zenuwstelsel

Tijdens de 4de week van de zwangerschap heeft zich uit het buitenste kiemblad de zenuwbuis (neuraalbuis) gevormd, waaruit het zenuwstelsel (hersenen en andere structuren zoals het ruggenmerg) gegroeid is. Rond de 6de week waren de voornaamste onderdelen van het centrale zenuwstelsel gevormd: de voorhersenen, de middenhersenen, de achterhersenen en het ruggenmerg. In de 7de week worden de voorhersenen onderverdeeld in de twee hersenhelften.

Grootte van de baarmoeder na 19
weken zwangerschap (leeftijd van de
foetus: 17 weken). Net onder de navel kunt u uw baarmoeder voelen.

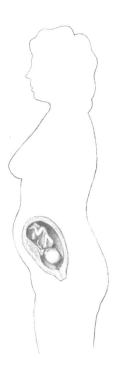

ᴄ᷄ *Waterhoofd*

De hersenen blijven zich voortdurend ontwikkelen. Het hersen-ruggenmerg-
vocht, dat de hersenen en het ruggenmerg omgeeft, wordt aangemaakt door
een vlechtwerk van kleine bloedvaatjes. De vloeistof moet vrij in de rondte
kunnen bewegen. Als om de een of andere reden een doorgangsweg wordt
afgesloten, ontstaat een waterhoofd (*hydrocefalie*).

Daardoor wordt het hoofd groter. De afwijking komt voor bij 1 op de 2000
baby's en is verantwoordelijk voor 12% van alle ernstige afwijkingen bij de
geboorte.

Een waterhoofd wordt vaak geassocieerd met *spina bifida* (open rug) en komt
in 33% van die gevallen voor. Het werd ook al in verband gebracht met meningomyelocèle (defect van het ruggenmergkanaal waardoor een gedeelte van
het ruggenmerg en de vliezen eromheen uitstulpen) en met omfalocèle (navelstrengbreuk). Er kan zich 500 tot 1500 ml vocht in de hersenen opstape-
len, hoewel ook al grotere hoeveelheden werden gevonden. Door al dat vocht
wordt het hersenweefsel samengedrukt, wat voor ernstige problemen zorgt.

De diagnose van deze afwijkingen kan het beste gesteld worden door middel
van echografie. Een waterhoofd kan in beeld gebracht worden rond de 19de
week van de zwangerschap. In zeldzame gevallen wordt het ontdekt bij een
routineonderzoek en bij het 'voelen' van de baarmoeder.

Vroeger kon men tot na de geboorte niets doen aan een waterhoofd. Tegenwoordig behandelt men soms de foetus terwijl hij nog in de baarmoeder zit. Daarvoor bestaan er twee methodes. Bij de eerste wordt door de buikholte van de moeder een naald in de hersenen van de baby gebracht. Daarmee wordt dan wat vloeistof opgezogen, zodat de druk op de hersenen vermindert. Bij de tweede methode plaatst men een klein plastic buisje op de plaats waar het vocht zich heeft opgehoopt. Het buisje blijft daar zitten om het vocht voortdurend af te voeren.

Een waterhoofd is een afwijking waaraan veel risico's verbonden zijn. De twee beschreven methodes zijn uiterst gespecialiseerd en mogen alleen uitgevoerd worden door iemand die ervaring heeft met de nieuwste technieken, namelijk een perinatoloog die gespecialiseerd is in zwangerschappen met een 'hoge risicofactor'.

Veranderingen bij u

∽ *Duizeligheid*

Duizeligheid tijdens de zwangerschap is een veelvoorkomend symptoom, dat vaak veroorzaakt wordt door lage bloeddruk (hypotensie). Meestal treedt het pas op in het tweede trimester, hoewel dat ook al eerder kan zijn.

Er zijn twee oorzaken van lage bloeddruk tijdens de zwangerschap. Het kan ontstaan doordat de groter wordende baarmoeder op de aorta en de holle aders drukt terwijl u platligt, wat verminderd of voorkomen kan worden door niet op de rug te liggen of slapen.

Verder kan lage bloeddruk ontstaan als u snel vanuit een zittende, geknielde of gehurkte houding opstaat. Door de zwaartekracht stroomt het bloed dan snel weg uit de hersenen, wat te voorkomen is door vanuit een zittende of liggende houding langzaam rechtop te komen.

Als u aan bloedarmoede lijdt, kunt u duizelig zijn, flauwvallen of snel vermoeid raken. Tijdens de zwangerschap wordt uw bloed meermalen onderzocht. Als u bloedarmoede hebt, zal uw arts u dat zeker vertellen.

Een zwangerschap beïnvloedt ook uw bloedsuikerspiegel. Door een hoog (hyperglycemie) of een laag (hypoglycemie) suikergehalte in uw bloed

> ### Tip voor Week 19
>
> Op uw zij (het beste de linkerzij) gaan liggen is goed voor de bloedsomloop van uw baby. Als u dat regelmatig enkele minuten per dag doet, zult u minder druk voelen.

voelt u zich duizelig of valt u makkelijk flauw. De meeste artsen testen zwangere vrouwen op problemen met het suikergehalte in hun bloed, vooral als ze vaak duizelig zijn. Het probleem verdwijnt meestal als u evenwichtig eet, geen maaltijden overslaat en regelmatig iets eet. Zorg dat u steeds een stuk fruit of wat toast bij u hebt, zodat u uw bloedsuikerspiegel snel een oppepper kunt geven als dat nodig mocht zijn.

Uw invloed op de ontwikkeling van de baby

ᴈᴖ *Alarmsignalen*

Veel vrouwen zijn zenuwachtig omdat ze denken dat ze het niet zouden merken als er iets ergs zou gebeuren tijdens hun zwangerschap. Bij de meeste vrouwen doen zich weinig, meestal zelfs geen problemen voor. Als u zich zorgen maakt, loop dan de volgende lijst door van de belangrijkste zorgwekkende symptomen. Raadpleeg uw arts, verloskundige of vroedvrouw bij de volgende symptomen:

- bloedverlies uit de vagina
- ernstige zwelling van het gezicht of de vingers
- hevige buikpijn
- vochtafscheiding uit de schede, meestal een hoeveelheid vocht, maar af en toe ook een straaltje of voortdurende vochtigheid
- een grote verandering in de beweeglijkheid van de baby of een gebrek aan beweging (minder dan 10 bewegingen per 24 uur)
- hoge koorts (meer dan 38,7°C) of rillingen
- buitensporig overgeven of problemen om voedsel of vocht binnen te houden
- wazig zien
- pijn bij het plassen
- niet-aflatende of hevige hoofdpijn
- verwondingen of een ongeval, bijvoorbeeld een auto-ongeluk, waardoor u zich zorgen maakt

Door zijn of haar mening te vragen over uw zorgen, leert u uw arts, verloskundige of vroedvrouw beter kennen. U moet alles kunnen vragen, zonder u gegeneerd te voelen. Het is ook beter hem of haar op de hoogte te brengen van problemen voordat ze uit de hand lopen.

Verwijzing naar een ziekenhuis/intensieve verzorging Als de situatie erom vraagt, kunt u doorverwezen worden naar een (universitair) ziekenhuis. Daar

zijn specialisten aanwezig die ervaring hebben met problemen die kunnen optreden tijdens de zwangerschap. Indien een opname noodzakelijk is, worden
vrouwen opgenomen in een Maternal Intensive Care (MIC).

Als er ernstige problemen zijn, is het mogelijk dat u voor uw bevalling naar het
(universitair) ziekenhuis moet. Dat komt doordat daar apparatuur, faciliteiten
en laboratoria aanwezig zijn die nodig zijn voor de gezondheid en behandeling
van u en uw baby.

Uw voeding

✌ *Gebruik van kruiden*

Gebruikte u voor u zwanger werd soms kruiden en planten (thee, tinctuur,
tabletten, poeder) om verschillende klachten en kwaaltjes te behandelen? Doe
dat dan niet tijdens uw zwangerschap! Raadpleeg steeds uw arts als u het toch
overweegt!

Geneesmiddelen op basis van kruiden of planten kunnen gevaarlijk zijn tijdens
de zwangerschap. Bijvoorbeeld: senna wordt gebruikt bij constipatie, maar stimuleert ook de baarmoederspieren, wat een miskraam kan veroorzaken; sommige kruiden kunnen uw darmen of die van de baby irriteren. Dus kies voor
veilig en wees heel voorzichtig met het gebruik van dergelijke middelen die
niet door uw arts zijn voorgeschreven.

✌ *Calcium*

Het is heel belangrijk om elke dag voldoende calcium op te nemen. U hebt
1200 mg per dag nodig als u zwanger bent – 50% meer dan voorheen. Voor
informatie over calcium en tips om voldoende op te nemen, kunt u kijken
naar Week 7.

Dit is ook belangrijk!

✌ *Het effect van een zwangerschap op allergieën*

Allergieën kunnen tijdens de zwangerschap tijdelijk verergeren. Medicatie voor
de behandeling van allergieën, al dan niet voorgeschreven, is niet per se veilig
voor zwangere vrouwen. Vraag uw arts om inlichtingen. Veel geneesmiddelen
tegen allergieën zijn combinaties van verscheidene medicijnen, waaronder aspirine. Ook neussprays zijn niet allemaal veilig!

Bij sommige zwangere vrouwen worden de symptomen van een allergie minder erg. Symptomen waarvan ze voor hun zwangerschap last hadden, vormen
niet langer een probleem.

✍ *Bent u een alleenstaande moeder?*

Tegenwoordig kiezen sommige vrouwen ervoor om een kind te krijgen zonder partner. De redenen daarvoor zijn gevarieerd. Vaak vinden vrouwen het niet meer belangrijk om te trouwen, hoewel ze een vaste relatie hebben met de vader van het kind. Soms gaat de partner niet akkoord met de zwangerschap. Weer andere vrouwen kiezen voor (kunstmatige) inseminatie door een donor om zwanger te worden.

De persoonlijke situatie buiten beschouwing gelaten, zijn er veel zorgen die door de meeste alleenstaande moeders worden gedeeld. In de meeste gevallen – of de moeder nu alleenstaand is, weduwe of gescheiden – is de algemene omgeving van het kind belangrijker dan de aanwezigheid van een vader in het gezin. Recente studies hebben aangetoond dat een kind zich goed kan ontwikkelen in een eenoudergezin wanneer de moeder steun krijgt van andere volwassenen.

Sommige mensen vertellen u misschien dat u een foute keuze maakt. Toch gaat die keuze alleen u aan. Als iemand het u moeilijk maakt, verander dan van onderwerp. U hoeft zich bij niemand te verantwoorden, tenzij u dat zelf wilt.

Zelfs als u *alleen* bent, bent u nooit echt alleen. Vraag hulp aan familie en vrienden. Moeders met jonge kinderen kunnen hun ervaringen met u delen. Als er in uw familie of vriendenkring mensen zijn met jonge kinderen, praat dan met hen.

Zoek nu al mensen op wie u kunt rekenen tijdens de zwangerschap en na de geboorte. Bedenk een manier om in het ziekenhuis te komen als de weeën begonnen zijn. Het kan ook nuttig zijn om iemand te vragen om u bij te staan tijdens de weeën en bevalling.

Het is ook belangrijk om te denken aan een aantal wettelijke zaken als u alleenstaande moeder bent. Als u niet getrouwd bent, maar wel een vaste partner hebt, wat zijn dan zijn rechten? Wat zijn de rechten van de ouders van uw partner ten opzichte van hun kleinkind? Als u geen partner hebt, wie zal dan de medische beslissingen nemen als er iets misgaat tijdens de bevalling? Heeft de vader van het kind het recht om te weten dat hij vader wordt? Als de vader onbekend is, wat moet er dan op de geboorteakte komen? Kunt u de medische voorgeschiedenis van een spermadonor te weten komen? Moet u documenten opstellen voor het geval er iets met u gebeurt?

Week 20

Leeftijd van de foetus – 18 weken

Hoe groot is de baby?

Uw kindje is nu 14 tot 16 cm groot, gemeten van kruin tot stuit. Zijn gewicht is ongeveer 260 g.

Hoeveel bent u aangekomen?

Gefeliciteerd! U bent nu halverwege! Gerekend vanaf de laatste menstruatie duurt een zwangerschap in theorie immers 40 weken.

Uw baarmoeder komt nu ongeveer tot aan uw navel. De arts, vroedvrouw of verloskundige heeft de groei en vergroting van uw baarmoeder goed in de gaten gehouden. Tot nu toe was die groei misschien wat onregelmatig, maar dat verbetert meestal na de 20ste week.

✢ *De groei van de baarmoeder meten*

Om de groei van de baby op de voet te volgen, wordt uw baarmoeder vaak gemeten. Daarvoor gebruikt uw arts, vroedvrouw of verloskundige zijn/haar vingers of een meetlint.

Om te zien hoe snel de baarmoeder groeit, wordt gebruikgemaakt van een referentiepunt. Het referentiepunt is het schaambeen, dat in het midden van de onderbuik ligt. Het bevindt zich net boven de urinebuis (waaruit de urine komt), 15 tot 25,5 cm onder de navel, afhankelijk van hoe groot u bent. Het is ook voelbaar 2,5 tot 5 cm onder de lijn van het schaamhaar.

De arts, vroedvrouw of verloskundige meet vanaf het schaambeen tot aan de bovenrand van de baarmoeder. Na de 20ste week zou de baarmoeder elke week 1 cm moeten groeien. Als ze na 20 weken 20 cm hoog is, zou dat bij uw volgende bezoek (4 weken later) ongeveer 24 cm moeten zijn.

Als uw baarmoeder rond deze tijd al 28 cm meet, moet met echografie geke-ken worden of u een tweeling draagt of al verder in uw zwangerschap gevor-derd bent dan u dacht. Is de baarmoeder slechts 15 tot 16 cm groot, dan wordt ook met echografie gekeken hoe ver de zwangerschap al gevorderd is en of er problemen zijn, zoals een groeiachterstand.

Niet elke arts of verloskundige meet op dezelfde manier en niet iedere vrouw is even groot. Ook baby's zijn niet allemaal even groot. Maak u geen zorgen als uw cijfers verschillen van die van vriendinnen. Iedere vrouw is tenslotte anders, en ook iedere zwangerschap verschilt van alle voorgaande.

Als u op een bepaald ogenblik gemeten wordt door een ander persoon dan ge-woonlijk, kunnen de resultaten anders zijn. Dat wijst niet noodzakelijk op een probleem of wil niet zeggen dat een van beiden verkeerd meet. Iedere persoon meet nu eenmaal een beetje anders.

Als u regelmatig en steeds door dezelfde persoon gemeten wordt, krijgt u een tamelijk goed beeld van de ontwikkeling van de baby. Binnen bepaalde gren-zen zijn veranderende resultaten een teken van goede gezondheid en groei bij de foetus. Zijn de resultaten plotseling abnormaal, dan kan dat een alarmsig-naal zijn. Maakt u zich zorgen over de grootte van uw baarmoeder en over uw zwangerschap, raadpleeg dan uw arts, vroedvrouw of verloskundige.

Zo groeit en ontwikkelt uw baby zich

ᘐ *De huid van uw baby*

De huid van uw baby bestaat uit twee lagen: de opperhuid (*epidermis*) en de lederhuid (*dermis*), die onder de epidermis ligt. Rond deze tijd bestaat de op-perhuid uit vier lagen. Een van die lagen is gegroefd, zodat op de vingertop-pen, handpalmen en voetzolen unieke patronen ontstaan. Die patronen zijn genetisch bepaald.

De lederhuid ligt onder de opperhuid en heeft kleine uitstulpingen in de op-perhuid. Iedere uitstulping bevat een klein bloedvaatje (haarvat) of een zenuw. De lederhuid bestaat verder grotendeels uit vet. Bij de geboorte is de huid van de baby bedekt met een vette, witte substantie, het huidsmeer.

Vanaf de 20ste week wordt dat huidsmeer afgescheiden door de talgklieren om de huid van de baby te beschermen tegen het vruchtwater.

Rond de 12de tot 14de week van de zwangerschap begint vanuit de opperhuid het haar van de baby te groeien.

De haaruiteinden zitten in de lederhuid. De baby krijgt het eerst haar op de bovenlip en aan de wenkbrauwen. Rond de geboorte valt dit 'nesthaar' meestal uit, waarna het vervangen wordt door dikker haar.

Baarmoederwand   Hoofd

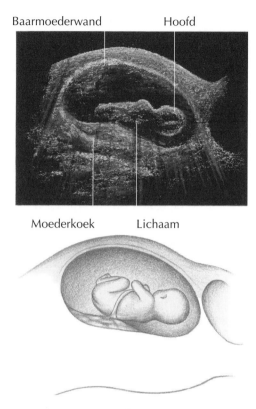

Echografie na 20 weken zwangerschap (leeftijd van de foetus: 18
weken). De onderste illustratie is
een interpretatie van de echografie
en geeft een duidelijker beeld.

Moederkoek   Lichaam

✌ *Echografie*

Hierboven ziet u een beeld van een echografie (en een illustratie met een interpretatie van die echografie) bij een vrouw die ongeveer 20 weken zwanger
is. U zult een echografie beter begrijpen als ze bij u uitgevoerd wordt en u de
bewegende beelden zelf kunt zien.

Tip voor Week 20

Als de baby wat meewerkt, kunt u rond
deze tijd bij een echografie de uitwendige geslachtsorganen zien en dus
te weten komen of het een jongen of
een meisje is. Hoewel het beeld vaak
duidelijk lijkt, wordt toch wel eens een
vergissing gemaakt met betrekking tot
het geslacht van de baby.

Als u goed naar de illustratie kijkt,
zult u er iets in zien. Lees de bij-
schriften en probeer u de baby in
de baarmoeder voor te stellen. Bij
een echografie is het alsof u naar
een doorsnede van een voorwerp
kijkt. Het beeld is tweedimensio-
naal.

Een echografie in dit stadium van
de zwangerschap is nuttig om de
vermoedelijke bevallingsdatum te
bepalen of te bevestigen.

Als de test heel vroeg of heel laat
(tijdens de eerste en laatste twee

maanden) wordt uitgevoerd, is hij niet zo nauwkeurig. Twee of meer foetussen kunnen ook via echografie in beeld gebracht worden. Ook sommige afwijkingen bij de foetus kunnen rond dit tijdstip al gezien worden.

❧ *Bloedafname uit de navelstreng*

Dit onderzoek wordt uitgevoerd op de foetus terwijl deze zich nog in de baarmoeder bevindt. Er zijn heel wat risico's aan verbonden, dus informeer u goed over de noodzakelijkheid, eventuele voordelen en gevolgen voordat u besluit om deze test te laten uitvoeren. De test houdt zelfs een groter risico op een miskraam in dan een vruchtwaterpunctie.

Tijdens een echografie wordt een fijne naald door de buikwand van de moeder in een kleine ader van de navelstreng gebracht. Daaruit wordt dan een beetje bloed van de baby getrokken. Met dit onderzoek kunnen bloedafwijkingen, infecties en resusstrijdigheid opgespoord worden.

Het bloed van de baby wordt onderzocht voor de geboorte en de baby kan indien nodig een bloedtransfusie krijgen. Zo kan levensgevaarlijke bloedarmoede voorkomen worden als de moeder resusnegatief is en antilichamen voor het bloed van haar kind produceert.

Veranderingen bij u

❧ *Uitrekken van de buikspieren*

Uw buikspieren worden verder uitgerekt en opzij gedrukt naarmate de baby groeit in de baarmoeder. De spieren hangen vast aan uw onderste ribben en lopen verticaal naar uw bekken. In het midden kunnen ze gescheiden zijn. Die rechte buikspieren noemen we de *rectus* spieren. Als ze gescheiden worden, heet dat *diastasis recti*.

U kunt de scheiding het beste opmerken als u ligt en uw hoofd optilt, waarbij de buikspieren gespannen worden. Het lijkt dan alsof er een bult in het midden van uw buik zit. Misschien voelt u zelfs de rand van de spieren die aan beide zijden van de bult liggen. Dat doet geen pijn en schaadt uw kindje niet. Wat u voelt in de holte tussen de spieren is de baarmoeder. Op die plek kunt u de bewegingen van de baby makkelijker voelen.

Als dit uw eerste baby is, voelt u misschien helemaal geen scheiding. Bij elke zwangerschap wordt de scheiding duidelijker voelbaar. Door oefeningen kunnen die spieren weer strakker worden, maar de bult of de holte blijft.

Na de bevalling komen deze spieren weer samen. De scheiding is niet zo duidelijk voelbaar, maar ze is er nog wel. Ook door het dragen van een zwangerschapsgordel kunt u dat niet vermijden.

Uw invloed op de ontwikkeling van de baby

↷ *Vrijen*

Tijdens de zwangerschap groeien partners meestal dichter naar elkaar toe. Het is de periode bij uitstek om elkaar te vinden. Een kans om de seksuele relatie te verdiepen en te intensifiëren.

Naarmate uw buik dikker wordt, kan vrijen moeilijk worden en voor ongemakken zorgen. Met wat creativiteit en door uw houdingen aan te passen (zodat u niet op uw rug ligt en uw partner boven op u) kunt u ook tijdens de zwangerschap blijven genieten van de seksuele relatie met uw partner. Creativiteit en moeite doen om elkaar goed aan te voelen, zullen een meerwaarde geven aan de seksuele relatie tijdens de zwangerschap. Wees niet bang om dit samen met uw partner in het bijzijn van de arts, vroedvrouw of verloskundige te bespreken.

Als u contracties, bloedverlies of andere problemen hebt, raadpleeg dan uw arts. Hij kan u vertellen of vrijen tijdens de zwangerschap nog wel veilig is voor u.

Uw voeding

Veel vrouwen gebruiken kunstmatige zoetstof. Aspartaam en sacharine zijn de twee meest gebruikte kunstmatige zoetmiddelen in voedsel en drank. Kunt u ze tijdens de zwangerschap blijven gebruiken? Aspartaam is veruit de populairste, bekendste zoetstof. Het wordt verwerkt in veel 'caloriearme' voedingsmiddelen en dranken om het aantal calorieën te beperken. Ook sacharine wordt in veel voedingsmiddelen en dranken gebruikt.

Aspartaam is een combinatie van fenylalanine en asparaginezuur, twee aminozuren. Niet zo lang geleden bestond er een controverse rond de veiligheid van aspartaam. Daarom raad ik u aan om geen voedingsmiddelen te gebruiken waarin deze zoetstof verwerkt is. Op dit ogenblik zijn we er niet zeker van of aspartaam wel veilig is voor zwangere vrouwen en hun ongeboren baby. Ook zwangere vrouwen die lijden aan fenylketonurie, moeten een voedingsschema met weinig fenylalanine volgen, zodat hun baby niet in gevaar wordt gebracht.

Sacharine is een andere kunstmatige zoetstof die terug te vinden is in veel voedingsmiddelen en dranken, hoewel minder vaak dan vroeger. Onderzoeken met sacharine hebben niet kunnen aantonen dat het gebruik ervan veilig is tijdens de zwangerschap. Als u zwanger bent, is het beter om sacharine te vermijden. Vermijd als het mogelijk is het gebruik van kunstmatige zoetmiddelen en additieven tijdens de zwangerschap. In feite moet u *iedere* stof vermijden die u niet nodig hebt. Doe het voor uw baby.

Dit is ook belangrijk! `

～ *De hartslag van uw baby horen*

In de 20ste week is het mogelijk om tijdens de prenatale controle met een doptone de hartslag van de baby te horen. Voordat men in de geneeskunde over een doptone beschikte om de hartslag te horen en echografie om het hart te zien, werd bij een onderzoek gewoonlijk de pinard gebruikt. Dat gebeurde meestal nadat de baby had bewogen. Een pinard of houten stethoscoop kunt u kopen, zodat uw partner thuis naar de baby kan luisteren. Dat kan meestal vanaf de 24ste week.

Bij het luisteren met een pinard klinkt de hartslag heel anders dan bij de prenatale controle. Als u nog nooit door een pinard geluisterd hebt, kan het in het begin moeilijk zijn om iets te horen, aangezien de hartslag niet luid klinkt. Naarmate de baby groter wordt en het hart luider klopt, kunt u hem makkelijker horen. Maak u geen zorgen als u niets hoort. Ook voor de arts, verloskundige of vroedvrouw is het niet altijd even makkelijk om iets te horen!

U moet een geruis (hartslag van de baby) onderscheiden van een kloppend geluid (hartslag van de moeder). Het hart van een baby slaat heel snel: tussen de 120 en 160 keer per minuut. Uw hart- of polsslag is langzamer: tussen de 60 en 80 slagen per minuut. Vraag gerust aan uw arts, vroedvrouw of verloskundige om te helpen bij het onderscheiden van de verschillende geluiden.

Week 21

Leeftijd van de foetus – 19 weken

Hoe groot is de baby?

Dit is de eerste week van de tweede helft van uw zwangerschap! Uw baby weegt nu ongeveer 300 g en meet van kruin tot stuit zo'n 18 cm. Hij is nu ongeveer zo groot als een banaan.

Hoeveel bent u aangekomen?

Ongeveer 1 cm boven uw navel kunt u de bovenrand van uw baarmoeder voelen. Als de arts, vroedvrouw of verloskundige vanaf het schaambeen meet, ziet hij of zij dat uw baarmoeder ongeveer 21 cm groot is. U bent normaal gezien tussen de 4,5 en 6,5 kg aangekomen.

Uw taille is nu volledig verdwenen. Uw vrienden en familie – ja, zelfs vreemden! – zien duidelijk dat u zwanger bent. Het is moeilijk om dat nog te verbergen!

Zo groeit en ontwikkelt uw baby zich

De baby groeit nu minder snel dan eerst. De verschillende organen ontwikkelen zich verder.

✎ Het spijsverteringsstelsel

Het spijsverteringsstelsel van de foetus is heel eenvoudig. Rond de 11de week van de zwangerschap begint de dunne darm zich te spannen en ontspannen om bepaalde substanties verder te drijven. Via de dunne darm wordt suiker door het lichaam van de baby opgenomen.

Rond de 21ste week is het spijsverteringsstelsel zo ver ontwikkeld dat de foetus vruchtwater kan inslikken. Daarvan neemt het kind veel water op. De rest reist verder naar de dikke darm.

✑ *Slikken*

Uw baby kan dus al voor zijn geboorte slikken. Dat is ook zichtbaar tijdens een echografie. Reeds in de 21ste week van de zwangerschap werden bij echografieën baby's getoond die vruchtwater inslikten. Onderzoekers menen dat door het inslikken van vruchtwater het spijsverteringsstelsel zich beter ontwikkelt. Zo bereidt het zich voor op zijn taak na de geboorte. Voldragen baby's slikken grote hoeveelheden vruchtwater in: wel 500 ml per 24 uur. Door vruchtwater in te slikken krijgt de baby een kleine hoeveelheid van de benodigde calorieën en daarmee ook belangrijke voedingsstoffen binnen.

✑ *Meconium*

Misschien hebt u deze term al eerder gehoord en u afgevraagd wat hij betekent. Hij verwijst naar onverteerde resten vruchtwater die in het spijsverteringsstelsel van de foetus achterblijven. Meconium is de groenig-zwarte tot lichtbruine eerste ontlasting die uw baby enkele dagen of weken voor, tijdens of na de bevalling afscheidt. Als de baby het benauwd heeft, kan wat van dat meconium in het vruchtwater terechtkomen. Daarom moet tijdens de bevalling goed op de kleur van het vruchtwater gelet worden.

Heeft de baby voor de geboorte samen met het vruchtwater meconium ingeslikt, dan kan dat in de longen terechtkomen, wat eventueel longontsteking veroorzaakt. Daarom probeert men na de bevalling met een klein buisje meconium uit de baby's mond en keel weg te zuigen.

Veranderingen bij u

Niet alleen uw baarmoeder, maar ook andere lichaamsdelen groeien voortdurend. Uw onderbenen en voeten kunnen bijvoorbeeld opzwellen, vooral tegen het einde van de dag. Als u enkele malen per dag kunt rusten en niet gedurende lange tijd hoeft te staan, zult u minder last hebben van gezwollen benen en voeten.

✑ *Bloedklonters in de benen*

Een bloedklonter in de benen of in de lies is een ernstig probleem tijdens de zwangerschap. De symptomen zijn gezwollen benen, die gepaard gaan met pijn en roodheid of warmte op die bepaalde plek.

Er bestaan verschillende namen voor deze aandoening: aderontsteking, flebitis, periflebitis, tromboflebitis... Het probleem is niet strikt gebonden aan zwangerschap, maar zwangere vrouwen zijn er wel vatbaarder voor. Dat komt omdat het bloed in de benen langzamer circuleert door de druk van de baarmoeder en doordat er veranderingen optreden in het bloed en zijn stollingsmechanismen.

De meest waarschijnlijke oorzaak van bloedklonters in de benen is een verminderde bloedtoevoer, ook *stasis* genoemd. Als u vroeger al eens een bloedklonter hebt gehad, in uw benen of een ander lichaamsdeel, vertel dat dan zeker aan de arts in het begin van de zwangerschap. Het is belangrijk dat hij of zij daarvan op de hoogte is.

☞ *Aderontsteking*

Men maakt vaak het onderscheid tussen oppervlakkige en diepe aderontsteking. Een bloedklonter in de aders vlak onder de huid is niet zo erg. U voelt de ader dan op uw been liggen.

De pijn wordt behandeld met een milde pijnstiller zoals paracetamol, door het been hoger te leggen, steunkousen te dragen of af en toe ook met een warmtebehandeling.

Als de toestand niet snel verbetert, wijst dat vaak op een aderontsteking. Dat is een ernstigere aandoening die behandeling vereist. De symptomen variëren sterk, afhankelijk van de plaats waar de klonter zich bevindt en hoe erg de situatie is. Aderontsteking kan plotseling optreden en gaat gepaard met ernstige pijn en zwelling van het been en de dij.

Hebt u vroeger al eens een bloedklonter gehad, die al dan niet te wijten was aan zwangerschap? Vertel uw arts dan in ieder geval over die vroegere problemen, bij voorkeur in het begin van de zwangerschap bij uw eerste prenatale bezoek.

Het grootste gevaar dat verbonden is aan aderontsteking is een longembolie, waarbij een bloedklontertje uit de benen in de longen terechtkomt. Dit komt slechts bij 1 op 3000 tot 7000 zwangerschappen voor. Hoewel aderontsteking een ernstig probleem vormt tijdens de zwangerschap, kan het met een aangepaste behandeling vaak voorkomen worden.

Symptomen Het been heeft soms een bleke kleur en het voelt koud aan. Meestal is echter een gedeelte ervan pijnlijk, warm en gezwollen. De huid boven de aangetaste aders is vaak rood. Er kunnen ook rode strepen lopen over de huid op plaatsen waar al bloedklonters zijn voorgekomen.

Drukken op de kuit of het been kan heel pijnlijk zijn, net als lopen. Ga liggen en probeer uw tenen naar uw knie te buigen. Als u aan de achterkant van uw been pijn hebt, is dat een teken van aderontsteking (teken van Homan). (Dit is ook het soort pijn dat u voelt bij een verrekte spier of een blauwe plek.) Raadpleeg uw arts.

Diagnose Aderontsteking wordt bij zwangere vrouwen op een andere manier vastgesteld dan bij niet-zwangere vrouwen. Bij een niet-zwangere vrouw neemt men een röntgenfoto na een injectie van contrastvloeistof in de aders. Vanwege de straling en de contrastvloeistof wordt dit onderzoek niet uitgevoerd bij zwangere vrouwen. Bij hen probeert men de diagnose te stellen met behulp van echografie.

Tip voor Week 21

U kunt wat extra calcium aan uw voedingsschema toevoegen door rijst en havermout te koken in magere melk in plaats van in water.

Behandeling Meestal is bij aderontsteking een opname in het ziekenhuis nodig en is een behandeling met heparine (een bloedverdunner), die via een injectie wordt toegediend, noodzakelijk. Heparine kan niet ingenomen worden als pil. Deze behandeling is veilig tijdens de zwangerschap en de stof wordt niet doorgegeven aan de foetus. Misschien is het noodzakelijk dat de vrouw extra calcium inneemt, omdat heparine het bloed verdunt om te voorkomen dat de klonter groter wordt. Ze moet tijdens de behandeling ook in bed blijven. Het been wordt dan hoger gelegd en soms met warmte behandeld. Bovendien wordt een lichte pijnstiller voorgeschreven.

Het verblijf in het ziekenhuis en de revalidatie nemen zo'n 7 tot 10 dagen in beslag. Daarna moet tot aan de bevalling de inname van heparine voortgezet worden.

Ook na de bevalling moet de vrouw nog enkele weken een bloedverdunner nemen, afhankelijk van de ernst van de aandoening.

Als een bloedklonter tijdens de zwangerschap voorkomt, kan een heparine-behandeling ook tijdens de volgende zwangerschappen nodig zijn. De stof wordt dan via een katheter of via dagelijkse injecties toegediend. De vrouw kan zichzelf onder toezicht van een arts die inspuitingen geven.

Aderontsteking wordt ook behandeld met warfarine, een oraal geneesmiddel. Warfarine wordt niet voorgeschreven tijdens de zwangerschap, omdat het in de moederkoek terechtkomt en de baby schade kan berokkenen. Warfarine wordt wel gedurende enkele weken of maanden, afhankelijk van de ernst van de situatie, na de bevalling ingenomen om bloedklonters te voorkomen.

Dankzij echografie kunnen problemen opgespoord worden. Op deze echografie is een cyste in de buikholte van de aanstaande moeder te zien. De onderste tekening geeft een duidelijker beeld van de echografie.

Lichaam   Hoofd

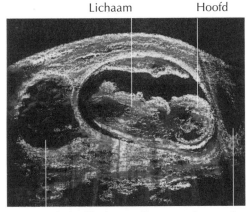

Cyste in de buikholte   Blaas van de moeder

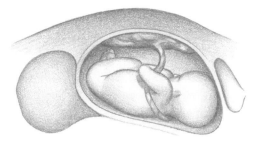

Uw invloed op de ontwikkeling van de baby

✎ *Hoe veilig is echografie?*

Veel vrouwen vragen zich af of echografie wel veilig is. De meeste medische onderzoekers zijn het erover eens dat echografische onderzoeken noch voor u noch voor de baby gevaarlijk zijn. Daar werd al veel onderzoek naar gedaan, maar tot nu toe heeft men nog geen bewijs van eventuele schadelijke gevolgen kunnen vinden.

Echografie is enorm nuttig om problemen op te sporen in verband met de ontwikkeling van de baby en een antwoord te geven op bepaalde vragen tijdens de zwangerschap. Zowel voor de arts, vroedvrouw of verloskundige als voor de zwangere vrouw is de informatie die verkregen wordt dankzij echografie vaak geruststellend.

Als uw arts of verloskundige van plan is om bij u een echografisch onderzoek uit te voeren en u maakt zich daar zorgen over, praat er dan met hem of haar over. Hij of zij kan een belangrijke reden hebben om het onderzoek te doen, bijvoorbeeld met betrekking tot de gezondheid van uw baby of de toestand van de placenta.

Uw voeding

Als u plotseling verzot bent op dingen die u vroeger niet lustte, wil dat nog niet zeggen dat u zwanger bent. In combinatie met een aantal andere symptomen kan trek in andere dingen wel wijzen op zwangerschap.

Zin in ander soort eten kan zowel in uw voor- als uw nadeel werken. Eet geen voedingsmiddelen die ongezond zijn, maar dingen die goed zijn voor u en uw baby. Als u trek hebt in voedingsmiddelen met veel suiker en/of vetten, wees dan voorzichtig. U kunt er een beetje van proeven, maar overdrijf niet. Eet liever iets anders om uw honger te stillen in plaats van toe te geven aan uw trek.

Sommige vrouwen willen opeens niets meer weten van voedingsmiddelen waar ze normaal gezien dol op zijn.

Wetenschappers kennen nog niet helemaal de redenen van dit verschijnsel, maar er wordt aangenomen dat de hormonale en emotionele veranderingen er de oorzaak van zijn.

Dit is ook belangrijk!

✍ *Krijgt u spataders?*

Spataders (*varices*) komen in zekere mate voor bij de meeste zwangere vrouwen. Factoren zoals erfelijkheid, een hogere leeftijd en druk door langdurig staan bevorderen het ontstaan van spataders.

Spataders zijn in feite uitgezette bloedvaten. Hoewel ze meestal op de benen verschijnen, kunnen ze zich ook op de vulva situeren. Door veranderingen in de bloedstroom en druk afkomstig van de baarmoeder worden spataders erger, wat voor heel wat ongemak zorgt.

Meestal worden spataders duidelijker en pijnlijker naarmate de zwangerschap vordert en wanneer er meer gewichtstoename is (vooral wanneer u lang staat).

Soms is er alleen een paarsblauwe vlek te zien op de benen, die voor weinig of geen ongemak zorgt, behalve tegen de avond. Andere vrouwen hebben uitpuilende aders, zodat ze op het eind van de dag hun benen hoger moeten leggen.

Hoewel de zwelling in de aders na de bevalling vermindert, verdwijnen de spataders nooit helemaal. U kunt een chirurgische ingreep laten uitvoeren om de aders te laten *droogspuiten*. Gewoonlijk opereert men spataders niet tijdens de zwangerschap. Als u niet zwanger bent, loont het de moeite om een behandeling te overwegen.

De behandeling van spataders

- Veel vrouwen dragen steungevende panty's, die er in vele soorten bestaan en echt helpen.
- U kunt beter geen kleding dragen die de bloedcirculatie ter hoogte van de knie of de lies belemmert.
- Blijf niet te lang staan en ga zo veel mogelijk op uw zij of met uw benen wat hoger liggen. Zo verloopt de doorstroming van de bloedvaten makkelijker.
- Draag zo veel mogelijk platte schoenen.
- Sla uw benen niet over elkaar als u zit, want zo verergert u de situatie omdat de bloedcirculatie erdoor bemoeilijkt wordt.
- Kies voor een lichaamsbeweging die niet te veel druk in uw aders brengt, zoals fietsen of zwangerschapsyoga. Vermijd stepaerobics en joggen.

Week 22

Leeftijd van de foetus – 20 weken

Hoe groot is de baby?

Uw baby weegt nu ongeveer 350 g en zijn lengte van kruin tot stuit bedraagt zo'n 19 cm.

Hoeveel bent u aangekomen?

Uw baarmoeder komt nu ongeveer 2 cm boven uw navel. Vanaf het schaambeen gemeten is ze zo'n 22 cm groot. U voelt zich nu waarschijnlijk 'aangenaam zwanger': uw buik is niet te dik en zit niet al te veel in de weg. U kunt zich nog steeds vooroverbuigen en gemakkelijk zitten. Ook lopen kost u niet veel moeite.

's Ochtends bent u niet meer misselijk en u voelt zich redelijk goed. Is zwanger zijn niet fantastisch?

Zo groeit en ontwikkelt uw baby zich

Het lichaam van uw baby wordt elke dag groter. Zoals u kunt zien op de illustratie, zijn de oogleden en wenkbrauwen van uw baby ook al ontwikkeld. Zelfs de vingernagels zijn al zichtbaar.

↷ *De leverfunctie*
Uw baby's organen beginnen zich aan te passen aan hun functie. Neem nu de lever. Zijn functie is anders dan bij een volwassene. De lever van een volwassene maakt enzymen (chemische stoffen) aan die belangrijk zijn voor tal van lichaamsfuncties. In de foetus zijn die enzymen ook aanwezig, maar in

Rond de 22ste week van de zwangerschap (leeftijd van de foetus: 20 weken)
zijn de oogleden en wenkbrauwen goed
ontwikkeld. De vingernagels bedekken
de vingertoppen.

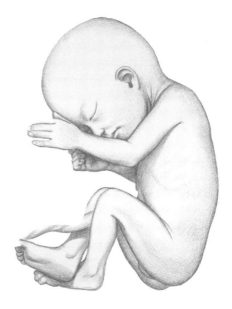

mindere mate dan na de geboorte. Een belangrijke functie van de lever is de afbraak en verwerking van bilirubine, dat aangemaakt wordt door de bloed-cellen. De bloedcellen van een foetus worden sneller afgebroken dan die van een volwassene. Daardoor produceert de foetus ook meer bilirubine dan een volwassene.

De lever van de foetus kan slechts in beperkte mate bilirubine omzetten en uit de bloedsomloop verwijderen. Bilirubine komt vanuit het bloed van de foetus via de placenta in uw bloed terecht. Uw lever helpt de bilirubine afkomstig van uw kindje weg te werken. Een te vroeg geboren baby kan moeite hebben met de verwerking van bilirubine omdat zijn lever nog te weinig ontwikkeld is om zelf die stof uit de bloedsomloop te verwijderen.

Dat kan voor hoge concentraties van deze stof zorgen, met een gele huidskleur en gelige ogen tot gevolg. Geelzucht wordt meestal behandeld met lichtthera-pie. Daarbij wordt blauw licht gebruikt dat door de huid dringt en het teveel aan bilirubine vernietigt.

Veranderingen bij u

ᔰ *Foetaal fibronectine*

In sommige gevallen kunnen ongemakken tijdens de zwangerschap, zoals lage rugpijn, rugpijn, druk op het bekken, samentrekken van de baarmoeder (met of zonder pijn), krampen en een wijziging van de afscheiding uit de vagina, verward worden met vroegtijdige bevallingsverschijnselen. Recent is een test ontwikkeld waarmee kan worden bepaald of er een risico is dat de baby te vroeg geboren wordt.

Foetaal fibronectine is een eiwit dat zich in de amnionholte en de foetale membranen bevindt. Dit eiwit is normaal niet aanwezig tussen de 22ste en 38ste week.

Als er foetaal fibronectine gevonden wordt in de vaginale afscheiding van de moeder tussen de 22ste en 38ste week, wijst dat op een groot risico dat de baby te vroeg geboren zal worden. De test wordt uitgevoerd zoals een uitstrijkje. Er wordt een monster genomen van de vaginale afscheiding aan het begin van de vagina, achter de baarmoederhals. Dat wordt naar het lab gestuurd en de resultaten zijn bekend binnen 24 uur.

↭ *Bloedarmoede tijdens de zwangerschap*

Bloedarmoede (anemie) is een veelvoorkomend probleem tijdens de zwangerschap. Het is zowel voor u als voor uw baby heel belangrijk dat u voor deze aandoening behandeld wordt. Als u anemisch bent, dan voelt u zich niet lekker, bent u snel moe en duizelig.

Er bestaat een heel verfijnd evenwicht tussen de productie van bloedcellen die zuurstof naar de rest van uw lichaam vervoeren en de afbraak van die cellen. Bij bloedarmoede zijn er te weinig rode bloedcellen aanwezig in uw bloed.

Tijdens de zwangerschap verhoogt de hoeveelheid rode bloedcellen in uw bloedsomloop. De hoeveelheid *plasma* (het vloeibare gedeelte van het bloed) verhoogt ook, maar in sterkere mate. Uw arts volgt die ontwikkelingen in uw bloed op de voet door middel van een *hematocriet*. Daarmee wordt de hoeveelheid rode bloedcellen in het bloed gemeten. Ook het hemoglobineniveau wordt getest. *Hemoglobine* is het eiwitrijke bestanddeel van de rode bloedcellen. Als u anemisch bent, ligt uw hematocriet lager dan 37 en uw hemoglobineniveau onder 12.

Een hematocriet wordt meestal bij het eerste prenatale onderzoek samen met andere laboratoriumtests uitgevoerd en kan een of twee keer herhaald worden in de loop van de zwangerschap. Als u aan bloedarmoede lijdt, kan dat ook vaker zijn.

Bij de bevalling is er altijd wat bloedverlies. Als u tijdens de weeën aan bloedarmoede lijdt, is het des te waarschijnlijker dat u na de bevalling een bloedtransfusie nodig hebt. Volg de raad van uw arts op in verband met voedingsgewoonten en -supplementen als u anemisch bent.

IJzertekort De meest voorkomende vorm van anemie tijdens de zwangerschap is ijzertekort. Uw baby gebruikt immers ijzerreserves die in uw lichaam opgeslagen zijn. Bij ijzertekort heeft uw lichaam niet voldoende ijzer om rode

Symptomen van ijzertekort

Ondanks de inname van supplementen hebben sommige zwangere vrouwen een ijzertekort, wat in de hand gewerkt wordt door verscheidene factoren, zoals:

- gebrek aan inname van ijzer of prenatale vitaminen die ijzer bevatten
- bloedverlies
- een meerlingzwangerschap
- een vroegere ingreep aan de maag of een gedeelte van de dunne darm (zodat voor de zwangerschap onvoldoende ijzer kon worden opgenomen)
- het gebruik van antacida, die een verminderde opname van ijzer veroorzaken
- slechte voedingsgewoonten

bloedcellen aan te maken, omdat de baby een deel ervan gebruikt heeft voor zijn productie van rode bloedcellen.

De meeste prenatale vitaminen bevatten ijzer. U kunt het ook innemen als een supplement. Als u geen prenatale vitaminen mag nemen, kunt u ook dagelijks 300 tot 350 mg ijzersulfaat of 2 tot 3 keer per dag ferrogluconaat nemen. IJzer is het belangrijkste supplement dat u kunt nemen. Het is dan ook bij bijna alle zwangerschappen aanbevolen.

Bij ijzertekort is het de bedoeling dat u de hoeveelheid ijzer die u inneemt, verhoogt. Omdat ijzer moeilijk opgenomen wordt door het maag-darmstelsel, moet het dagelijks ingenomen worden. Het kan ook geïnjecteerd worden, maar dat is pijnlijk en laat sporen achter op de huid.

Bijwerkingen van ijzersupplementen zijn misselijkheid, overgeven en eventueel constipatie. Als dat bij u het geval is, moet u lagere doses innemen. Als u geen oraal ijzersupplement kunt innemen, eet dan meer producten die veel ijzer bevatten.

Sikkelcelanemie Vrouwen met een donkere huid lijden tijdens de zwangerschap vaker dan andere vrouwen aan een bepaalde vorm van bloedarmoede: sikkelcelanemie. Bij deze aandoening kan het beenmerg, dat de rode bloedcellen produceert, de cellen die afgebroken worden niet snel genoeg vervangen door nieuwe. Ook de rode bloedcellen die aangemaakt worden zijn afwijkend, wat voor bloedarmoede of ernstige pijn kan zorgen.

U kunt een aanleg voor sikkelcelanemie hebben zonder dat de ziekte zich bij u manifesteert. Het kan zijn dat u die aanleg of de ziekte overdraagt op uw baby. Als zich in uw familie deze vorm van anemie voordoet, moet u dat zeker vertellen aan uw arts.

De aanleg voor sikkelcelanemie kan gemakkelijk opgespoord worden via een bloedonderzoek. Bij de foetus gebeurt dat door een vruchtwaterpunctie (zie ook Week 16) of vlokkentest (zie Week 10).

Vrouwen die het kenmerk voor sikkelcelanemie in zich dragen, krijgen tijdens de zwangerschap makkelijker een nierbekkenontsteking (zie Week 18) en bacteriën in de urine. Ze hebben ook meer kans dat ze de ziekte daadwerkelijk ontwikkelen tijdens de zwangerschap.

In de loop van hun leven krijgen vrouwen met sikkelcelanemie herhaaldelijk te maken met pijn (sikkelcrises). Als abnormale rode bloedcellen de bloedvaten blokkeren, ontstaat pijn in de buik of de ledematen. De pijnaanvallen kunnen hevig zijn en een ziekenhuisopname kan dan nodig zijn. In het ziekenhuis dient men dan vloeistof en pijnstillers toe.

Hydroxurea is al doeltreffend gebleken bij de behandeling van deze ziekte, maar het houdt wel een aantal risico's in. Omdat er niet veel informatie bekend is over de effecten ervan op lange termijn, wordt het aan zwangere vrouwen afgeraden om dit medicijn te gebruiken.

Een vrouw met sikkelcelanemie heeft tijdens de zwangerschap kans op pijnlijke sikkelcrises, infecties en zelfs een hartstilstand. Verder heeft ze 50% kans op een miskraam of een doodgeboren kindje. Hoewel de risico's groter zijn dan de slagingskansen, hebben veel vrouwen met sikkelcelanemie toch een voorspoedige zwangerschap.

Thalassemie Dit is een minder frequente vorm van bloedarmoede, die het meeste voorkomt bij inwoners rond het Middellandse Zeegebied. Ze wordt veroorzaakt doordat er te weinig enkelvoudige eiwitten, die deel uitmaken van de rode bloedcellen, geproduceerd worden. Als u weet dat de ziekte voorkomt in uw familie of als u er zelf aan lijdt, is het belangrijk uw arts daarover te vertellen.

Uw invloed op de ontwikkeling van de baby

⁓ *Als u zich niet lekker voelt*
Tijdens de zwangerschap kunt u net als anders last hebben van buikloop of virale infecties, zoals griep, wat voor extra problemen zorgt.

- Wat moet u doen als u zich ziek voelt?
- Welke medicatie of behandeling is veilig?

- Moet u prenatale vitaminen blijven nemen als u ziek bent?
- Wat moet u doen als u ziek bent en uw gewone voedingspatroon niet kunt volgen?

Raadpleeg in ieder geval uw arts als u ziek wordt tijdens de zwangerschap. Hij of zij zal u zeggen wat u moet doen en welke medicijnen u kunt nemen om weer beter te worden. Zelfs al gaat het maar om een verkoudheid of een griepje, u moet uw arts ervan op de hoogte brengen. Als er nog andere stappen moeten worden ondernomen, zal hij of zij u dat vertellen.

Kunt u iets doen om u beter te voelen? Ja! Bij diarree of een virale infectie moet u meer drinken, vooral water, vruchtensap en andere heldere drankjes, zoals bouillon. Door tijdelijk geen vast voedsel te eten, zult u zich snel wat beter voelen.

Als u uw normale voedingsschema een paar dagen laat voor wat het is, berokkent u uzelf of uw baby daar geen schade mee. Blijf wel veel drinken. Vast voedsel kan voor problemen zorgen en buikloop erger maken. Ook melkproducten verergeren diarree.

Bel uw arts als u al langer dan 24 uur last hebt van buikloop. Hij of zij kan u vertellen welke medicijnen u veilig kunt gebruiken.

Gebruik geen geneesmiddelen zonder eerst uw arts te raadplegen. Een virale ziekte die gepaard gaat met buikloop is meestal van korte duur en houdt niet langer aan dan enkele dagen. Het is beter dat u niet gaat werken en in bed blijft om te rusten totdat u zich beter voelt.

Uw voeding

Vochtopname tijdens de zwangerschap is heel belangrijk. Vocht helpt uw lichaam om voedingsstoffen te verwerken, nieuwe cellen aan te maken, uw bloedvolume op peil te houden en uw lichaamstemperatuur te regelen. U zult zich tijdens de zwangerschap beter voelen als u meer drinkt dan gewoonlijk. Zes tot acht glazen water per dag is een goed doel. Drink minder tegen de avond, zodat u 's nachts niet voortdurend naar het toilet moet!

Water is de beste bron van vocht voor uw lichaam. U kunt ook melk, groentesap, vruchtensap en sommige soorten kruidenthee drinken. Door het eten van groenten, fruit, melkproducten, vlees en graanproducten kunt u ook uw vochtopname aanvullen. Vermijd thee, koffie en cola, omdat ze natrium en cafeïne bevatten, wat vochtafdrijvend werkt. Vermijd ook calorierijke drankjes, zoals bepaalde frisdranken. Drink mineraalwater, waaraan u eventueel wat vruchtensap toevoegt voor een aangenaam smaakje. Het is heel verfrissend en lekker! Door veel water te drinken, verdwijnen of verminderen vaak klachten zoals hoofdpijn, baarmoederkrampen en blaasontstekingen. Controleer de kleur van uw urine om te zien of u genoeg drinkt. Als ze lichtgeel tot wit is, hebt u genoeg vocht. Donkergele urine is een signaal om uw vochtopname te verhogen.

Tip voor Week 22

Drink extra veel (bij voorkeur water), zodat uw lichaam de verhoogde bloedproductie de baas kan. Als uw urine bijna zo licht van kleur is als water, neemt u voldoende vocht op.

Wacht niet tot u dorst hebt voor u drinkt. Als u dorst hebt, is het eigenlijk al te laat en heeft uw lichaam al 1% van zijn vocht verloren.

Dit is ook belangrijk!

↝ *Stress tijdens de zwangerschap*

Veel vrouwen ervaren stress tijdens hun zwangerschap. Uw lichaam verandert, u bent er zich van bewust dat u binnenkort moeder wordt, misschien hebt u allerlei kwaaltjes en ongemakken…

Daarbij komt ook nog stress van uw baan of andere verplichtingen. Het is belangrijk om alles kalm aan te doen en te ontspannen! Stress is niet goed, en zeker niet voor een zwangere vrouw.

U kunt een paar dingen doen om te ontspannen:

- Slaap genoeg elke nacht. Door gebrek aan slaap kunt u zenuwachtig worden.
- Rust en ontspan uzelf gedurende de dag. Lees of luister naar muziek.
- Doe aan lichaamsbeweging om de stress van u af te zetten. Ga wandelen of ga naar een sportclub. Huur of koop een video of dvd met oefeningen voor zwangere vrouwen.
- Eet gezond. Houd uw energieniveau op peil en vermijd zo 'dipjes'.
- Doe iets wat u leuk vindt.
- Glimlach! Soms is het genoeg om uw gedachten over iets te veranderen – meer positief te denken over iets. Lachen is beter dan fronsen.
- Als geuren belangrijk voor u zijn, brand dan geurkaarsen of koop geurige bloemen om u te helpen ontspannen.
- Deel uw zorgen en twijfels met uw partner, of zoek andere zwangere vrouwen op om met hen te praten.

Ligging van de appendix tijdens
de zwangerschap

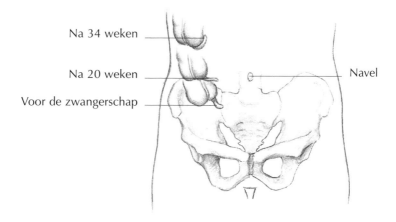

Na 34 weken

Na 20 weken   Navel

Voor de zwangerschap

℘ *Appendicitis*

Ook als u zwanger bent, kunt u een blindedarmontsteking krijgen. Tijdens
een zwangerschap is de diagnose van appendicitis moeilijk te stellen omdat de
symptomen vaak typisch zijn voor een zwangerschap, bijvoorbeeld misselijkheid en overgeven. Bovendien wordt de appendix door de baarmoeder naar
boven en naar buiten toe geduwd, zodat de pijn zich op een andere plaats dan
gewoonlijk voordoet. Kijk maar naar de illustratie bovenaan.

Een ontstoken blindedarm wordt operatief verwijderd via een incisie van 7,5
tot 10 cm. U moet er een paar dagen voor in het ziekenhuis blijven. In bepaalde gevallen wordt een laparoscopie uitgevoerd, waarbij de incisie kleiner
is. Tijdens de zwangerschap is het echter moeilijk om een laparoscopie uit te
voeren omdat de baarmoeder groter is dan normaal.

Als een ontstoken blindedarm openbarst, ontstaan er ernstige complicaties.
De meeste artsen vinden het beter om te opereren en een 'normale' appendix
te verwijderen dan het risico te lopen op een infectie van de buikholte als de
appendix openbarst. Er worden ook antibiotica voorgeschreven. Veel daarvan
zijn veilig tijdens de zwangerschap.

Week 23

Leeftijd van de foetus – 21 weken

Hoe groot is de baby?

Uw baby weegt nu ongeveer 455 g en meet van kruin tot stuit zo'n 20 cm. Hij lijkt op een minipopje!

Hoeveel bent u aangekomen?

Uw baarmoeder komt tot ongeveer 4 cm boven uw navel en is gemeten vanaf uw schaambeen zo'n 23 cm groot.

U hebt nu al een mooie, ronde buik! Normaal gezien bent u tussen de 6 en 7,5 kg aangekomen.

Zo groeit en ontwikkelt uw baby zich

Het lichaam van uw baby wordt wat molliger, maar de huid is nog gerimpeld omdat er nog meer gewicht bij moet. Kijk maar naar de illustratie op de volgende bladzijde.

Soms wordt het donzige haar op het lichaam rond deze tijd wat donkerder. Het gezicht en het lichaam van de baby beginnen nu meer en meer te lijken op die van een pasgeboren kind.

ᔯ *Werking van de alvleesklier*

De pancreas of alvleesklier ontwikkelt zich rond deze periode tot een belangrijk orgaan voor de productie van hormonen, in het bijzonder insuline. Dat hormoon heeft het lichaam van de baby nodig om suiker af te breken en te verwerken.

Rond de 23ste week (leeftijd van de foetus: 21 weken) zijn de oogleden en wenkbrauwen van uw kindje goed ontwikkeld.

Als de foetus een hoge bloedsuikerspiegel heeft, reageert de pancreas daarop door meer insuline te produceren. Al in de 9de week van de zwangerschap is insuline aanwezig in de alvleesklier van de foetus. In het bloed van de foetus werd deze stof al na 12 weken zwangerschap waargenomen. Baby's van moeders met suikerziekte hebben vaak een hoog insulinegehalte. Dat is een van de redenen waarom de arts u controleert op suikerziekte (diabetes).

Veranderingen bij u

Rond deze tijd maken vrienden waarschijnlijk opmerkingen over uw dikker wordende buik. Ze zeggen dat u misschien wel een tweeling draagt, omdat u zo dik bent. Of dat u nog niet dik genoeg bent voor het stadium waarin u zich bevindt. Als u zich zorgen maakt over zulke opmerkingen, praat er dan over met uw arts, vroedvrouw of verloskundige. Hij of zij zal u bij elk bezoek meten, let op veranderingen in gewichtstoename en op de grootte van uw baarmoeder. Onthoud dat er vrouwen en baby's in alle maten bestaan en dat ze niet allemaal even hard groeien. Voortdurende verandering en groei zijn het belangrijkst.

Naarmate uw baby groeit, wordt ook de placenta groter, net als de hoeveelheid vruchtwater.

ꙮ *Vochtverlies*

Uw baarmoeder wordt steeds groter en zwaarder. In het begin van de zwangerschap lag ze vlak achter de blaas, voor het rectum en het onderste deel van de
dikke darm, die deel uitmaakt van het spijsverteringsstelsel.

In een latere fase rust de baarmoeder op de blaas. Als ze groter wordt, kan ze
erg gaan drukken op de blaas. Het kan gebeuren dat uw ondergoed af en toe
nat is, waarbij u zich afvraagt of u urine of vruchtwater verloren hebt.

De bevalling begint in 10% van de gevallen met het breken van de vliezen.
Veel zwangere vrouwen denken dat het breken van de vliezen gepaard gaat
met het verlies van veel vruchtwater in één keer. Maar als het hoofdje diep is
ingedaald verliest u meestal slechts een paar druppels. Het onderscheid tussen
de twee is niet makkelijk te maken. Als u vocht verliest en u twijfelt of het
vruchtwater is, doe dan een gekleurde doek om. Dit geeft een duidelijker idee
om te beoordelen wat u verliest (slijm, urine of vruchtwater).

Als het zeker is dat de vliezen gebroken zijn, wordt het wachten tot de weeën
komen. Zeventig procent van de vrouwen krijgt spontaan weeën binnen 24
uur na het breken van de vliezen. Daarna moet u naar het ziekenhuis, omdat
het risico van het ontstaan van een infectie bij de baby groter wordt naarmate
de vliezen langer gebroken zijn. Laat uw vroedvrouw, verloskundige of arts
weten dat uw vliezen gebroken zijn.

Let op de kleur van het vruchtwater; is dit groen of bruin gekleurd, dan heeft
de baby ontlasting gehad in de baarmoeder en dan moet de baby zo snel mogelijk worden nagekeken. Dit kan erop wijzen dat de baby het benauwd krijgt.

ꙮ *Emotionele veranderingen*

Hebt u vaker last van stemmingswisselingen? Huilt u nog steeds bij het minste of geringste? Vraagt u zich af of u alles nog ooit onder controle zult krijgen? Maak u geen zorgen. Die emoties zijn kenmerkend voor dit stadium
van uw zwangerschap. Ze komen waarschijnlijk voort uit de voortdurende
hormonale veranderingen in uw lichaam. U kunt weinig doen aan die buien
van neerslachtigheid. Als u denkt dat uw partner of anderen lijden onder uw
stemmingswisselingen, praat er dan over met hen. Leg uit dat die gevoelens
normaal zijn bij zwangere vrouwen en vraag hun om wat begrip.

Uw invloed op de ontwikkeling van de baby

ꙮ *Diabetes tijdens de zwangerschap*

Voor zwangere vrouwen was dit vroeger een ernstige complicatie. Nu is suikerziekte nog steeds een belangrijk probleem tijdens de zwangerschap. Veel vrou-

wen met suikerziekte hebben echter een voorspoedige zwangerschap dankzij aangepaste medische zorg, een goede voeding en het advies van hun arts.

Vroeger mochten vrouwen met suikerziekte in feite niet zwanger worden. Door de ontdekking van insuline en de ontwikkeling van verschillende manieren om de foetus in de gaten te houden, doen zich tegenwoordig niet veel ernstige problemen voor. De meeste baby's van vrouwen met suikerziekte overleven het dan ook.

Bij suikerziekte of diabetes is er een tekort aan insuline in het bloed. Insuline is belangrijk voor de afbraak en het vervoer van suiker naar de cellen. Als uw bloed geen insuline bevat, hebt u veel suiker in uw bloed en uw urine.

Er zijn twee soorten diabetes. Bij type 1 maakt het lichaam geen insuline meer aan; bij type 2 gebruikt het lichaam de insuline niet op de juiste manier. Onderzoek heeft aangetoond dat type-2-diabetes meer voorkomt bij zwangere vrouwen. Het resultaat van beide vormen van diabetes is dat er te veel suiker in de bloedstroom zit.

Diabetes tijdens de zwangerschap kan tot allerlei medische problemen leiden: nierproblemen, oogaandoeningen en bloed- of vasculaire problemen zoals arteriosclerose (aderverkalking) of een hartinfarct. Dat kan gevaarlijk zijn voor u en de baby.

Diabetes onder controle tijdens de zwangerschap Als diabetes niet wordt gecontroleerd tijdens uw zwangerschap, hebt u meer kans om te bevallen van een grote baby. Daardoor stijgt ook het risico op een keizersnee en zwangerschapsvergiftiging. Bovendien loopt de baby meer risico op hypoglycemie (lage bloedsuiker) en geelzucht.

Om ervoor te zorgen dat uw bloedsuikerspiegel stabiel blijft, mag u nooit een maaltijd overslaan en moet u genoeg lichaamsbeweging nemen, volgens de resultaten van uw vingerprikken. Tijdens de zwangerschap kan extra medicatie of insuline nodig zijn. Uw dosis insuline of het tijdstip van de inname moet misschien aangepast worden. U moet waarschijnlijk ook vaker op een dag uw bloedsuikerniveau checken.

Bepaalde medicijnen om diabetes te behandelen mogen niet ingenomen worden tijdens de zwangerschap. Insuline is de veiligste methode om suikerziekte tijdens de zwangerschap onder controle te houden. Raadpleeg uw arts voor meer uitleg.

Diagnose van diabetes tijdens de zwangerschap Diabetes manifesteert zich vaak tijdens de zwangerschap bij vrouwen die er aanleg voor hebben. Zwangere vrouwen die last hebben van een hoge bloedsuikerspiegel, ontwikkelen later makkelijker diabetes.

De symptomen van suikerziekte zijn:
• vaak urineren
• wazig zicht
• gewichtsverlies
• duizeligheid
• verhoogde eetlust

Soms worden bloedonderzoeken om diabetes op te sporen routinematig gedaan.

Als u suikerziekte hebt of weet dat familieleden eraan lijden, praat er dan over met uw arts. Hij of zij zal beslissen welke stappen u moet ondernemen.

Zwangerschapsdiabetes Sommige vrouwen lijden _alleen_ tijdens de zwangerschap aan suikerziekte, wat we _zwangerschapsdiabetes_ noemen. Het komt voor bij ongeveer 10% van alle zwangere vrouwen. Na de bevalling verdwijnt het probleem meestal weer. Er is echter 90% kans dat de aandoening bij volgende zwangerschappen opnieuw de kop opsteekt. Zwangerschapsdiabetes heeft twee oorzaken. Ten eerste produceert het lichaam van de moeder minder insuline. Ten tweede kan haar lichaam de insuline niet op gepaste wijze verwerken. Met een verhoogde bloedsuikerspiegel tot gevolg.

Als het niet behandeld wordt, kan zwangerschapsdiabetes heel gevaarlijk zijn voor u en uw baby. U wordt beiden blootgesteld aan een hoge concentratie van suiker, wat niet gezond is. Een van de gevolgen kan een teveel aan vruchtwater zijn, waardoor de weeën voortijdig beginnen omdat de baarmoeder overbelast is. Bij vrouwen met zwangerschapsdiabetes duurt de bevalling meestal langer omdat de baby tamelijk groot is. Soms kan de baby niet door het geboortekanaal en is een keizersnee noodzakelijk.

Als uw bloedsuikerspiegel hoog is, hebt u meer kans op infecties, meestal aan de nieren, de blaas, de baarmoederhals en de baarmoeder.

Zwangerschapsdiabetes wordt behandeld door regelmatige lichaamsbeweging en een verhoogde vochtopname. Een aanpassing van het voedingspatroon is uiterst belangrijk. Uw arts raadt u waarschijnlijk aan om per dag 2000 tot 2500 kilocalorieën op te nemen, verspreid over zes maaltijden. Hij kan u ook doorverwijzen naar een voedingsdeskundige.

Uw voeding

Vermijd producten die veel zout bevatten, zoals gezouten nootjes, chips, pickles en voedsel uit blik of geconserveerde producten. Natrium is de boosdoe-

Tip voor Week 23

Beperk uw natriumverbruik tot 3 gram (3000 mg) per dag, zodat uw lichaam minder vocht vasthoudt.

ner in die voedingsmiddelen. De meeste zoute producten bevatten grote hoeveelheden natrium. Als u te veel natrium opneemt, zal uw lichaam makkelijk water vasthouden, waardoor u er opgezwollen gaat uitzien.

Door de etiketten op voedingsmiddelen te lezen, weet u hoeveel natrium ze bevatten. Het zal u verbazen hoeveel milligram dat voor bepaalde producten is! Hieronder volgt een lijst van voedingsmiddelen en de hoeveelheid natrium die ze bevatten. Producten waarin natrium zit, smaken niet per se zout. Lees etiketten en sla er andere beschikbare informatie op na.

Hoeveelheid natrium in voedingsmiddelen

Product	Hoeveelheid	Natrium (mg)
Kaas	1 plak	322
Asperges	blikje van 400 g	970
Dubbele hamburger	1	963
Gebraden kip	1 portie	760
Cola	2,3 dl	16
Cottagecheese	1 kommetje	580
Botvis	85 g	201
Gelatine, zoet	85 g	270
Ham, gebakken	85 g	770
Honingmeloen	1/2	90
Kreeft	1 portie	305
Havermout	1 kopje	523
Aardappelchips	20 stuks	400
Zout	1 theelepel	1938

Dit is ook belangrijk!

✿ Suiker in uw urine

Het komt regelmatig voor dat normaal zwangere, niet-diabetische vrouwen een beetje suiker in hun urine hebben (*glucosurie*). Dat komt door de veranderde hoeveelheid suiker in het bloed en door de manier waarop de suiker verwerkt wordt door de nieren. Een teveel aan suiker wordt samen met de urine uitgedreven. Glucosurie komt vaak voor tijdens de zwangerschap, vooral in het tweede en het derde trimester. De meeste artsen testen alle zwangere vrouwen op diabetes, gewoonlijk tegen het einde van het tweede trimester. Dat is vooral belangrijk als er gevallen van suikerziekte in de familie zijn. Om na te gaan of u aan diabetes lijdt, wordt uw bloedsuikergehalte bepaald en eventueel een glucosebelastingproef uitgevoerd.

Bij een onderzoek om uw bloedsuikergehalte te bepalen, mag u de avond voor de test eten. De volgende ochtend laat u voordat u eet, bloed afnemen. Bij een abnormaal hoog suikergehalte in uw bloed worden verdere onderzoeken gedaan, waaronder een glucosebelastingproef. De avond voordat deze test gedaan wordt, mag u niets eten of drinken. 's Ochtends moet u voor het onderzoek een vloeistof met een bepaalde hoeveelheid suiker erin drinken. Het lijkt op een flesje frisdrank, maar smaakt niet zo lekker.

Voordat u de suikeroplossing drinkt, wordt uw bloedsuikergehalte gemeten. Nadat u het drankje opgedronken hebt, wordt met regelmatige tussenpozen bloed afgenomen, meestal na 30 minuten, 1 uur, 2 uur en soms zelfs 3 uur. Op die manier krijgt men een beeld van hoe uw lichaam de suiker verwerkt.

Week 24

Leeftijd van de foetus – 22 weken

Hoe groot is de baby?

Uw baby weegt in dit stadium ongeveer 540 g en meet van kruin tot stuit 21 cm.

Hoeveel bent u aangekomen?

Uw baarmoeder komt ongeveer 4 tot 5 cm boven de navel. Vanaf het schaambeen gemeten is ze 24 cm groot.

Zo groeit en ontwikkelt uw baby zich

Uw baby wordt langzaamaan molliger. Zijn gezicht en lichaam lijken meer op die van een pasgeborene. Hoewel uw kindje iets meer dan een halve kilo weegt, is het nog heel klein.

ᔓ *Rol van de amnionholte en het vruchtwater*

Rond de 12de dag na de bevruchting ontstaat de amnionholte, waarin de foetus zich tijdens de zwangerschap ontwikkelt in het vruchtwater. Het vruchtwater heeft verschillende functies.

- Het zorgt ervoor dat de baby zich vrij kan bewegen.
- Het beschermt de baby tegen stoten.
- Het zorgt voor een gelijkmatige warmteverdeling.
- Het geeft informatie over de gezondheid en het ontwikkelingsstadium van de baby.

De foetus heeft niet veel ruimte meer om te bewegen. En het zal er niet op verbeteren!

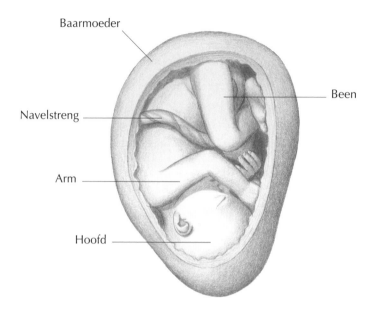

Baarmoeder

Been

Navelstreng

Arm

Hoofd

Het vruchtwater neemt in een snel tempo in volume toe: van 50 ml rond de 12de week tot 400 ml halverwege de zwangerschap. Na de 24ste week blijft de hoeveelheid toenemen tot aan de vermoedelijke bevallingsdatum. Rond de 36ste of 38ste week heeft het vruchtwater zijn maximumhoeveelheid van 1 liter bereikt.

De samenstelling van het vruchtwater verandert in de loop van de zwangerschap. In de eerste 20 weken lijkt het sterk op het plasma van de moeder (de vloeistof zonder bloedcellen in het bloed), maar het bevat minder eiwitten dan plasma.

Het vruchtwater bevat afgestorven cellen van de foetus, lanugohaar en huidsmeer. Naarmate de zwangerschap vordert, komt er ook steeds meer urine van de foetus in terecht.

De foetus slikt vaak vruchtwater in. Als hij dat niet kan, krijgt u te veel vruchtwater, wat *hydramnion* wordt genoemd. Als het kind vruchtwater inslikt maar niet urineert (bijvoorbeeld omdat de nieren ontbreken), zit er heel weinig vruchtwater rond de baby, wat men *oligohydramnion* noemt. Vruchtwater is heel belangrijk: de baby kan er vrij in bewegen en groeien. Als de hoeveelheid vruchtwater afwijkt, wijst dat meestal op problemen en een verstoorde groei van de baby.

Neusproblemen

Sommige zwangere vrouwen klagen over een verstopte neus of herhaaldelijke neusbloedingen. Een aantal wetenschappers wijt dat aan hormonale veranderingen die de bloedsomloop beïnvloeden. Daardoor zwellen de neusslijmvliezen en neusgangen op, zodat ze makkelijker gaan bloeden.

Experimenteer niet met allerlei medicijnen zoals ontzwellingsmiddelen of neussprays. Vaak bevatten ze verschillende medicijnen die schadelijk kunnen zijn voor zwangere vrouwen.

Plaats een luchtbevochtiger, vooral in de winter, wanneer de lucht extra droog is door de verwarming. Sommige vrouwen nemen meer vocht op en gebruiken een mild smeermiddeltje zoals vaseline. Verder zult u moeten wachten tot na de bevalling voor u weer goed door uw neus kunt ademen.

Veranderingen bij u

ஐ *Depressie tijdens de zwangerschap*

Men heeft het altijd over postnatale depressie na de geboorte, maar over een depressie tijdens de zwangerschap wordt niet veel gepraat. Studies tonen echter aan dat ongeveer 25% van alle zwangere vrouwen een bepaalde graad van depressie ervaart, en zelfs 10% een hevige vorm.

Als u zwanger bent, ondergaat uw lichaam veel veranderingen. Soms is het moeilijk om de symptomen van een depressie te onderscheiden van de normale kwaaltjes van een zwangerschap, zoals bijvoorbeeld vermoeidheid of slapeloosheid. Het verschil zit in de ernst van de symptomen en de periode dat ze duren.

- overstelpende droevigheid, die dagenlang duurt zonder duidelijke oorzaak
- problemen om te slapen, of heel vroeg wakker zijn
- steeds willen slapen, of grote vermoeidheid
- geen eetlust
- gebrek aan concentratie
- zichzelf pijn willen doen

Raadpleeg uw arts als u deze symptomen merkt en er geen verbetering optreedt. Als medicatie echt noodzakelijk is, zal de arts de voorkeur geven aan antidepressiva die veilig zijn om te gebruiken tijdens de zwangerschap. De behandeling van een depressie tijdens de zwangerschap is heel moeilijk en verschilt van vrouw tot vrouw. Zowel uw arts, vroedvrouw of verloskundige als een psycholoog of psychiater houdt zich bezig met de behandeling.

Uw invloed op de ontwikkeling van de baby

✍ *Wat uw baby kan horen*

Een baby in de baarmoeder kan geluiden horen van buitenaf. Verschillende recente studies hebben aangetoond dat de geluiden binnendringen door het vruchtwater en de oortjes van uw baby bereiken.

De baby hoort uw stem en die van uw partner of kinderen. Het is leuk en zinvol om regelmatig een 'gesprekje' te voeren met de baby. Op die manier leert hij jullie beter kennen en vindt hij zijn plaats in het gezin.

Als u in een lawaaierige omgeving werkt, kunt u misschien vragen om te worden verplaatst naar een rustiger werkplek. Sommige onderzoeksresultaten geven aan dat chronisch luide klanken en korte, intense knallen gehoorproblemen kunnen veroorzaken bij de baby voor en na de geboorte.

Het is goed om uw baby af en toe bloot te stellen aan lawaai, zoals een concert. Maar als u regelmatig blootgesteld wordt aan lawaai dat zo luid is dat u moet schreeuwen, is er mogelijk een gevaar voor de baby.

> ### Tip voor Week 24
>
> Maagzuur wordt voornamelijk veroorzaakt door te veel eten en eten voor het slapengaan. U zult zich beter voelen als u vijf of zes kleine, voedzame maaltijden per dag gebruikt in plaats van drie grote.

Uw voeding

Veel zwangere vrouwen maken zich zorgen over uit eten gaan. Sommigen willen weten of ze bepaalde gerechten zoals Mexicaans, Vietnamees, Thais of Grieks moeten mijden. Ze denken dat sterk gekruide gerechten schadelijk zijn voor de baby. U kunt gerust uit eten gaan, maar bepaalde gerechten of voedingsmiddelen kunt u beter niet kiezen.

Als u bepaalde voedingsmiddelen toch nooit eet, heeft het geen zin om ze tijdens uw zwangerschap in een restaurant wel te eten. In een restaurant kunt u het beste gerechten kiezen die u thuis ook goed verdraagt. Vis, kip, verse groenten en salades zijn een prima keuze. Sterk gekruide of ongewoon bereide gerechten kunnen voor heel wat ongemak zorgen. Uw gewicht kan erdoor toenemen omdat uw lichaam na het eten van die gerechten makkelijker water opslaat.

Vermijd restaurants die gerechten met veel zout, natrium, calorieën en vet serveren, zoals vette jus, gefrituurd voedsel, junkfood en dikmakende nagerechten. In dergelijke restaurants kunt u uw calorieverbruik moeilijk onder controle houden.

Lees de menukaart steeds goed door en stel eventueel vragen aan de bediening over de bereidingswijze en ingrediënten van gerechten. U kunt beter vetarme en gezonde dingen kiezen. U kunt ook vragen dat een bepaald gerecht voor u anders bereid wordt dan gewoonlijk, zoals gestoomd in plaats van gebakken. Als u op reis gaat, neem dan voor onderweg wat eten mee. Kies voor gezonde voedingsmiddelen die niet bederven en niet in de koelkast hoeven.

Dit is ook belangrijk!

✎ *Vrijen*

In het begin van de zwangerschap kunt u zich zo beroerd voelen door misselijkheid, vermoeidheid en pijnlijke opgezwollen borsten, dat de zin om te vrijen sterk afneemt. Meestal betekent dit dat er tijdens deze periode weinig van seks genoten wordt. Tederheid van uw partner is hier dan ook erg op haar plaats. Wanneer de arts onthouding aanraadt gedurende de eerste 12 weken van de zwangerschap vanwege bloedverlies of een vroegere miskraam, dan geldt deze onthouding *niet* voor de rest van de zwangerschap. Wanneer het embryo zich eenmaal goed in de baarmoederwand heeft ingenesteld, is er verder geen gevaar meer voor een miskraam.

Een aantal vrouwen zal, als de periode van de meeste ongemakken voorbij is, juist meer genieten van het vrijen. Het is namelijk een feit dat rond de vierde maand het weefsel rondom en in de vagina door een betere doorbloeding verandert. Dit kan voor een aantal vrouwen een gevoel geven van meer opwinding en meer zin om te vrijen.

Ook bij een dreigende vroeggeboorte is het raadzaam om geen gemeenschap meer te hebben. In sperma zit immers een hoge dosis prostaglandinen. Dit zijn dezelfde hormonen die kunstmatig gegeven worden als een bevalling moet worden ingeleid.

Wanneer u de bevallingsdatum al bent gepasseerd en de bevalling waarschijnlijk ingeleid zal moeten worden, kunt u dat ook op een natuurlijke manier proberen door hartstochtelijk te vrijen, als u beiden hier dan tenminste nog iets voor voelt. Het prikkelen van de tepels stimuleert de productie van een bepaald hormoon. Dit hormoon (oxytocine) helpt het starten en/of het onderhouden van de weeën en is dus ook een middel om de natuur een beetje te helpen.

Het begrip 'seksualiteit' tijdens de zwangerschap De perioden tijdens de zwangerschap en na de bevalling zijn belangrijk wat betreft seksualiteit. En het begrip 'seksualiteit' wordt hier veel ruimer gesteld als gemeenschap hebben. Het is de periode bij uitstek om te zoeken naar elkaar, een kans om de seksuele relatie te verdiepen en te intensifiëren. Neem de tijd om dit te laten gebeuren, vertraag op het gebied van uw activiteiten en carrière buitenshuis. Het is hét moment voor een speciale vorm van tederheid die zich op geen ander moment in het leven voordoet. Deze vorm van tederheid biedt kansen waardoor u als vrouw en man een hechte band kunt vormen, uiteraard samen met de baby. Het biedt een stevige basis voor het verdere leven.

℘ *Cervixinsufficiëntie*

Deze term verwijst naar de pijnloze, voortijdige uitrekking van de cervix (baarmoederhals), die meestal resulteert in een voortijdige bevalling en dus een te vroeg geboren baby. Het kan voor veel problemen zorgen tijdens de zwangerschap. Tot de bevalling merkt de vrouw meestal niets van een verwijde of uitgerekte baarmoederhals bij gebrek aan signalen. De diagnose wordt pas gesteld na een of meer pijnloze bevallingen van een te vroeg geboren kind.

De oorzaak van deze aandoening is meestal onbekend. Sommige medische onderzoekers menen dat het een gevolg is van vroeger letsel aan de baarmoederhals, bijvoorbeeld door dilatatie en curettage bij een abortus of miskraam. Het kan ook voorkomen na operaties aan de baarmoederhals.

De baarmoederhals verwijdt zich meestal niet zo sterk voor de 16de week van de zwangerschap. In die periode is de vrucht immers nog niet groot genoeg om de baarmoederhals te laten uitrekken en verdunnen.

Een vroeggeboorte als gevolg van cervixinsufficiëntie verschilt sterk van een miskraam. Een miskraam treedt meestal op tijdens het eerste trimester, terwijl cervixinsufficiëntie in die periode een relatief zeldzame complicatie is.

Deze aandoening vereist meestal een operatieve ingreep. De zwakke baarmoederhals wordt verstevigd met een hechting, zodat hij dicht blijft. Dat wordt een *Shirodkar cerclage* genoemd.

Als dit uw eerste zwangerschap is, kunt u onmogelijk weten of u lijdt aan cervixinsufficiëntie. Praat erover met uw arts, vroedvrouw of verloskundige als u eerder al vroegtijdige bevallingen hebt gehad of te horen hebt gekregen dat u aan cervixinsufficiëntie lijdt.

Week 25

Leeftijd van de foetus – 23 weken

Hoe groot is de baby?

Uw kindje weegt op dit moment ongeveer 700 g en meet van kruin tot stuit zo'n 22 cm. Dat is de doorsnee lengte en het gemiddelde gewicht. Denk er wel aan dat lengte en gewicht niet bij alle baby's en alle zwangerschappen hetzelfde zijn.

Hoeveel bent u aangekomen?

Uw baarmoeder is deze week heel erg gegroeid. Van opzij bekeken bent u duidelijk dikker geworden. Tussen uw schaambeen en de bovenrand van de baarmoeder zit ongeveer 25 cm.

Sinds de 20ste of 21ste week van uw zwangerschap bent u waarschijnlijk 4 cm dikker geworden. De bovenrand van de baarmoeder zit ongeveer halverwege uw navel en het onderste deel van uw borstbeen (het been tussen uw borsten, waar de ribben samenkomen).

Zo groeit en ontwikkelt uw baby zich

✧ *Overlevingskansen van een te vroeg geboren baby*

U kunt het misschien moeilijk geloven, maar als uw baby nu zou worden geboren, heeft hij toch een overlevingskans. Op het gebied van verzorging van te vroeg geboren baby's heeft de geneeskunde de laatste jaren heel wat vooruitgang geboekt. Dankzij nieuwe behandelingsmethodes, monitors en medicijnen is er zelfs een reële kans dat een foetus van 23 weken oud buiten de baarmoeder kan overleven.

Grootte van de baarmoeder na
25 weken zwangerschap (leeftijd
van de foetus: 23 weken). U kunt
de bovenrand van de baarmoeder
ongeveer 5 cm boven uw navel
voelen.

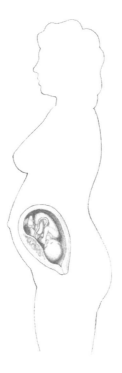

Uw kindje weegt nu minder dan een kilogram en is nog heel klein. Het zou
dus heel moeilijk voor hem of haar zijn om nu geboren te worden en te overleven. Het kindje zou dan verscheidene maanden in het ziekenhuis moeten
blijven vanwege de kans op infecties en andere mogelijke complicaties.

✃ *Is het een jongen? Is het een meisje?*

Een van de vragen die artsen en verloskundigen het vaakst te horen krijgen,
is: 'Is het een jongen of een meisje?' Door een chromosomenonderzoek kan
na een vruchtwaterpunctie het geslacht van de baby vastgesteld worden. Echografisch onderzoek kan ook een aanwijzing in de goede richting geven, maar
is nooit 100% betrouwbaar. Pin u dus na een echografie niet vast op het vermoedelijke geslacht dat daaruit gebleken is.

Sommige mensen menen dat de hartslag van de baby een aanwijzing is voor
het geslacht. Normaal gezien bedraagt de hartslag van een baby tussen de 120
en 160 slagen per minuut. Men zegt dat een snelle hartslag wijst op een meisje
en een trage op een jongen. Dat is echter nog niet wetenschappelijk bewezen.
Anderen vertrouwen weer op het oordeel van hun moeder, schoonmoeder of
iemand anders, die aan de hand van de manier waarop een zwangere vrouw
haar kind draagt, kunnen zeggen of het een jongen of een meisje is. Sommige
mensen geloven daar sterk in. Er zijn mensen die er prat op gaan dat ze zich

nooit vergissen. Ook daarvan is (nog) geen wetenschappelijk bewijs geleverd. Uw arts, vroedvrouw of verloskundige is vooral bezorgd om uw gezondheid en die van de baby, of het nu een jongen of een meisje is. Het enige wat voor hem of haar telt, is dat de zwangerschap voorspoedig verloopt en dat jullie beiden veilig en wel door de weeën en de bevalling heen komen.

Veranderingen bij u

Vanaf de 20ste of 21ste week tot aan de bevalling meet de arts, vroedvrouw of verloskundige u. U zult merken dat niet alleen uw baarmoeder naar boven toe groeit, maar dat u ook aan de zijkant van uw buik dikker wordt. Uw zwangere buik kan er heel anders en meer of minder dik uitzien dan die van een zwangere vriendin. Maak u geen zorgen. Dat verschilt nu eenmaal van vrouw tot vrouw.

ᘐ *Jeuk aan de buik*

Doordat uw baarmoeder gegroeid is en uw hele bekken vult, zijn de huid en de spieren van uw buik uitgerekt. Het gevolg daarvan is jeuk, waarvan veel zwangere vrouwen last hebben.

Met een lotion kunt u dat jeuken verminderen. Probeer niet te krabben, want zo wordt uw huid alleen nog maar meer geïrriteerd, wat het nog erger maakt! Als u de jeuk niet kunt verdragen, raadpleeg dan uw arts, vroedvrouw of verloskundige.

ᘐ *Stress*

Stress in uw leven kan een invloed hebben op uw zwangerschap. Onderzoek toont aan dat er een verband bestaat tussen stress bij de zwangere vrouw en problemen, zoals pre-eclampsie, miskraam en vroeggeboorte.

Als u onder grote druk staat of veel stress ervaart (ontslag, verhuizing, dood van een naaste...), zorg dan goed voor uzelf. Eet gezond, rust voldoende en probeer te ontspannen. Erover praten kan ook helpen.

> **Tip voor Week 25**
>
> Tijdens de zwangerschap wordt het contact met uw partner misschien hechter. Luister naar hem als hij iets te zeggen heeft. Laat hem merken dat hij een belangrijke emotionele steun voor u is.

Let hierop na een valpartij

Aan bepaalde symptomen na een valpartij moet u zeker aandacht schenken. De volgende symptomen kunnen op een ernstig probleem wijzen:

- bloedverlies
- een stroom van vocht uit de vagina, wat betekent dat uw vliezen gebroken zijn
- hevige buikpijn

Placentaloslating (besproken in Week 33) is een van de ergste gevolgen van een valpartij. De moederkoek komt dan voortijdig los van de baarmoeder. Andere ernstige gevolgen zijn gebroken botten of verwondingen waardoor u niet meer kunt bewegen.

Uw invloed op de ontwikkeling van de baby

ᔕ *Valpartijen en verwondingen*

Een valpartij is de meest voorkomende oorzaak van letsel tijdens de zwangerschap. Gelukkig ondervindt de moeder of de baby er meestal niet veel schade van. De baarmoeder ligt goed beschermd in uw buik, tussen de beenderen van uw bekken. De baby wordt beschermd door het vruchtwater. Ook uw baarmoeder en buikwand bieden enige vorm van bescherming.

Als u valt Neem dan meteen contact op met uw arts, zodat hij of zij u kan onderzoeken. Na een onderzoek en een controle van de hartslag van de baby voelt u zich waarschijnlijk gerustgesteld. Ook het zien of voelen bewegen van de baby kan een hele geruststelling zijn.

Kleine buikletsels worden behandeld alsof u niet zwanger bent. Vermijd indien mogelijk röntgenstralen. Na een valpartij beslist de arts of een echografie nodig is, afhankelijk van de ernst van de symptomen en verwondingen.

Bij valpartijen moeten vrouwen die een resusnegatieve bloedgroep hebben zeker nagekeken worden. Zij krijgen na een val een RhoGam (zie Week 16) om het vormen van antistoffen te voorkomen.

Probeer valpartijen te vermijden Onthoud dat uw evenwichtsgevoel en beweeglijkheid enorm veranderen naarmate u dikker wordt. Wees in de winter extra voorzichtig als parkeerplaatsen, stoepen en dergelijke nat of glad zijn.

Veel zwangere vrouwen vallen van de trap. Gebruik daarom altijd de trapleuning. Doe het wat kalmer aan. U zult zich niet meer zo kwiek als vroeger kunnen bewegen. Door uw verstoorde evenwichtsgevoel en eventuele duizeligheid moet u daar extra rekening mee houden.

De behandeling van gebroken botten Bij een valpartij of een ongeluk kunt u iets breken, zodat röntgenfoto's en eventueel een chirurgische ingreep nodig zijn. De behandeling kan niet uitgesteld worden tot na de zwangerschap. Als u iets gebroken hebt, sta er dan op dat er met uw verloskundige/gynaecoloog contact opgenomen wordt voor *ook maar één* test wordt uitgevoerd. Als er röntgenfoto's gemaakt moeten worden, moeten uw bekken en buik afgeschermd worden. Wanneer dat onmogelijk is, moet de noodzaak van röntgenstralen afgewogen worden tegen de risico's die ze voor de baby inhouden. Bij een breuk die gezet moet worden of waarvoor een pin geplaatst moet worden, is anesthesie of een pijnstiller misschien nodig. Indien mogelijk vermijdt u algehele narcose. Pijnstillers kunnen gebruikt worden als het echt nodig is, maar het gebruik ervan moet tot een minimum beperkt worden. Als algehele narcose onvermijdelijk is, moet de baby nauwlettend via een monitor in de gaten gehouden worden. In dit geval hebt u niet veel keuze. De chirurg en uw verloskundige/gynaecoloog zullen dan samenwerken om u en uw baby zo goed mogelijk te behandelen.

Uw voeding

Tijdens de zwangerschap vergroot uw behoefte aan vitaminen en mineralen. Het beste is dat u aan die behoefte tegemoetkomt met een evenwichtige voeding. Maar in de realiteit is dat niet altijd makkelijk. Daarom zal uw arts, vroedvrouw of verloskundige u aanraden om prenatale vitaminen te nemen. Sommige vrouwen krijgen daarnaast ook nog andere supplementen voorgeschreven. Het gaat dan vooral om tieners (hun lichaam groeit nog), vrouwen met ernstig ondergewicht, vrouwen die voor de zwangerschap niet gezond aten, en vrouwen die al eerder meerlingen hebben gehad. Vrouwen die roken of drinken hebben zeker supplementen nodig, net zoals vrouwen die een chronische medische aandoening hebben gehad, die medicatie nemen, en die tolerantieproblemen hebben met koemelk, granen en andere essentiële voedingsmiddelen. In sommige gevallen worden ook aan vegetariërs supplementen gegeven. Uw arts zal uw persoonlijke situatie met u bespreken en u de nodige supplementen voorschrijven. Neem *nooit* supplementen zonder de goedkeuring van uw arts!

Dit is ook belangrijk!

∿ *Aandoeningen van de schildklier*

Problemen en ziekten aan de schildklier kunnen uw zwangerschap beïnvloeden. Het schildklierhormoon wordt aangemaakt in de schildklier en heeft een invloed op het hele lichaam en is belangrijk voor uw metabolisme.

Het niveau van het hormoon kan hoog of laag zijn. Bij te veel productie van schildklierhormoon spreken we van *hyperthyroïdie*, bij te weinig wordt gesproken van *hypothyroïdie*. Vrouwen die in het verleden een miskraam of vroeggeboorte hebben gehad, of die problemen hebben aan het eind van de zwangerschap, hebben mogelijk problemen met de thyroïde hormonen.

Symptomen De symptomen van een schildklierziekte kunnen verborgen blijven door de zwangerschap. U kunt misschien veranderingen opmerken die het vermoeden doen rijzen dat er problemen zouden kunnen zijn. Dergelijke veranderingen kunnen zijn: vergrote schildklier, veranderde hartslag, rode handpalmen en warme, vochtige handen. Uw arts zal de laboratoriumresultaten zorgvuldig moeten interpreteren, want de waarden van het hormoon kunnen ook gewoon door de zwangerschap veranderen.

Onderzoeken Eerst zal door een bloedonderzoek de geproduceerde hoeveelheid van het schildklierhormoon worden bepaald. De test zal ook uitwijzen hoeveel TSH (thyroïde stimulerend hormoon) er aangemaakt wordt. Aanvullend kan er een röntgenfoto van de schildklier worden gemaakt, maar dan niet tijdens de zwangerschap.

Behandeling Als u lijdt aan hypothyroïdie zal er een medicijn worden voorgeschreven dat het schildklierhormoon vervangt. Dat zou geen gevaar inhouden tijdens de zwangerschap. Extra bloedonderzoeken zijn dan waarschijnlijk nodig om te controleren of u voldoende van het hormoon krijgt.

In geval van hyperthyroïdie wordt normaal het medicijn propylthiouracil gegeven dat door de placenta aan de baby wordt doorgegeven. Daarom zal uw arts een zo laag mogelijke dosis voorschrijven om het risico voor de baby te beperken. Bloedonderzoek tijdens de zwangerschap is nodig om de hoeveelheid medicatie die u nodig hebt te bepalen. Ook jodium wordt gebruikt als medicijn bij hyperthyroïdie. Vermijd jodium echter tijdens de zwangerschap. Na de geboorte is het belangrijk om de baby te onderzoeken en te letten op symptomen van schildklierproblemen die voortvloeien uit het gebruik van de medicijnen tijdens de zwangerschap. Als u schildklierproblemen hebt of hebt gehad, bespreek dan met uw arts wat u tijdens de zwangerschap kunt doen.

Week 26

Leeftijd van de foetus – 24 weken

Hoe groot is de baby?

Uw baby weegt nu ongeveer 910 g. De lengte van kruin tot stuit bedraagt 23 cm. Uw kindje wordt nu voortdurend zwaarder.

Hoeveel bent u aangekomen?

Uw baarmoeder is nu, gemeten vanaf uw schaambeen, ongeveer 26 cm groot en ze komt zo'n 6 cm boven uw navel. Tijdens de tweede helft van de zwangerschap wordt u elke week zo'n centimeter dikker. Als u een voedzaam, goed uitgebalanceerd voedingsschema volgt, bent u tussen de 7 en 10 kg aangekomen.

Zo groeit en ontwikkelt uw baby zich

U hebt nu al bij verschillende prenatale controles de hartslag van de baby kunnen horen, wat heel geruststellend is.
De baby heeft nu een duidelijk slaap- en waakritme. Misschien ontdekt u een patroon in de bewegingen van uw baby. Op sommige momenten van de dag is hij heel actief en op andere momenten slaapt hij. De vijf zintuigen zijn nu volledig ontwikkeld.

↳ Hartstoornissen

Tijdens het luisteren naar uw baby's hartslag hebt u misschien gemerkt dat het hart soms een tel oversloeg. Zo'n onregelmatige hartslag of *aritmie* komt wel vaker voor bij een foetus. Het hart klopt regelmatig, maar lijkt soms heel

Rond deze tijd weegt uw baby ongeveer 910 g. Zijn gewicht neemt nog toe en hij wordt nog wat dikker.

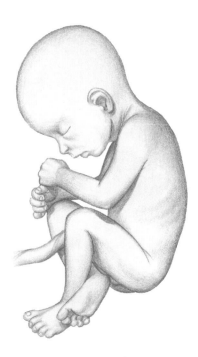

even te stoppen. Hartaritmie bij een foetus kan verschillende oorzaken hebben. Naarmate het hart zich verder ontwikkelt, zullen de onregelmatigheden meestal verdwijnen.

Als de aritmie opgemerkt wordt voor de weeën en de bevalling, wordt de hartslag van de foetus tijdens de bevalling in het oog gehouden op een monitor. (Meer hierover leest u in Week 38.)

Wanneer de stoornis pas tijdens de weeën opgemerkt wordt, is het aan te raden dat rond de tijd van de bevalling een kinderarts aanwezig is. Hij of zij controleert dan de baby onmiddellijk na de geboorte en zorgt voor een aangepaste behandeling indien nodig.

Veranderingen bij u

Doordat uw baarmoeder, uw moederkoek en uw baby groeien, wordt u steeds dikker en zwaarder. Typische zwangerschapsongemakken zoals rugpijn, druk in uw bekken, beenkrampen en hoofdpijn komen nu vaker voor dan in het begin van de zwangerschap.

De tijd gaat snel! U nadert al het einde van het tweede trimester en hebt dus twee derde van de zwangerschap achter de rug. Het zal niet lang meer duren voordat uw kindje geboren wordt.

Uw invloed op de ontwikkeling van de baby

⌁ *Zijn computers schadelijk voor uw baby?*

Veel vrouwen vragen zich af of werken met de computer schadelijk kan zijn voor de baby. Tot nu toe is daar niets over bekend.

Als u computerwerk doet, moet u wel goed letten op uw zithouding en hoe lang u zit. Kies een stoel die uw rug en benen veel steun biedt. Kruis uw benen niet over elkaar of laat ze niet bungelen.

Sta minstens elke 15 minuten op en loop wat rond, zodat de bloedcirculatie in uw benen bevorderd wordt.

Uw voeding

⌁ *Vis eten tijdens de zwangerschap*

Vis is gezond, vooral tijdens de zwangerschap. Uit studies is gebleken dat vrouwen die veel vis eten tijdens hun zwangerschap, een langere zwangerschap hebben en baby's op de wereld zetten met een hoger geboortegewicht. Dat is belangrijk, want hoe langer de baby in de baarmoeder kan blijven, hoe sterker en gezonder hij zal zijn bij de geboorte.

Recent onderzoek heeft aangetoond dat u door vis te eten minder kans hebt op vroegtijdige weeën. Dat voordeel zou te danken zijn aan de omega-3-vetzuren in vis die een hormonale reactie teweegbrengen en vroegtijdige weeën voorkomen. Omega 3 helpt ook tegen verhoogde bloeddruk en zwangerschapsvergiftiging. Veel vissoorten zijn goed voor u. Ze bevatten weinig vet en veel vitamine B, ijzer, zink, selenium en koper. U kunt vis eten zo vaak als u wilt.

> **Tip voor Week 26**
>
> Vis eten is gezond tijdens de zwangerschap. Eet echter niet meer dan één keer per week zwaardvis of tonijn.

Omega-3-vetzuren Ansjovis, haring, makreel, zalm, sardines en forel zijn vissoorten die rijk zijn aan omega 3. Als u vegetariër bent, voeg dan canola-olie, lijnzaad, sojabonen, walnoten en tarwekiemen toe aan uw voeding, omdat die omega 3 bevatten.

Sommige wetenschappers zijn ervan overtuigd dat het eten van vis, of het innemen van omega 3 in de vorm van visoliecapsules, de intellectuele ontwikkeling van uw baby bevordert. Studies hebben aangetoond dat visolie de ontwikkeling van de hersenen bij de foetus ondersteunt.

Overdrijf niet met de inname van omega 3, want onderzoek heeft uitgewezen dat het beter is als u niet meer dan 2,4 g omega 3 per dag opneemt.

Kwik in vis Sommige vissoorten zijn vergiftigd met een gevaarlijke stof door de vervuiling, veroorzaakt door de mens. Als u die vis eet, loopt u het risico op een kwikvergiftiging. Kwikzilver is een natuurlijke stof, maar ook een vervuilend bijproduct. Kwik wordt een probleem wanneer het de lucht gaat vervuilen. Het valt neer in de oceanen en zeeën en komt zo terecht in sommige soorten vis.

Een zeker gehalte aan kwik in vis is gevaarlijk voor de gezondheid. Kwik gaat bovendien door de placenta naar de baby. Jaarlijks worden er een heleboel kinderen geboren met neurologische problemen die te wijten zijn aan het eten van vis tijdens de zwangerschap. Daarom wordt aangeraden om sommige vissoorten hoogstens één keer in de maand te eten om het risico te beperken. Bijvoorbeeld: haai, zwaardvis en tonijn (vers of diepvries). Tonijn uit blik is veiliger, maar eet er uit voorzorg niet meer van dan een blikje per week.

Belangrijke voorzorgen bij vis Parasieten, bacteriën, virussen en toxinen kunnen ook in vis zitten. Als u die eet, kunt u ziek worden, soms ernstig ziek. Sushi en ceviche zijn visgerechten die parasieten of virussen kunnen bevatten. Rauwe schaaldieren kunnen, als ze besmet zijn, hepatitis A, cholera of gastro-enteritis veroorzaken. Eet *geen* rauwe vis tijdens uw zwangerschap! Eet dus geen sushi van rauwe vis. Er bestaan sushigerechten die gemaakt zijn met gestoomde krab of gekookte vis, die u wel kunt eten.

Dit is ook belangrijk!

Epileptische aanvallen

Als u voor of tijdens deze of een eerdere zwangerschap last had of hebt van epileptische aanvallen, moet u dat zeker aan uw arts vertellen. Een moeilijker woord voor deze aanvallen is *convulsie*.

Convulsies treden meestal onverwacht op en wijzen op een abnormale gesteldheid van het zenuwstelsel, met name de hersenen. Vaak raakt men dan de controle over het lichaam kwijt. De oorzaak van deze aandoening tijdens de zwangerschap is meestal bezorgdheid om het welzijn van de baby.

Er bestaan verschillende soorten van aanvallen. Als het hele lichaam erdoor getroffen wordt, spreekt men van *grand mal*. Die kan beginnen met plotselinge bewusteloosheid. De persoon in kwestie valt meestal op de grond. De armen en benen slaan in het rond en het maag-darmstelsel kan vaak niet meer in bedwang worden gehouden. Het herstel na zo'n aanval kan enkele minuten duren. Daarna is de persoon mentaal in de war en heeft hij last van hoofdpijn of duizeligheid.

Ook een kleinere aanval of *petit mal* treedt zonder waarschuwing op. De aanval is slechts van korte duur en gaat gepaard met minder felle stuiptrekkingen van armen en benen. De patiënt is meestal maar enkele ogenblikken buiten bewustzijn. Er bestaan nog andere soorten aanvallen, maar die komen in dit boek niet aan de orde.

Een korte periode van duizeligheid of een licht gevoel in het hoofd betekent nog niet dat u een epileptische aanval krijgt. Daarvan moet de diagnose gesteld worden aan de hand van de hiervoor genoemde symptomen en door een elektro-encefalogram (EEG). (In Week 31 worden aanvallen als gevolg van zwangerschapsvergiftiging besproken.)

Medicatie tegen epileptische aanvallen Als u medicijnen neemt om epileptische aanvallen onder controle te houden of tegen te gaan, moet u dat voor het begin van de zwangerschap aan uw arts vertellen. Bepaalde geneesmiddelen zijn namelijk veiliger voor u dan andere.

Sommige medicijnen kunnen voor afwijkingen bij de baby zorgen, zoals gezichtsproblemen, microcefalie (een te klein hoofd) en een ontwikkelingsachterstand. Er bestaan echter alternatieven voor deze medicijnen. Een van de meest gebruikte is fenobarbital, hoewel de veiligheid daarvan niet gegarandeerd is tijdens de zwangerschap. Als u epileptische aanvallen hebt, moet u dat serieus aankaarten bij uw arts. Als u vragen hebt of zich zorgen maakt over het voorkomen ervan, praat er dan over met uw arts.

ᔊ *Steroïdencrèmes en zalfjes*
In sommige gevallen moet u tijdens de zwangerschap crèmes of zalfjes gebruiken, bijvoorbeeld steroïdenpreparaten.

Raadpleeg uw arts. Een geneesmiddel dat op de huid gesmeerd wordt, kan door uw lichaam opgenomen worden en doorgegeven aan de baby. Gebruik dus geen enkel medicijn, geen enkele crème of zalf die u voor de zwangerschap gebruikte, zonder eerst uw arts te raadplegen.

Week 27

Leeftijd van de foetus – 25 weken

Hoe groot is de baby?

Dit is de eerste week van het derde trimester! Vanaf nu krijgt u niet alleen het gemiddelde gewicht en de doorsnee lengte van kruin tot stuit, maar ook de totale lengte van uw baby, dus van top tot teen. Zo hebt u een beter idee van hoe groot uw kindje is tijdens dit laatste deel van de zwangerschap.

Uw baby weegt nu iets meer dan 1000 g en meet van kruin tot stuit zo'n 24 cm. De totale lengte bedraagt 34 cm.

Hoeveel bent u aangekomen?

Ongeveer 7 cm boven uw navel kunt u de bovenrand van uw baarmoeder voelen. Vanaf het schaambeen is de baarmoeder ongeveer 27 cm groot.

Zo groeit en ontwikkelt uw baby zich

✧ *Oogontwikkeling*

Rond de 22ste dag (5 weken zwangerschap) beginnen de ogen van het embryo zich te ontwikkelen. In het begin lijken ze op ondiepe groeven aan weerszijden van de zich ontwikkelende hersenen. De groeven groeien uit tot zakjes, die *oogblaasjes* genoemd worden. De lenzen ontwikkelen zich uit het buitenste kiemblad. In het begin zitten de ogen aan de zijkant van het hoofd. Tussen de 7de en 10de week groeien ze meer naar het midden van het gezicht.

Rond de 8ste week vormen zich bloedvaten die naar het oog leiden. Rond de 9de week wordt de pupil gevormd. Op datzelfde tijdstip begint zich de zenuwverbinding tussen de ogen en de hersenen, de *oogzenuw*, te ontwikkelen.

Rond deze tijd gaan de oogleden van uw baby open. Ze ope-
nen en sluiten zich terwijl de
baby nog in de baarmoeder zit.

De oogleden raken elkaar en worden 'dichtgeplakt' rond de 11de en 12de
week. Rond de 27ste of 28ste week gaan ze open. Het netvlies achteraan in
het oog is lichtgevoelig. Dit is het deel van het oog waar lichtindrukken samenkomen. Rond de 27ste week vormen zich de verschillende lagen van het
netvlies. Die lagen vangen licht en lichtinformatie op en brengen ze over naar
de hersenen, waar ze geïnterpreteerd worden. Dat noemen wij zien.

Aangeboren cataract Dit oogprobleem is bij de geboorte aanwezig en wordt
ook staar genoemd. De meeste mensen geloven onterecht dat het alleen op
hoge leeftijd voorkomt. Zelfs een pasgeborene kan er last van hebben! De lens,
die licht projecteert op de achterzijde van het oog, is bij deze aandoening niet
transparant of helder, maar dof. De aandoening is meestal genetisch bepaald,
maar werd ook al geconstateerd bij kinderen van moeders die rond de 6de of
7de week van de zwangerschap rodehond hadden gehad.

Veranderingen bij u

✄ *De bewegingen van de baby*
Een van de leukste ervaringen tijdens de zwangerschap is uw baby voelen
bewegen ('leven voelen'). Voordat u dat meemaakte, onderging u een zwanger-

schapstest, die positief was, en hoorde u al de hartslag van uw baby. Uw kindje voelen bewegen schept al voor de bevalling een band met de baby en zijn persoonlijkheid. Laat uw partner meegenieten van deze prachtige tijd door zijn hand op uw buik te houden als de baby beweegt. De baby beweegt niet altijd even krachtig. In het begin van de zwangerschap ervaart u een vaag gefladder of een gevoel als van een opstijgende luchtbel. Als de baby groter is, veroorzaken zijn bewegingen pijnlijke stoten en een drukkend gevoel in uw bekken.

Pijn onder uw ribben als de baby beweegt Sommige vrouwen klagen over pijn onder de ribben en in de onderbuik wanneer de baby beweegt. Is dat normaal?

Die pijn is niet ongewoon, maar ze kan wel voor ongemak zorgen. U voelt de bewegingen van uw baby nu waarschijnlijk elke dag, en bovendien worden ze steeds sterker. Tegelijkertijd wordt uw baarmoeder nog steeds groter en drukt ze harder op al uw organen, waaronder de dunne darm, de blaas en het rectum.

Het beste is om op de zij te gaan liggen om de druk te verminderen in het pijnlijke gebied. Voelt u bijvoorbeeld een druk onder uw rechter ribben, ga dan op uw linkerzij liggen.

Negeer de druk niet als die hevige pijn veroorzaakt. Raadpleeg uw arts, vroedvrouw of verloskundige. Meestal zijn er geen ernstige problemen.

✧ *Een knobbeltje in de borst*

Als u een knobbeltje in uw borst ontdekt, of u nu zwanger bent of niet, moet u meteen uw arts waarschuwen. Het is belangrijk dat u al op vroege leeftijd zelf regelmatig uw borsten onderzoekt (het liefst na elke menstruatie). Negen op de tien knobbeltjes worden ontdekt doordat vrouwen zelf hun borsten controleren.

Waarschijnlijk voert uw arts regelmatig een borstonderzoek bij u uit, meestal jaarlijks, als hij een uitstrijkje maakt. Als u elk jaar zo'n onderzoek laat doen, bent u voordat u zwanger wordt er zekerder van dat u geen knobbeltjes in de borsten hebt.

Doordat de borsten groter worden tijdens de zwangerschap en door borstvoeding kunnen knobbeltjes onopgemerkt blijven. Meestal wordt op een bepaald tijdstip van de zwangerschap een borstonderzoek gedaan, misschien bij uw eerste prenatale bezoek. Als uw borsten heel pijnlijk zijn, kan dat onderzoek ook later uitgevoerd worden.

Onderzoek uw borsten op dezelfde manier als toen u niet zwanger was, dus om de vier of vijf weken, bijvoorbeeld op de eerste dag van de maand.

Onderzoeken bij borstknobbeltjes De controle op knobbeltjes wordt door uzelf of door uw arts uitgevoerd. Als een knobbeltje ontdekt wordt, kan dat onderzocht worden met een echografie van de borst of een *mammografie*, een onderzoek met röntgenstralen. Vanwege die stralen moet uw buik tijdens de zwangerschap afgeschermd worden, meestal met een loden schort.

Men heeft niet kunnen vaststellen of een zwangerschap de vorming van borst-knobbeltjes bevordert. We weten wel dat het moeilijker is om die knobbeltjes vast te stellen omdat de borsten zo sterk veranderen.

Behandeling tijdens de zwangerschap Een knobbeltje in de borst kan meestal weggehaald worden. Vloeistof uit de cyste wordt in het laboratorium onderzocht op de aanwezigheid van abnormale cellen. Als een knobbeltje of een cyste niet met een naald leeggezogen kan worden, is een biopsie nodig. Als de vloeistof helder is, is dat een goed teken. Zit er bloed in, dan is dat een reden tot bezorgdheid en moet ze nauwkeuriger bekeken worden onder de microscoop.

Indien borstkanker wordt vastgesteld, verschilt de behandeling tijdens de zwangerschap niet veel van de normale behandeling. De behoefte aan medi-cijnen, bijvoorbeeld bij een verdoving voor een biopsie, zorgt wel voor extra problemen. Als een knobbeltje op kanker wijst, moet de noodzaak van bestra-ling en chemotherapie overwogen worden.

Uw invloed op de ontwikkeling van de baby

✃ *Zwangerschapscursus*

Een zwangerschapscursus bereidt u voor op een belangrijk onderdeel van de zwangerschap: de weeën en de bevalling.

De lessen worden meestal gegeven voor kleine groepjes zwangere vrouwen en hun partners of begeleiders bij de bevalling. U leert er heel wat bij, kunt ervaringen uitwisselen met andere paren en vragen stellen. U zult merken dat andere vrouwen zich zorgen maken over dezelfde dingen als u, bijvoorbeeld de weeën en de omgang met pijn. Het is goed om te weten dat u niet de enige bent die piekert over wat u te wachten staat. In de meeste ziekenhuizen waar u kunt bevallen, geven vroedvrouwen of kinesisten een zwangerschapscursus. Vaak worden ook sessies gehouden over een bepaald onderwerp, waarop dan dieper wordt ingegaan. Vraag uw arts, vroedvrouw of verloskundige waar u zulke prenatale sessies kunt bijwonen en welke cursus het meest geschikt is. Zulke lessen zijn ideaal om uw partner meer bij de zwangerschap te betrekken en hem op zijn gemak te stellen. Zo kan hij tijdens de weeën en de bevalling

een actievere rol spelen, net als
tijdens de rest van de zwangerschap trouwens. De lessen zijn
bedoeld om u en uw partner of
begeleider te informeren over
wat u kunt verwachten, wat
er in het ziekenhuis en bij een
thuisbevalling gebeurt en wat
er gebeurt tijdens de weeën en
de bevalling.
Toekomstige ouders stellen
zich veel vragen, voelen soms

> **Tip voor Week 27**
>
> Zwangerschapscursussen worden niet
> alleen voor paren gegeven, maar ook
> voor alleenstaande moeders en vrou-
> wen van wie de partner de lessen niet
> kan bijwonen. Vraag ernaar bij uw
> dokter.

angst of onzekerheid. Tijdens dergelijke sessies kunnen er in een gemoedelijke
sfeer heel wat vragen worden gesteld. Een zwangerschapscursus is niet alleen
nuttig wanneer u voor het eerst een kindje krijgt. Als u een nieuwe partner
hebt, als het al enkele jaren geleden is dat u nog een baby gekregen hebt, als
u vragen hebt of nog eens wilt horen wat u te wachten staat, kan zo'n cursus
nuttig zijn.

Door een zwangerschapscursus te volgen zullen u en uw partner zich ook minder zorgen maken over de weeën en de bevalling. Zo kunt u meer genieten van
de geboorte van uw kindje.

Met de cursus wil de vroedvrouw of kinesitherapeut het volgende bereiken:

- Bewustwording van het eigen lichaam; contact tussen de ongeboren baby
  en zijn ouders
- Ervaringen uitwisselen met andere koppels
- Informatie over de zwangerschap, de weeën, de bevalling, de wetgeving,
  borstvoeding en flesvoeding, seksualiteit, de kraamperiode en andere on-
  derwerpen die in de groep ter sprake komen
- Inzicht krijgen in het functioneren van uw eigen lichaam en het geboor-
  teproces
- Bewustwording van uw kracht, kennis en gevoel
- Leren hoe u weeën kunt opvangen en hoe uw partner daarbij kan helpen

⤳ Kinderzitjes

Het is niet te vroeg om aan een kinderzitje te denken. Sommige mensen denken dat ze bij een ongeluk hun baby kunnen beschermen door hem vast te
houden. Anderen voeren aan dat hun kind toch niet blijft stilzitten in zo'n
zitje. Bij een ongeluk ondergaat een kind dat niet vast zit hetzelfde lot als
een projectiel. De klap kan het kind regelrecht uit uw armen doen stuiteren!

Ieder jaar weer komt helaas een aantal pasgeborenen om tijdens de autorit van het ziekenhuis naar huis. In bijna al die gevallen zou de baby het ongeluk overleefd hebben als hij in een aangepast kinderzitje had gezeten. Breng uw kind zo gauw mogelijk de veiligheidsregels bij. Als u hem of haar altijd in een kinderzitje plaatst, wordt het een gewoonte. Motiveer uw kind om in het zitje mee te rijden door zelf uw veiligheidsgordel te dragen!

Uw voeding

Vitamine A is een belangrijke vitamine. Gelukkig is er bij ons zelden een tekort aan deze vitamine. Integendeel, het grootste probleem is dat u er *te veel* van hebt voor en tijdens de zwangerschap. Waarschijnlijk krijgt u genoeg vitamine A binnen via uw voeding. Let op de etiketten van voedingsmiddelen, zodat u niet te veel opneemt. Bètacaroteen is de veilige vorm van vitamine A.

Vitaminen van de B-groep die belangrijk zijn voor zwangere vrouwen, zijn B6, B9 (foliumzuur) en B12. Ze hebben een invloed op de ontwikkeling van de zenuwen van de baby en de vorming van bloedcellen. Bij een tekort aan vitamine B12 kan anemie ontstaan. Goede bronnen ervan zijn: melk, eieren, tempé, miso, bananen, aardappelen, avocado, bruine rijst.

Vitamine E helpt bij de verwerking van vetten en de opbouw van spieren en rode bloedcellen. Door vlees te eten krijgt u waarschijnlijk voldoende van deze vitamine. Vegetariërs en vrouwen die geen vlees kunnen eten kunnen meer problemen hebben. Voedingsmiddelen die rijk zijn aan vitamine E zijn: olijfolie, tarwekiemen, spinazie en gedroogde vruchten.

Dit is ook belangrijk!

ᔯ *Systemische lupus erythematosus*

Sommige vrouwen hebben voordat ze zwanger worden een ziekte die medicatie vereist voor de rest van hun leven. Een dergelijke ziekte is systemische lupus erythematosus (SLE) of systeemlupus. Vrouwen met lupus nemen steroïden om de ziekte onder controle te houden. Zij zitten met vragen omtrent de effecten van die medicijnen op hun groeiende baby.

Lupus is een auto-immuunziekte met een onbekende oorzaak die vooral bij vrouwen van jonge of middelbare leeftijd voorkomt. De ziekte komt vaker voor bij vrouwen dan bij mannen, bij 9 vrouwen ten opzichte van 1 man. De patiënten hebben veel antistoffen in hun bloed, die het lichaam richt tegen zijn eigen organen, wat voor problemen kan zorgen.

Door middel van een bloedonderzoek kan de diagnose gesteld worden door het opsporen van antistoffen in het bloed. Die antistoffen vallen de organen aan en brengen schade toe aan gewrichten, huid, nieren, spieren, longen, hersenen en het zenuwstelsel. Het meest voorkomende symptoom is gewrichtspijn; ook wonden, uitslag, koorts en hoge bloeddruk zijn symptomen.

Lupus is niet te genezen. Het risico van een spontane miskraam en doodgeboorte is groter bij lupus. De zwangerschap wordt dan ook extra gevolgd. Let ook op nierproblemen tijdens de zwangerschap.

De behandeling van lupus bestaat meestal uit het innemen van steroïden. Een lupuspatiënte mag zwanger worden als de lupus onder controle is, al of niet met een lage dosis medicatie.

Week 28

Leeftijd van de foetus – 26 weken

Hoe groot is de baby?

Het gewicht van de baby is ongeveer 1100 g. Van kruin tot stuit meet uw kindje 25 cm en de totale lengte is ongeveer 35 cm.

Hoeveel bent u aangekomen?

De bovenrand van uw baarmoeder zit nu een flink stuk (ongeveer 8 cm) boven uw navel. Soms lijkt het alsof de baarmoeder bijna niet groeit, soms gebeurt dat heel snel, als het ware van de ene dag op de andere. Vanaf het schaambeen gemeten is ze 28 cm groot. Rond deze tijd bent u tussen 7,5 en 11 kg aangekomen.

Zo groeit en ontwikkelt uw baby zich

Tot nu toe was het hersenoppervlak glad. Rond de 28ste week vormen zich op het hersenoppervlak de typische groeven en inkepingen. Ook de hoeveelheid hersenweefsel neemt toe.

Uw baby heeft nu wenkbrauwen en wimpers. Het haar op zijn of haar hoofdje wordt langer.

Het lichaam wordt ronder doordat er meer vet onder de huid komt te zitten. Tot nu toe zag de baby er nogal dun uit.

Uw kindje weegt nu ongeveer 1100 g, wat een enorm verschil is met 11 weken geleden: in week 17 woog het nog maar 100 g. In 11 weken tijd is het gewicht dus vertienvoudigd. Tijdens de laatste 4 weken, dus vanaf de 24ste week tot nu, is het gewicht verdubbeld. Uw baby groeit dus heel snel!

De moederkoek vervoert
zuurstof en voedingsstoffen
naar de baby. De placenta
heeft een uiterst belangrijke
rol in de zwangerschap.

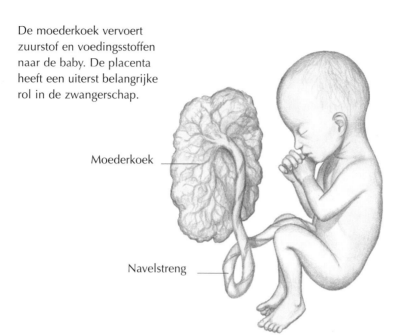

Moederkoek

Navelstreng

Veranderingen bij u

✤ *De placenta*

De moederkoek is uiterst belangrijk voor de groei, ontwikkeling en overlevingskansen van de baby.

De placenta wordt gevormd uit trofoblastische cellen. Die groeien door de wanden van de bloedvaten van de moeder en zorgen voor contact met uw bloedsomloop zonder dat die in aanraking komt met het bloed van de foetus (uw bloedsomloop en die van de foetus zijn gescheiden). De cellen groeien in de bloedvaten zonder een opening tussen de bloedvaten te maken.

Tot nu toe hebben we het gewicht van uw baby op de voet gevolgd. Ook de moederkoek groeit heel snel. Rond de 10de week woog hij ongeveer 20 g. Tien weken later, dus rond de 20ste week, was dat ongeveer 170 g. Nog eens 10 weken later is dat 430 g en na 40 weken ongeveer 650 g!

Al in de 2de of 3de week zijn de bloedvaten van de foetus verbonden met de placenta. Tijdens de 3de week hechten uitstulpingen (vlokken) onder aan de placenta zich stevig vast aan de baarmoederwand.

De vlokken zijn heel belangrijk. De ruimte eromheen (intervillaire ruimte) bestaat uit holtes die gevuld zijn met bloed van de moeder. Van daaruit worden voedingsstoffen en zuurstof uit het bloed van de moeder getransporteerd via een ader in de navelstreng naar de baby. Afvalproducten worden in omgekeerde richting van de baby door de open ruimten naar de bloedsomloop van de moeder gebracht. Op die manier raakt de baby zijn afvalstoffen kwijt.

Wat doet de moederkoek precies? De moederkoek is belangrijk voor het transport van zuurstof naar en koolstofdioxide vanuit de baby. Hij is ook belangrijk voor de voeding van de baby en de verwijdering van zijn afvalproducten. Verder heeft de moederkoek nog een belangrijke hormonale rol. Hij produceert namelijk HCG (zie Week 5). Al 10 dagen na de bevruchting is dat hormoon aanwezig in uw bloed. Om te bepalen of u zwanger bent, wordt met een zwangerschapstest het HCG-gehalte in uw bloed gemeten. Rond de 7de of 8ste week begint de moederkoek ook de hormonen oestrogeen en progesteron te produceren.

> **Tip voor Week 28**
>
> Als u resusnegatief bent, krijgt u rond deze tijd een injectie met RhoGAM om problemen te voorkomen als uw bloed in contact zou komen met dat van de baby. RhoGAM beschermt u tegen de resusziekte tegen de tijd dat u moet bevallen.

Hoe ziet de placenta eruit? Op het einde van de zwangerschap ziet de placenta er normaal gezien plat en rond of ovaal uit. Hij heeft een doorsnede van 15 tot 20 cm en meet 2 tot 3 cm op zijn dikste punt. De moederkoek weegt ongeveer 500 tot 650 g.

De grootte en vorm van de placenta kunnen heel verschillend zijn. Als een vrouw besmet is met syfilis of wanneer haar baby de resusziekte heeft, is de placenta meestal te groot. Soms is de placenta te groot zonder aanwijsbare reden. Een kleine moederkoek komt voor bij normale zwangerschappen, maar ook bij groeiachterstand.

Het deel van de placenta dat verbonden is met de baarmoederwand ziet er sponzig uit. De kant het dichtst bij de foetus is glad en bedekt met vrucht- en eivlies.

De moederkoek heeft een rode of roodbruine kleur. Tegen de tijd van de geboorte kunnen er witte stippen op zitten. Dat is kalkneerslag.

Bij meerlingzwangerschappen is er meestal meer dan één placenta. Of er is één placenta waaraan meer navelstrengen vastzitten. Meestal zijn er bij een tweeling twee amnionholten en zijn de foetussen via twee navelstrengen verbonden met dezelfde placenta.

De navelstreng bevat twee slagaders en één ader om bloed van en naar de baby te vervoeren. Hij is ongeveer 55 cm lang, meestal wit en hij bevat grote bloedvaten.

Deze bloedvaten worden niet samengedrukt omdat een gelei dit verhindert. Deze gelei van Wharton zorgt ervoor dat de bloedcirculatie door de navelstreng vlot verloopt.

Sommige vrouwen hebben problemen met de placenta, zoals het loslaten van de placenta (zie Week 33) en een voorliggende moederkoek of *placenta praevia* (zie Week 35). Als de placenta na de bevalling niet wil loslaten, kan dat ook voor problemen zorgen (zie Week 40).

Uw invloed op de ontwikkeling van de baby

✌ *Astma*

Astma is een aandoening van de luchtwegen, waarbij de luchtpijp en de luchtpijptakken, die belangrijk zijn voor het ademen, enorm gauw geprikkeld zijn. Astmapatiënten kunnen moeilijk ademen, zijn kortademig, hoesten vaak en halen piepend adem. (Dat zorgt vaak voor een fluitend of sissend geluid wanneer de lucht door de vernauwde luchtwegen gaat.)

Astma wordt gekenmerkt door acute aanvallen afgewisseld met symptoomvrije periodes. Ongeveer 2% van de bevolking heeft last van een dergelijke aandoening van de luchtwegen.

Hoewel astma op alle leeftijden kan voorkomen, manifesteert 50% van de gevallen zich voor de leeftijd van 10 jaar. 33% doet zich voor rond 40 jaar. De invloed van een zwangerschap op astma is niet voorspelbaar. Sommige zwangere vrouwen hebben er minder last van, bij anderen blijft de situatie hetzelfde. In sommige gevallen wordt het erger.

Omgaan met astma-aanvallen De meeste astmapatiënten kunnen probleemloos een voorspoedige zwangerschap en bevalling doormaken. Als u normaal last hebt van hevige astma-aanvallen, kan dat ook tijdens de zwangerschap het geval zijn.

Meestal zorgt de behandeling die voor de zwangerschap toegepast werd (gewoonlijk inname van medicijnen), ook nu nog voor verlichting. Veel zwangere vrouwen voelen zich beter door meer dan de aanbevolen hoeveelheid vocht per dag op te nemen

Als u zwanger bent, verbruikt u 25% meer zuurstof. Aangezien uw baby zuurstof nodig heeft om te groeien, is het belangrijk dat u astma goed opvangt.

Medicatie voor astma, bijvoorbeeld terbutaline en steroïden, zoals hydrocortison of methylprednisolone, kunnen tijdens de zwangerschap gebruikt worden, net als aminofyline of theofyline. Overleg met uw arts voor de ideale behandeling tijdens uw zwangerschap.

Uw voeding

Sommige voedingsmiddelen kunt u beter niet nemen tijdens de zwangerschap omdat ze gevaarlijk kunnen zijn voor uw baby.

Rauw of ongaar vlees, zoals gehakt, filet américain of niet-doorbakken biefstuk kunt u beter niet eten, omdat een besmetting met toxoplasmose gevaar kan opleveren voor uw kind (meer over toxoplasmose in Week 8). Bij het eten van paté en zachte kazen, zoals brie, camembert en blauwe schimmelkaas, kunt u listeriosis oplopen. Zowel listeriosis als toxoplasmose werden al vaak in verband gebracht met miskramen. Bovendien moet u bij voorkeur geen ongare kip en (bereidingen met) rauwe eieren eten. Bij deze producten bestaat de kans dat u besmet raakt met de salmonellabacterie.

Ook voedingsmiddelen die rijk zijn aan vitamine A, zoals lever en andere ingewanden, moeten worden vermeden, omdat ze kunnen leiden tot misvormingen bij het ongeboren kind. U zou ervoor moeten zorgen dat u uw behoefte aan vitamine A voornamelijk dekt via bètacaroteen, een voorstadium van vitamine A. Bètacaroteen is ongevaarlijk: heeft het lichaam er voldoende van, dan zet het geen provitamine A meer om. Bètacaroteen vindt men in wortelen, paprika's, tomaten, broccoli en groene kool.

Dit is ook belangrijk!

⤳ *Bijkomende tests*
Rond de 28ste week worden bepaalde bloedonderzoeken of tests voor het eerst of opnieuw uitgevoerd. Ook een glucosebelastingproef (zie Week 23) kan rond deze tijd gedaan worden.

Als u resusnegatief bent, krijgt u ongeveer rond deze periode een RhoGAM-injectie. Dat voorkomt problemen als het bloed van uw baby vermengd raakt met het uwe. U bent daarmee beschermd tot aan de bevalling.

⤳ *Hoe ligt de baby?*
Ligt de baby met zijn hoofdje naar beneden? Of met zijn bips (stuitligging)? Of ligt hij op zijn zij (dwarsligging)? Rond dit tijdstip van de zwangerschap is het moeilijk – meestal zelfs onmogelijk – om door gewoon uw buik te betasten te zeggen hoe de baby ligt en hoe hij geboren zal worden. De baby beweegt voortdurend en zal ook nog tijdens de komende maand verschillende keren van positie veranderen. De meeste kindjes draaien spontaan naar hoofdligging tegen het eind van de zwangerschap. Binnen 3 of 4 weken is het hoofdje van de baby harder, zodat men makkelijker kan voelen hoe de baby ligt.

Week 29

Leeftijd van de foetus – 27 weken

Hoe groot is de baby?

Rond deze tijd weegt uw baby ongeveer 1250 g. De lengte van kruin tot stuit bedraagt zo'n 26 cm en de totale lengte is ongeveer 37 cm.

Hoeveel bent u aangekomen?

Uw baarmoeder komt op dit moment ongeveer 7,5 tot 10 cm boven uw navel, dus zo'n 29 cm boven uw schaambeen. Rond de 25ste week was dat waarschijnlijk ongeveer 25 cm. U bent in totaal waarschijnlijk tussen de 8,5 en 11,5 kg aangekomen.

Zo groeit en ontwikkelt uw baby zich

➴ *Groei van de foetus*

Elke week hebt u kunnen lezen hoe groot uw baby ongeveer was. De opgegeven cijfers zijn echter gemiddelden. De grootte en het gewicht zijn uiteraard voor iedere baby anders.

Omdat de foetus zo snel groeit, kan een kind dat te vroeg geboren wordt, al is het maar enkele weken, nog heel klein zijn. Na de 36ste week groeit de baby nog steeds, maar in een trager tempo. Dit zijn enkele interessante weetjes in verband met het geboortegewicht van baby's.

- Jongens wegen meer dan meisjes.
- Het geboortegewicht verhoogt met het aantal baby's dat geboren wordt of met het aantal zwangerschappen.

Dat zijn algemene vaststellingen die niet op iedereen van toepassing zijn. Meestal kloppen ze wel. Het gemiddelde geboortegewicht van een voldragen baby ligt tussen 3280 g en 3500 g.

Hoe rijp is uw baby? Een kind dat geboren wordt tussen de 37ste en 42ste week is een voldragen baby. Voor de 37ste week spreken we van te vroeg geboren (preterm), na de 42ste week van overtijd (postterm).

Veel mensen gebruiken de termen prematuur en te vroeg geboren door elkaar. Maar er is een verschil! Een kind dat geboren wordt na 34 weken zwangerschap maar waarbij de longen goed functioneren, kan beter te vroeg geboren worden genoemd dan *prematuur*. Met *prematuur* verwijst men naar een pasgeboren kind waarbij de longen nog niet voldoende ontwikkeld zijn. Op 34 weken wordt er surfactant aangemaakt waardoor de baby spontaan kan ademen. Dit geeft precies de grens aan waarop vrouwen voor de bevalling niet meer worden doorverwezen naar een universitair ziekenhuis.

⤳ *Premature baby's*

Een premature baby heeft vaker problemen en loopt meer kans te overlijden. Het gewicht van te vroeg geboren baby's ligt meestal lager dan 2500 g.

De illustratie onderaan toont een premature baby die verbonden is aan een monitor om zijn hartslag te controleren. Ook infusen, buisjes en zuurstofmaskers worden gebruikt. In 1950 stierven ongeveer 20 op 1000 pasgeborenen. Tegenwoordig zijn dat er minder dan 10 op 1000. Vandaag de dag overleven meer te vroeg geboren kinderen dan bijna 50 jaar geleden.

Een premature baby (geboren bij 29 weken zwangerschap) is verbonden met de monitor. Let op de grootte van een volwassen hand in vergelijking met de grootte van de baby.

Elektroden op de baby

Oorzaken van een premature bevalling

Meestal is de oorzaak van een premature bevalling onbekend of hoort ze thuis in een van de volgende categorieën:

- abnormale vorm van de baarmoeder
- meerlingzwangerschap
- polyhydramnion of hydramnion
- placenta praevia of placentaloslating
- te vroeg gebroken vliezen
- cervixinsufficiëntie
- afwijkingen bij de foetus
- een spiraaltje dat is blijven zitten
- een abortus bij een vorige zwangerschap die uitgevoerd werd in een laat stadium van de zwangerschap
- ernstige ziekte bij de moeder
- onjuiste schatting van het aantal weken zwangerschap

Vooral kinderen zonder afwijkingen die tijdens het derde trimester geboren worden (na minstens 27 weken zwangerschap) en minstens 1000 g wegen, hebben veel overlevingskansen.

Bij minder dan 27 weken en bij een laag geboortegewicht verhoogt het sterftecijfer. Dankzij steeds betere technieken in de geneeskunde overleven meer premature baby's. Ook na 25 weken zwangerschap kunnen baby's tegenwoordig al overleven. Of en hoe ze het uiteindelijk zullen redden, valt echter nog altijd af te wachten.

Baby's die bij hun geboorte tussen 500 en 700 g wegen, hebben 43% overlevingskans. Voor kinderen tussen 700 g en 1000 g is dat 72%. Die cijfers variëren ook per ziekenhuis. Premature baby's die tussen 600 en 700 g wegen, moeten gemiddeld 125 dagen in het ziekenhuis blijven. Voor pasgeborenen tussen 900 en 1000 g is dat 76 dagen.

Hoe minder premature baby's wegen, hoe meer kans ze hebben op afwijkingen. Baby's met een hoger gewicht hebben ook wel afwijkingen, maar veel minder vaak dan de eerste groep.

Normaal gezien moet de baby zo lang mogelijk in de baarmoeder blijven, zodat hij zich volledig kan ontwikkelen. Af en toe is het echter beter dat het kind eerder geboren wordt, bijvoorbeeld wanneer het onvoldoende voedingsstoffen krijgt. Dat komt echter zelden voor.

Het is vaak moeilijk te zeggen waarom een kind prematuur geboren wordt. Meestal probeert men de oorzaak te achterhalen voor de bevalling echt begint, zodat men een aangepaste behandeling kan geven.

Bij voortijdige weeën moeten enkele moeilijke vragen beantwoord worden, zoals:

- Is het beter voor het kind om in de baarmoeder te blijven of niet?
- Zijn de zwangerschapsdata wel juist?
- Zijn het wel weeën die u voelt?

Veranderingen bij u

⤳ *Behandeling bij voortijdige weeën*

Voortijdige weeën kunnen tegenwoordig op verschillende manieren opgevangen worden. Meestal adviseert men de vrouw in kwestie om zo veel mogelijk op haar zij in bed te rusten (elk van beide zijden is goed). Hoewel niet iedereen het eens is met die oplossing, is het vaak de beste manier om contracties en voortijdige weeën te stoppen. Het betekent wel dat u uw werk en veel andere activiteiten moet stopzetten. Maar dat is het waard als u daarmee een vroeggeboorte kunt voorkomen.

Om de weeën te onderdrukken kunnen bèta-adrenergica of *tocolytica* gebruikt worden. Het zijn spierontspanners die de baarmoeder ontspannen en de contracties verminderen. (De baarmoeder bestaat hoofdzakelijk uit spieren, die tijdens de weeën samentrekken om de baby door de baarmoederhals te duwen.) Deze medicatie kan op drie verschillende manieren toegediend worden: intraveneus, in de vorm van een injectie of als een pil. Meestal gebeurt het echter intraveneus, wat enkele of meerdere dagen ziekenhuisopname inhoudt.

Als de weeën ophouden, kunt u overschakelen op orale medicatie, die u elke 2 tot 4 uur moet innemen. De bijwerkingen van bèta-adrenergica kunnen voor heel wat ongemakken zorgen: versnelde hartslag, hypotensie, angstgevoelens, benauwdheid of pijn in de borst, verandering in het elektrocardiogram (weergave van de hartactiviteit) en longoedeem (vocht in de longen).

Ze kunnen de stofwisseling van de moeder verstoren en zorgen voor een verhoogde bloedsuikerspiegel, een laag kaliumgehalte in het bloed en zelfs acidose, een reactie die lijkt op diabetes. Minder ernstige bijwerkingen zijn hoofdpijn, overgeven, beven, koorts en zelfs hallucinaties.

Gelijksoortige problemen komen voor bij de baby. Bij pasgeborenen van wie de moeder voor de bevalling ritodrine innam, werd een lage bloedsuikerspiegel en een versnelde hartslag gemeten.

Voor de behandeling van zwangerschapsvergiftiging gebruikt men magnesiumsulfaat (zie Week 31), dat ook gebruikt wordt bij voortijdige weeën. Magnesiumsulfaat wordt intraveneus toegediend, wat enkele dagen ziekenhuisopname betekent. Af en toe wordt het ook oraal gebruikt, zodat de aanstaande moeder niet naar het ziekenhuis hoeft. Uw arts moet u wel regelmatig controleren als u dit product inneemt.

Uw invloed op de ontwikkeling van de baby

Deze week hebben we het vooral over voortijdige weeën en premature baby's. Als uw arts, vroedvrouw of verloskundige u *bedrust* en medicijnen voorschrijft, volg dan zijn raad nauwkeurig op! Wanneer u zich zorgen maakt over zijn of haar advies, praat er dan over. Als u toch gaat werken en actief bezig blijft, zet u het welzijn van uzelf en van uw ongeboren kind op het spel.

Uw voeding

Hopelijk hebt u steeds goed geluisterd naar uw lichaam. Dat betekent: rusten als u moe bent, naar het toilet gaan op het moment dat u moet, letten op ongemakken. Luister ook naar uw lichaam wat betreft eten en drinken. Als u honger of dorst hebt, drink of eet dan iets. Vaker kleine snacks eten zorgt voor een constante toevoer van voedingsstoffen voor uw baby.

Houd voedzame snacks bij de hand. Rozijnen, gedroogde vruchten en noten zijn een goede keuze. Als u vooraf weet op welk moment van de dag u het meeste trek hebt, kunt u zich daarop instellen.

Wees niet bang om 'anders' te doen. Als u 's ochtends zin hebt in spaghetti en 's middags in ontbijtgranen, dan moet u dat eten! Dwing uzelf niet om iets te eten waarvan u misselijk wordt. Er zijn altijd alternatieven. Zolang u gezond eet en oplet welke voedingsmiddelen u eet, kunt u uw lichaam en uw baby alleen maar helpen.

Dit is ook belangrijk!

∾ *Groep-B streptokokken*

Deze infectie bij de aanstaande moeder kan problematisch zijn voor haar baby. Hoewel de bacterie zelden of nooit voor problemen zorgt bij volwassenen, kan het bij pasgeborenen tot de dood leiden.

Tips om de verveling tegen te gaan bij bedrust

Misschien raadt uw arts, vroedvrouw of verloskundige u aan om in bed te rusten. Rusten is immers de remedie bij uitstek om vroegtijdige weeën op te vangen. Doordat u platligt, is de druk van het babyhoofd op de baarmoederhals minder, wat weeën kan helpen onderdrukken. Als u op uw zij ligt, krijgt uw baby de maximale bloedtoevoer met zuurstof en voedingsstoffen.

Hieronder volgen suggesties om de verveling tegen te gaan, als u de hele dag, of een deel van de dag in bed moet liggen.

- Ga op de bank in de woonkamer liggen; daar ziet u meer mensen en beweging.
- Houd de telefoon binnen handbereik.
- Leg lectuur en de afstandsbediening van de televisie klaar; zorg ervoor dat u bij de radio kunt.
- Gebruik extra kussens en schuimmatrassen voor uw comfort.
- Zorg voor een dagelijkse routine: sta op, neem elke dag een douche of bad, doe uw kleren aan (blijf niet in uw pyjama), kam uw haar, maak uzelf een beetje op, doe een dutje als u daar behoefte aan hebt, ga slapen op een normaal uur.
- Houd eten en drinken binnen handbereik. Zet eventueel een koelbox naast u voor frisse drankjes, yoghurt, fruit... Gebruik een thermosfles voor warme dranken.
- Schrijf een dagboek. U kunt het later delen met uw partner en kind.
- Doe wat handwerk, zoals naaien, breien, haken, tekenen... Maak iets voor de baby!
- Lees boeken over de verzorging van baby's zodat u voorbereid bent op de komst van uw kind.
- Teken een plattegrond van de babykamer en maak een lijstje met alle spullen die u nog nodig hebt voor de baby.
- Gebruik uw tijd nuttig door bijvoorbeeld recepten te sorteren, foto's in albums te plakken, kortingsbonnen te controleren, een album te maken met tekstjes en foto's voor na de geboorte.

Groep-B streptokokken worden van de ene naar de andere persoon overgedragen door seksueel contact. Bij vrouwen komen ze meestal in de vagina en rond de anus voor. Het kan zijn dat u besmet bent, maar niet ziek bent of geen symptomen vertoont. Om infecties bij pasgeborenen te voorkomen, raadt men aan om alle vrouwen die tot risicogroepen behoren, te behandelen

Tip voor Week 29

Veel vrouwen hebben in het derde trimester schoenen nodig die een half maatje groter zijn. Voor uw eigen comfort kunt u het best grotere schoenen kopen.

voor deze ziekte. Dat zijn vrouwen die al een kind met deze infectie hebben gehad, voortijdig bevallen zijn, langer dan 18 uur gebroken vruchtvliezen hadden of van wie de lichaamstemperatuur vlak voor of tijdens de bevalling 38°C bedroeg.

Verder zou men bij alle zwangere vrouwen tijdens de 35ste tot 37ste week een celcultuur moeten maken van het slijmvlies rond het rectum en de vagina. Als blijkt dat een vrouw besmet is, moet ze behandeld worden met penicilline.

Week 30

Leeftijd van de foetus – 28 weken

Hoe groot is de baby?

Nu weegt uw baby ongeveer 1360 g. De lengte van kruin tot stuit is een beetje meer dan 27 cm en de totale lengte bedraagt ongeveer 38 cm.

Hoeveel bent u aangekomen?

Uw baarmoeder komt ongeveer 10 cm boven uw navel. De afstand tussen uw schaambeen en de bovenrand van de baarmoeder bedraagt 30 cm.

Het is moeilijk te geloven, maar u moet het nog 10 weken volhouden! Naarmate uw baarmoeder onder uw ribben verder groeit, lijkt het alsof u niet meer dikker kunt worden. Toch blijven de foetus, de placenta, de baarmoeder en de hoeveelheid vruchtwater nog groeien.

De gemiddelde gewichtstoename bij een zwangerschap is 11,5 tot 16 kg. Voor ongeveer de helft daarvan zijn de baarmoeder, de baby, de placenta en het vruchtwater verantwoordelijk.

De toename situeert zich vooral vooraan in uw buik en in uw bekken, waar het voor u ook het duidelijkst voelbaar is. Naarmate de zwangerschap vordert, zult u meer ongemakken ondervinden in uw bekken en buik. Rond deze tijd komt u ongeveer een halve kilo per week aan.

Zo groeit en ontwikkelt uw baby zich

✃ *Knopen in de navelstreng*
Ziet u op de illustratie op bladzijde 222 de knoop in de navelstreng? U vraagt zich waarschijnlijk af hoe die ontstaan is. Hij groeit er namelijk niet vanzelf in.

In de navelstreng van deze
foetus zit een knoop.

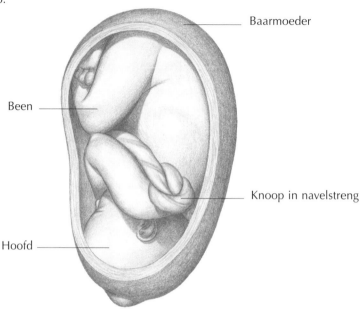

Baarmoeder

Been

Knoop in navelstreng

Hoofd

Tijdens de zwangerschap is een baby meestal heel actief. Waarschijnlijk ontstaan knopen in de navelstreng wanneer de baby in het begin van de zwangerschap veel beweegt. De navelstreng vormt een lus, de baby beweegt zich door
de lus en... zie, daar is een knoop! Indien een knoop in de navelstreng voorkomt, hoeft dit niet altijd een groot probleem te zijn. De gelei van Wharton
zorgt ervoor dat de bloedvaten in de navelstreng weinig kans krijgen afgeklemd
te geraken, zodat de bloedcirculatie niet in gevaar komt. Soms kan zo'n knoop
tot ernstige complicaties leiden. Gelukkig komt dat niet vaak voor.

Veranderingen bij u

✂ *Wanneer de vruchtvliezen breken*

De vliezen waarin de baby en het vruchtwater zitten, heten vruchtvliezen. Ze
breken meestal pas vlak voor of tijdens de weeën. Maar dat hoeft niet per se.
Wees voorzichtig wanneer uw vliezen gebroken zijn. De vruchtvliezen beschermen uw baby tegen infecties. Als uw vliezen gebroken zijn en er vruchtwater
wegsijpelt, kan uw baby met allerlei infecties besmet worden. Bel onmiddellijk
de arts, vroedvrouw of verloskundige als uw vliezen gebroken zijn.

Uw invloed op de ontwikkeling van de baby

✍ *Een bad nemen*

De meeste artsen hebben niets tegen baden tijdens de zwangerschap. Ze raden wel aan om voorzichtig te zijn wanneer u in en uit het bad stapt. Alleen als u denkt dat uw vliezen gebroken zijn, kunt u beter niet in bad gaan.

> **Tip voor Week 30**
>
> Door een goede houding vermindert u de druk op uw onderrug en dus ook rugpijn.

Veel vrouwen vragen zich af hoe ze te weten komen dat hun vliezen zijn gebroken, wanneer dat gebeurt terwijl ze in bad zitten. Als uw vliezen breken, gaat dat gepaard met een golf van vocht, gevolgd door traag gedruppel. Zit u op dat ogenblik net in bad, dan merkt u waarschijnlijk die eerste golf niet. Maar het zachtjes doorvloeien, dat een hele tijd kan aanhouden, zult u later wel opmerken.

✍ *Kiezen waar u wilt bevallen*

Het wordt zo langzamerhand tijd dat u begint na te denken over de omgeving waar u wilt bevallen. Bespreek dat met uw arts, vroedvrouw of verloskundige. U kunt, zoals veel andere vrouwen, in het ziekenhuis bevallen. U kunt dan onmiddellijk al naar huis (poliklinisch bevallen) of er enkele dagen blijven. Daarnaast bestaan er in sommige streken ook geboortehuizen (B) of kraamklinieken (NL) waar u onder begeleiding van een vroedvrouw of verloskundige in een minder medische omgeving kunt bevallen. U kunt ook thuis bevallen, als u voldoende hulp en steun hebt van uw partner, verloskundige, vroedvrouw of arts. Zorg ervoor dat u na de bevalling kunt rekenen op uitgebreide kraamzorg.

Voor welke oplossing u ook kiest, houd steeds de gezondheid van uw baby en het welzijn van u beiden in gedachten. Als u besloten hebt buitenshuis te bevallen, kunt u normaal gezien de volgende vragen beantwoorden over het ziekenhuis, geboortehuis of de kraamkliniek:

- Welke afspraken gelden er voor de nazorg?
- Is er ruimte voor eigen inbreng?
- Hoe wordt de borstvoedingsbegeleiding opgevangen?
- Is het label BFHI ('Baby Friendly') gehaald of streeft men daarnaar?
- Mag de vader binnenkomen zonder rekening te houden met bezoekuren?

- Is er een mogelijkheid dat de vader blijft overnachten?
- Mag u in het ziekenhuis uw eigen arts, vroedvrouw of verloskundige mee-brengen? Is er een mogelijkheid uw arts, vroedvrouw, verloskundige te kiezen?
- Zijn de verloskamers vrouwvriendelijk ingericht?

Is thuis bevallen een goede keuze? Als alles goed verloopt is er geen be-tere plaats om te bevallen dan thuis. U voelt er zich veilig in een vertrouwde omgeving. Uiteraard moet u op een goede manier begeleid worden door een vroedvrouw of verloskundige en moet er na de geboorte genoeg ondersteuning en kraamhulp zijn.

Wanneer u in **België** graag thuis wilt bevallen, kunt u dit het best bespreken met uw vroedvrouw. Er wordt vooraf zorgvuldig bekeken of er redenen zijn waarom u niet thuis kunt bevallen. Zo worden bijvoorbeeld de medische voor-geschiedenis en het verloop van de zwangerschap goed bekeken en gevolgd. Als alles goed verloopt, wordt een thuisbevalling gepland. Het is belangrijk dat ook tijdens het harde werken en de bevalling en de periode na de bevalling uw lichaam goed reageert. Bij eventuele complicaties wordt u naar het ziekenhuis verwezen.

Er zijn ook een aantal praktische voorwaarden voor een thuisbevalling. De afstand van uw huis naar het ziekenhuis moet binnen maximaal 30 minuten afgelegd kunnen worden en u moet beschikken over een aantal basisvoorzie-ningen (voldoende warmte, warm water, telefoon…).

In **Nederland** kan in principe elke vrouw thuis bevallen en alleen op medische indicatie of wanneer zij hierom vraagt in het ziekenhuis. Bij het laatste is de bevalling poliklinisch. Thuisbevallingen gaan onder leiding van een verloskun-dige of de huisarts. Elke vrouw heeft bovendien recht op een aantal vastge-stelde uren kraamzorg, die over meerdere dagen verdeeld worden. Een verblijf in het ziekenhuis dat langer duurt gaat vaak ten koste van de uren kraamzorg. Van tevoren komt het kraambureau langs om te kijken of alle nodige voorzie-ningen voor een thuisbevalling aanwezig zijn en of alles gereed is voor de baby (bv. een hoger geplaatst bed, voldoende luiers, navelbandjes, kraamverband, maar ook een badje op een standaard enz.). De kraamzorg verzorgt moeder en kind maar neemt soms ook wat lichte huishoudelijke taken op zich.

Uw voeding

Sommige vrouwen vragen zich af of het veilig is om kruidenthee te drinken tijdens de zwangerschap. Veel soorten kruidenthee zijn veilig om te drinken, sommige echter niet. Kruidenthee die goed is tijdens de zwangerschap, is thee van kamille, paardenbloem, gemberwortel, brandnetelblad, pepermunt en framboos.

Kruiden die u *niet* mag drinken tijdens de zwangerschap zijn: zilverkaars, polei, duizendblad, goldenseal, moederkruid, vlozaad, bijvoet, smeerwortel, klein hoefblad, jeneverbes, wijnruit, wormkruid, katoenwortel, grote hoeveelheden salie, senna, cascara sagrada, duindoorn, varen, iep, patrijsbes.

Dit is ook belangrijk!

✎ *Opvang voor uw baby*

Misschien lijkt het u raar dat in een boek over zwangerschap en bevalling gesproken wordt over kinderopvang. Toch moet u al vooraf beslissen wie er op uw kindje zal passen wanneer u weer aan het werk gaat. In sommige kinderdagverblijven zijn de wachtlijsten soms lang!

Er zijn verschillende mogelijkheden en uw keuze zal uiteindelijk afhangen van uw situatie. Als u wilt dat uw kind bij u *thuis* wordt verzorgd, kunt u een *oppas* aan huis nemen, of zelfs een au-pair. Dat betekent dat u 's ochtends en 's avonds uw kind niet hoeft te brengen en te halen. Zorg ervoor dat u over een oppas die u niet kent de nodige informatie en referenties inwint, zodat u weet dat uw kind in goede handen zal zijn. Deze mogelijkheid is meestal erg duur.

U kunt ook een regeling treffen met iemand uit uw familie of vriendenkring om op uw kleintje te passen als u gaat werken. Vaak worden de *grootouders* aangesproken om op hun kleinkinderen te passen.

Er zijn in België, en in mindere mate ook in Nederland, vrouwen (*onthaalmoeders*) die in hun huis op meerdere kinderen passen. Daar is uw kind in een huiselijke sfeer en een kleine groep kinderen. De opvang wordt meestal ook wel gecontroleerd door een officiële instantie.

Verder zijn er natuurlijk de *kinderdagverblijven*. Sommige laten maar een beperkt aantal kinderen toe en soms zijn er heel veel kinderen in verschillende groepen. De verzorging daar gebeurt door gediplomeerde kinderverzorgsters en wordt gecoördineerd door sociale werkers.

De kosten voor opvang Sommige kinderdagverblijven vragen een vaste prijs per dag of halve dag. Oppas aan huis betaalt u misschien per uur. De bedragen kunnen erg oplopen op het eind van een maand.

In sommige grote kinderdagverblijven wordt de prijs voor de opvang bepaald op basis van het inkomen van de ouders. Elk jaar opnieuw wordt dan de prijs aangepast aan de hand van de belastingaangifte.

⁓ *Kanker en zwangerschap*

Voor de meeste vrouwen is zwangerschap een leuke tijd, waarin ze verlangend en opgewonden uitkijken naar de geboorte. Heel af en toe doen zich echter ernstige problemen voor. Kanker is daar een voorbeeld van.

Wat nu volgt is niet bedoeld om u af te schrikken, maar om zo veel mogelijk informatie te verschaffen. Het is geen leuk onderwerp, zeker niet nu u zwanger bent. Toch denk ik dat iedere vrouw er meer over moet weten. Er zijn dan ook twee redenen waarom ik deze informatie opneem in dit boek:

- zodat u zich beter bewust bent van dit ernstige probleem
- zodat u de informatie zou kunnen gebruiken als basis voor een gesprek met uw arts, vroedvrouw of verloskundige als u er met hem of haar over wilt praten

Kanker voor de zwangerschap Als u vroeger kanker hebt gehad en nu zwanger bent, moet u daarover praten met uw arts, vroedvrouw of verloskundige zodra u ontdekt dat u zwanger bent. Hij of zij zorgt dan eventueel voor een aangepaste behandeling.

Kanker tijdens de zwangerschap Als kanker ontdekt wordt, zorgt dat altijd voor veel spanningen. Wanneer dat dan ook nog tijdens de zwangerschap gebeurt, is de situatie nog pijnlijker. Uw arts moet een behandeling uitstippelen, maar tegelijkertijd ook rekening houden met het ongeboren kind.

De behandeling hangt grotendeels af van wanneer kanker ontdekt wordt. Vrouwen stellen zich onder meer de volgende vragen.

- Moet de zwangerschap afgebroken worden om de kanker te behandelen?
- Is de medicatie tijdens de behandeling niet schadelijk voor de baby?
- Heeft de kwaadaardige ziekte of de therapie om ze te behandelen een invloed op de baby?
- Moet de therapie uitgesteld worden tot na de bevalling of tot na het afbreken van de zwangerschap?

Gelukkig komen de meeste soorten van kanker bij vrouwen voor na de vruchtbare jaren, zodat kanker tijdens de zwangerschap heel zeldzaam is. Als het voorkomt, is de behandeling voor iedere patiënte anders.

Tijdens de zwangerschap worden soms gezwellen in de borst, leukemie en lymfomen, melanomen, gynaecologische soorten van kanker (aan de vrouwelijke geslachtsorganen, zoals de baarmoederhals, de baarmoeder en de eierstokken) en beendertumoren ontdekt. Tijdens de zwangerschap ondergaat uw lichaam veel veranderingen. Onderzoek heeft uitgewezen dat die veranderingen de ontdekking van kanker kunnen beïnvloeden.

- Sommige wetenschappers menen dat bepaalde soorten van kanker beïnvloed worden door de verhoogde hormonenproductie tijdens de zwangerschap en dus vaker voorkomen.
- Een verhoogde bloedtoevoer en daardoor dus ook veranderingen in het lymfsysteem kunnen ervoor zorgen dat kanker zich sneller naar andere lichaamsdelen verspreidt.
- Anatomische en fysiologische veranderingen tijdens de zwangerschap (dikker wordende buik en veranderingen in de borsten) maken de diagnose van kanker in een vroeg stadium vaak moeilijk.

Dit zijn drie algemene bevindingen over kanker, die echter variëren afhankelijk van het soort kanker en de aangetaste organen.

Borstkanker Borstkanker komt zelden voor bij vrouwen jonger dan 35. Gelukkig zorgt het voor niet al te veel complicaties tijdens de zwangerschap. Als u zwanger bent, is het opsporen van borstkanker moeilijker doordat uw borsten anders zijn dan normaal: ze voelen pijnlijk en zelfs knobbelig aan, en ze zijn ook groter. Van alle vrouwen met borstkanker is slechts 2% zwanger wanneer de diagnose gesteld wordt. Zwangerschap verhoogt niet de kans op of de uitzaaiing van borstkanker. De behandeling van borstkanker tijdens de zwangerschap is voor iedere vrouw anders. Een chirurgische ingreep, chemotherapie, bestraling of een combinatie van die behandelingsmethodes zijn mogelijk.

Kanker in het bekken Baarmoederhalskanker komt bij slechts 1 op de 10.000 zwangerschappen voor. Ongeveer 1% van alle vrouwen die aan deze soort kanker lijdt, is zwanger wanneer de diagnose wordt gesteld. Baarmoederhalskanker is goed te behandelen, vooral als het in een vroeg stadium ontdekt wordt.
Kwaadaardige zwellingen in de vulva, het weefsel rond de opening van de vagina, werden ook al vastgesteld bij zwangere vrouwen. Maar dat zijn slechts enkele zeldzame gevallen.

Andere soorten van kanker De *ziekte van Hodgkin* (een soort van kanker) treft meestal jonge mensen. Ze kan gedurende lange tijd onder controle gehouden worden met bestraling en chemotherapie. Bij ongeveer 1 op 6000 zwangerschappen lijdt de aanstaande moeder aan deze ziekte. Een zwangerschap heeft geen negatieve invloed op het verloop van de ziekte.

Zwangere vrouwen met *leukemie* hebben een verhoogde kans op voortijdige weeën. Ze hebben ook meer bloedverlies na de zwangerschap. Leukemie wordt meestal behandeld met chemotherapie of bestraling.

Ook *melanomen* kunnen voorkomen tijdens de zwangerschap. Dit is een soort kanker in de huidcellen die melanine (pigment) produceren. Een kwaadaardig melanoom verspreidt zich over het hele lichaam. Een zwangerschap kan de symptomen aan het licht brengen of verergeren. Een melanoom kan zich ook naar de placenta en de baby uitspreiden.

Beendertumoren komen slechts zelden voor tijdens de zwangerschap. Er zijn echter twee soorten van goedaardige (geen kanker) beendertumoren die de zwangerschap en bevalling kunnen beïnvloeden. Het gaat om *endochondromas* en goedaardige *exostose*, die zich in het bekken situeren.

De tumoren kunnen hinderlijk zijn tijdens de weeën, zodat een keizersnee het overwegen waard is.

Week 31

Leeftijd van de foetus – 29 weken

Hoe groot is de baby?

En uw baby groeit maar door! Hij weegt nu ongeveer 1600 g en meet van kruin tot stuit ongeveer 28 cm. De totale lengte inclusief de beentjes bedraagt ongeveer 40 cm.

Hoeveel bent u aangekomen?

Ongeveer 11 cm boven uw navel kunt u de bovenrand van uw baarmoeder voelen. Vanaf het schaambeen is de baarmoeder zo'n 31 cm groot.
Rond de 12de zwangerschapsweek vulde uw baarmoeder uw bekken. Zoals u kunt zien op bladzijde 230 wordt er nu nog een groot deel van uw buikholte extra ingenomen. U bent normaal gesproken op dit moment tussen 9,5 en 12 kg aangekomen.

Zo groeit en ontwikkelt uw baby zich

✌ *Groeiachterstand*
Een baby die bij de geboorte klein is voor zijn leeftijd, heeft een intra-uteriene groeiachterstand (IUGR). Dat betekent dat zijn gewicht onder het percentiel 10 ligt. Dat wil zeggen dat 90% van de baby's die even oud zijn, meer wegen.
Als alle data kloppen en u dus zo lang zwanger bent als u dacht, is een gewicht onder de tiende percentiel zorgwekkend. Bij kinderen met een groeiachterstand liggen het sterftecijfer en de kans op afwijkingen hoger dan bij kinderen met een normaal gewicht.

Grootte van de baarmoeder na 31
weken zwangerschap (leeftijd van
de foetus: 29 weken). De bovenrand van de baarmoeder komt zo'n
11 cm boven de navel.

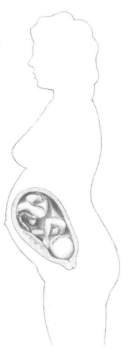

Diagnose en behandeling van groeiachterstand Het is meestal moeilijk te zeggen wanneer een baby een groeiachterstand heeft. Bij elk bezoek meet de arts, vroedvrouw of verloskundige hoeveel uw baarmoeder gegroeid is. Als daarin een hele tijd geen verandering merkbaar is (in de 27ste week meet uw baarmoeder bijvoorbeeld 27 cm en na 31 weken slechts 28 cm), kan men onderzoeken laten uitvoeren om te zien of de baby te klein is.

Het is dus uiterst belangrijk dat u naar alle prenatale afspraken gaat. Misschien vindt u het niet leuk om bij elk bezoek op de weegschaal te moeten, maar het is een manier om na te gaan of het goed gaat met uw baby en of hij flink groeit.

Via echografie kan groeiachterstand opgespoord of bevestigd worden. Anderzijds is zo'n echografisch onderzoek ook nuttig om u ervan te verzekeren dat de baby gezond en niet misvormd is. Als men groeiachterstand bij uw baby vaststelt, stop dan elke activiteit die de situatie erger kan maken. Stop met roken. Eet gezond en voedzaam. Stop met drugs en alcohol.

Ook bedrust kan helpen: het bevordert een optimale bloedtoevoer naar de baby, wat noodzakelijk is voor de groei. Als de groeiachterstand veroorzaakt wordt door een ziekte bij de moeder, zal men eerst proberen om de gezondheid van de moeder weer op peil te brengen.

Het kan gebeuren dat een foetus met groeiachterstand sterft voor de geboorte. Daarom laat men de baby soms geboren worden voordat hij voldragen is. Aangezien de weeën en de bevalling nadelig kunnen zijn voor zulke kinderen, haalt men ze vaak met een keizersnee.

Oorzaken van IUGR Roken en tabaksgebruik hebben een negatieve invloed op de groei van de baby. Hoe meer sigaretten de aanstaande moeder rookt, hoe groter de achterstand.

Ook een te lage gewichtstoename bij de aanstaande moeder kan voor problemen zorgen. Als de moeder klein of van normale grootte is en niet genoeg aankomt, kan dat groeiachterstand bij de baby veroorzaken. Daarom zijn een goede voeding en een gezond voedingsschema uiterst belangrijk tijdens de zwangerschap. Probeer een normale gewichtstoename niet te verhinderen door te diëten. Groeiachterstand kan ontstaan als men minder dan 1500 kilocalorieën per dag binnenkrijgt.

Ook problemen met de bloedsomloop van de moeder, met name zwangerschapsvergiftiging, hoge bloeddruk (hypertensie) en bloedarmoede (zie Week 22), en nierziekten zijn een oorzaak van groeiachterstand.

Vrouwen die op een geografisch hoger gelegen plaats wonen, hebben meer kans op baby's met een laag geboortegewicht dan vrouwen die op lagere plekken op de aardbol wonen.

Alcoholisme en drugsgebruik zijn twee ernstige oorzaken van foetale groeiachterstand. Bij een meerling of als de foetus een infectie heeft (bijvoorbeeld cytomegalie, rodehond,...) is er ook kans op een groeiachterstand.

Door afwijkingen in de navelstreng of de moederkoek kan de baby een groeiachterstand oplopen omdat hij minder voedingsstoffen krijgt. Als u al bevallen bent van een kind met een groeiachterstand, is de kans groot dat u bij volgende zwangerschappen hetzelfde overkomt.

Vrouwen die klein van gestalte zijn, lopen eerder de kans een kleinere baby te baren. Dat heeft niets met groeiachterstand te maken. Een abnormale foetus of een baby met afwijkingen kan kleiner zijn dan normaal, vooral wanneer het om chromosomale afwijkingen gaat.

Veranderingen bij u

⤳ *Gezwollen benen en voeten*

Vooral tegen het einde van de zwangerschap zult u uw schoenen niet meer aan kunnen doen als u ze enkele minuten hebt uitgedaan. Dat komt doordat uw voeten opgezwollen zijn.

Carpaal tunnel syndroom tijdens de zwangerschap

De klachten bij het carpaal tunnel syndroom (CTS) bestaan meestal uit pijn in de hand en de pols, die zich kan uitbreiden naar de onderarm en zelfs de schouder. De pijn wordt veroorzaakt doordat een zenuw in de pols bekneld is. De symptomen zijn onder andere een doof, prikkelend, brandend gevoel in de hand of beide handen. De vingertoppen zijn gevoelloos en er is krachtverlies. Meestal zijn er klachten aan beide handen.

Het probleem ontstaat soms tijdens de zwangerschap door het vasthouden van vocht en het zwellen van het bindweefsel in de armen en polsen. Tot 25% van de vrouwen heeft lichte klachten tijdens de zwangerschap, maar een behandeling is niet nodig. Het complete syndroom komt veel minder vaak voor (bij 1 tot 2% van alle zwangere vrouwen) en vereist wel een behandeling.

De behandeling is afhankelijk van de symptomen. Het syndroom kan verholpen worden met een chirurgische ingreep, maar die zal men tijdens de zwangerschap zelden uitvoeren. Bij zwangere vrouwen worden soms de polsen gespalkt tijdens de slaap om ze recht te houden. In de meeste gevallen verdwijnen de symptomen na de bevalling. In zeldzame gevallen blijven er toch klachten na de geboorte van de baby. Dan kan een operatie nodig zijn.

Nylonkousen die strak om uw knieën zitten, laten een druk achter in uw been. Het lijkt alsof u de kousen nog steeds draagt, ook al hebt u ze allang uitgetrokken. Draag geen kleding die te strak zit rond uw taille, knieën, enkels, schouders, ellebogen of polsen. Strakke kleding verhindert een vrije bloedtoevoer naar armen en benen

Een goede zithouding is ook belangrijk voor de bloedsomloop. Met gekruiste benen of met de enkels gekruist zitten, belemmert de bloedtoevoer naar uw benen. Vermijd die houdingen.

Tip voor Week 31

Ringen en horloges kunnen uw bloedsomloop belemmeren. Soms zit een ring zo vast om de vinger van een zwangere vrouw dat de juwelier hem eraf moet halen. Als uw vingers gezwollen zijn, kunt u beter geen ringen dragen. Of u koopt een paar goedkopere ringen in een grotere maat, die u alleen tijdens de zwangerschap draagt.

Uw invloed op de ontwikkeling van de baby

✌ *Slaaphoudingen*

Zoals eerder al werd verteld, is het belangrijk dat u op uw zij slaapt of ligt terwijl u rust (zie Week 15). Daar zult u nu baat bij hebben. Als u het niet doet, zal uw lichaam snel meer vocht opslaan. Door regelmatig op uw zij te gaan liggen, zult u zich heel wat beter voelen.

✌ *Prenatale controles*

Sla nooit een prenatale controle over! Misschien vindt u dat er niet veel gebeurt tijdens die consultaties, vooral als alles goed gaat. Toch krijgt de arts, vroedvrouw of verloskundige dankzij die afspraken heel wat informatie over uw toestand en die van de baby. Hij of zij let vooral op veranderingen in de bloeddruk en in de gewichtstoename of bij groeiproblemen bij het kind. Als zulke problemen niet in een vroeg stadium aan het licht komen, kunnen ze ernstige gevolgen hebben voor u en uw baby.

✌ *Wat is een 'natuurlijke' of 'normale' geboorte?*

Wanneer ouders spreken over 'normale geboorte' of 'normale bevalling' dan bedoelen ze dikwijls een fysiologische vaginale bevalling voorafgegaan door de contracties zonder complicaties. Men houdt hierbij geen rekening met het kunstmatig breken van de vliezen, inleiden van de bevalling, epidurale verdoving of episiotomie.

In feite is een 'natuurlijke, normale geboorte' een geboorte die niet operatief is of met hulpmiddelen gebeurt (dus geen keizersnee, verlostang, vacuümpomp) en waarbij geen handelingen zoals breken van de vliezen, geven van hormonen, inleiden, inknippen... worden uitgevoerd. De vrouw kiest zelf hoe ze haar bevalling doormaakt en ervaart de weeën, persweeën en de geboorte van het kind bewust. De vrouw moet aan de hand van ontspanningstechnieken goed voorbereid zijn op de natuurlijke bevalling.

Drie technieken om de pijn op te vangen Er zijn drie technieken om de pijn van de weeën op te vangen die van pas komen bij een natuurlijke bevalling. U kunt de drie technieken tijdens zwangerschapscursussen aanleren en tijdens de bevalling combineren.

• *Lamaze* is de oudste voorbereidingstechniek. De aanstaande moeders wordt geleerd hoe onproductieve inspanningen tijdens de weeën om te zetten in productieve. Deze techniek legt de nadruk op ontspanning en ademhalingsmethodes tijdens de weeën en de bevalling.

- *Bradley*-cursussen leren u de Bradley-ontspanningsmethode te gebruiken en u op het innerlijke te concentreren. Hierbij worden veel soorten van relaxatie gebruikt. De nadruk ligt vooral op ontspanning en een diepe buikademhaling. Deze lessen worden gevolgd vanaf het begin van de zwangerschap en gaan door na de bevalling.
- *Grantly Dick-Read* probeert de angst-spanning-pijncyclus bij de bevalling te doorbreken. Dit was de eerste methode die aanstaande vaders betrok bij het geboorteproces.

Kunt u een natuurlijke bevalling aan? Stel u soepel op tijdens het onvoorspelbare proces van de bevalling. Voel u niet schuldig of wees niet teleurgesteld als u niet alles kunt doen wat u van tevoren gepland had. Laat u door niemand schuldgevoelens aanpraten of denk niet dat u tekortgeschoten bent als u uiteindelijk een keizersnee, een epidurale verdoving of een knip moet ondergaan.

Laat u geen onrealistische verwachtingen aanpraten door anderen. Laat u niet in een richting duwen door de mening van anderen. Omring u door mensen die u kunt vertrouwen en die u ondersteunen bij de weeën en de bevalling. Dat wil zeggen dat u zich op uw gemak moet voelen, dat uw partner eventueel bij u is en dat er voldoende (maar niet te veel!) professionele hulp is van de arts, vroedvrouw of verloskundige. Het doel van de weeën en de bevalling is de geboorte van een gezonde baby. Kies zelf hoe u uw baby op de wereld wilt zetten en laat u daarbij ondersteunen door de geschikte mensen.

Uw voeding

U kunt dagelijks de juiste voorzorgsmaatregelen nemen om een vergiftiging met de salmonellabacterie te vermijden. Deze bacterie kan heel wat problemen veroorzaken, vanaf matige darmproblemen tot een ernstige, soms fatale voedselvergiftiging.

Salmonellabacteriën vinden we terug in veel voedingsmiddelen. Ze zitten in rauwe eieren en rauw gevogelte. De bacterie wordt gedood door verhitting van het voedingsmiddel. Toch is het raadzaam om extra voorzorgsmaatregelen in acht te nemen.

- Als u gevogelte of gerechten met rauwe eieren bereidt, maak daarna dan het aanrecht, keukengerei, borden en pannen schoon met heet water en zeep of een ontsmettingsmiddel.
- Zorg dat gevogelte altijd goed gaar is.

- Eet geen gerechten die bereid zijn met rauwe eieren, zoals bepaalde sauzen (hollandaisesaus, zelfgemaakte mayonaise), zelfgemaakte advocaat of eierlikeur, eigengemaakt roomijs… Proef niet van taartbeslag, koekjesdeeg of iets anders met rauwe eieren voordat het gebakken is.
- Als u eieren eet, zorg er dan voor dat u ze minstens 7 minuten kookt, 5 minuten pocheert of aan elke kant 3 minuten bakt. Eet geen spiegelei, want het eigeel is daarin nog niet volledig gaar.

Dit is ook belangrijk!

⤳ *Zwangerschapshypertensie*

Zoals het woord zelf al zegt, hebben alleen zwangere vrouwen er last van. De systolische bloeddruk (het eerste cijfer) ligt boven 140 mm kwik of 30 mm hoger dan uw normale bloeddruk. Als de diastolische druk (het tweede cijfer) hoger is dan 90 of met 15 mm stijgt, duidt dat eveneens op problemen. Een vrouw van wie de bloeddruk in het begin van de zwangerschap 100/60 is en later 130/90, kan hypertensie of zwangerschapsvergiftiging krijgen.

Door bij elk prenataal onderzoek uw bloeddruk te meten, houdt uw arts, vroedvrouw of verloskundige in de gaten of alles normaal is.

⤳ *Wat is zwangerschapsvergiftiging?*

Zwangerschapsvergiftiging of *pre-eclampsie* komt alleen tijdens de zwangerschap of vlak na de bevalling voor. De symptomen zijn onder andere:

- gezwollen vingers, enkels en gezicht (oedeem)
- eiwit in de urine (proteïnurie)
- hoge bloeddruk (hypertensie)
- veranderde reflexen (hyperreflexie)

Andere niet-specifieke, belangrijke verschijnselen zijn pijn rechts onder in de ribben, hoofdpijn en gezichtsstoornissen. Als u last hebt van een van die symptomen, moet u onmiddellijk uw arts waarschuwen, zeker als u al eerder problemen met uw bloeddruk hebt gehad!

Pre-eclampsie kan leiden tot *eclampsie:* stuiptrekkingen bij vrouwen met zwangerschapsvergiftiging. De stuiptrekkingen worden niet veroorzaakt door epilepsie of door een evenwichtsstoornis.

De meeste vrouwen zwellen tijdens de zwangerschap iets op, bijvoorbeeld in de benen, of hebben last van hoge bloeddruk. Die symptomen op zich zijn niet per se tekenen van zwangerschapsvergiftiging!

Hoe ontstaat zwangerschapsvergiftiging? Niemand kent het antwoord op die vraag. Wel weten we dat het meestal voorkomt tijdens een eerste zwangerschap. Vrouwen ouder dan 35 jaar, die hun eerste baby verwachten, hebben meer kans op hoge bloeddruk en zwangerschapsvergiftiging.

Sommige onderzoekers geloven dat werkende vrouwen meer geneigd zijn om pre-eclampsie te ontwikkelen dan niet-werkende vrouwen. Dat wordt geweten aan de stress die met het werk gepaard gaat. Als u een baan hebt waarbij veel stress komt kijken, vermeld dat dan bij uw arts, vroedvrouw of verloskundige.

De behandeling De behandeling heeft als doel om stuiptrekkingen te vermijden. Gedurende negen maanden zullen uw bloeddruk en gewichtstoename nauwlettend in de gaten worden gehouden. Door zwangerschapsvergiftiging slaat het lichaam meer water op, wat zorgt voor extra gewichtstoename. Consulteer uw arts als u bepaalde symptomen van pre-eclampsie vermoedt.

De behandeling bestaat vooral uit bedrust, zodat uw nieren goed kunnen functioneren en de bloedtoevoer naar de baarmoeder optimaal is. Werken of lang staan zijn dus uit den boze.

Ga op uw zij en niet op uw rug liggen. Drink veel water en vermijd zout, zoute voedingsmiddelen en producten die natrium bevatten, aangezien ze vochtvasthoudend werken. Vroeger schreef men wel eens vochtafdrijvende middelen (diuretica) voor, maar dat wordt nu niet meer gedaan. Het gebruik ervan wordt ook niet aanbevolen tijdens de zwangerschap.

Als u thuis niet in bed kunt rusten of als de symptomen verergeren, stuurt de arts u naar het ziekenhuis of besluit hij om de bevalling in te leiden. Het inleiden gebeurt voor uw welzijn en dat van de baby en om stuiptrekkingen te voorkomen.

Tijdens de weeën kan pre-eclampsie behandeld worden met magnesiumsulfaat. Het wordt intraveneus toegediend om tijdens en na de bevalling flauwvallen te voorkomen. Hoge bloeddruk wordt behandeld met medicijnen.

Bel onmiddellijk uw arts als u denkt dat u een aanval hebt gehad! De diagnose is vaak moeilijk te stellen. Het kan helpen als iemand die u zag tijdens de aanval, aan de arts kan beschrijven wat er precies gebeurde.

Week 32

Leeftijd van de foetus – 30 weken

Hoe groot is de baby?

De baby weegt nu ongeveer 1800 g en meet van kruin tot stuit 29 cm. De totale lengte bedraagt 42 cm.

Hoeveel bent u aangekomen?

Vanaf het schaambeen gemeten is de baarmoeder ongeveer 32 cm groot. De bovenrand ervan komt ongeveer 12 cm boven de navel.

Zo groeit en ontwikkelt uw baby zich

⋄ *Een tweeling? Een drieling? Of nog meer?*

Als we het over meerlingen hebben, bedoelen we meestal een tweeling. Het is normaal dat u even van de schok moet bekomen wanneer u hoort dat u meer dan één kind tegelijk zult krijgen. De angst die u aanvankelijk voelt, verdwijnt echter snel dankzij het vreugdevolle vooruitzicht van een tweeling.

Bij een twee- of meerling zal uw arts, vroedvrouw of verloskundige u vaker onderzoeken. De bevalling en zorg voor de baby's moeten goed van tevoren worden gepland.

Een- en twee-eiige tweelingen Een tweeling ontstaat meestal doordat twee eicellen tegelijkertijd bevrucht worden. Dat noemt men een *twee-eiige* of *niet-identieke* tweeling, die kan bestaan uit een jongen en een meisje. In 33% van de gevallen ontstaat een tweeling uit één eicel, die zich in twee dezelfde structuren opsplitst. Elk van die structuren ontwikkelt zich tot een uniek mensje.

Een echografie van een tweeling. Als u goed kijkt, ziet u de
twee hoofdjes. Op de onderste
tekening ziet u hoe de baby's
liggen.

Moederkoek   Buikholte van de moeder

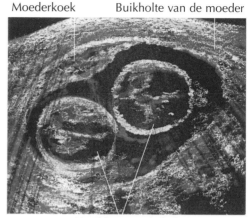

Hoofdjes van de baby's

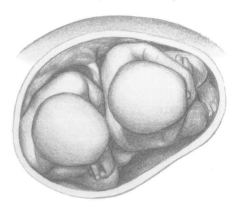

Dat noemt men een *eeneiige* of *identieke* tweeling. De twee baby's hebben meestal hetzelfde geslacht.

Hetzelfde kan gebeuren met meer dan twee foetussen. Een vierling kan bijvoorbeeld ontstaan als één, twee, drie of vier eicellen bevrucht worden.

Een opsplitsing van de bevruchte eicel vindt plaats tussen de eerste en de achtste dag na de bevruchting. In dit boek is dat dus in de derde week van de zwangerschap. Als de eicel na 8 dagen splitst, kan dat resulteren in een tweeling waarvan de baby's met elkaar vergroeid zijn, dus een *Siamese tweeling*. De baby's delen meestal belangrijke organen zoals hart, longen of lever. Gelukkig komen Siamese tweelingen slechts zelden voor.

Het vóórkomen van tweelingen Slechts één op de 250 zwangerschappen ter wereld resulteert in een identieke tweeling. Leeftijd van de moeder, ras, erfelijkheid, aantal zwangerschappen of medicijnen om de vruchtbaarheid te bevorderen, hebben geen invloed op het voorkomen van dit soort van tweelingen. Bij twee-eiige tweelingen is dat wel het geval. Niet bij alle rassen komen meerlingen even vaak voor. Bij blanke vrouwen resulteert 1 op 100 zwangerschappen in een tweeling. Bij zwarte vrouwen is dat 1 op 79. In bepaalde delen van Afrika komen uitzonderlijk veel tweelingen voor. Soms zelfs in 1 op de 20 zwangerschappen! In Azië heeft slechts 1 op de 150 zwangerschappen een tweeling als resultaat.

Erfelijkheid speelt ook hier een belangrijke rol. Uit onderzoek is gebleken dat een vrouwelijke niet-identieke tweeling een kans van 1 op 58 heeft om zelf een tweeling te krijgen.

Tweelingen komen waarschijnlijk vaker voor dan we denken. Bij echografieën die uitgevoerd worden in het begin van de zwangerschap, worden vaak twee vruchtzakken of twee vruchten vastgesteld. Later is er vaak één van verdwenen, terwijl de andere baby zich normaal ontwikkelt. Sommige onderzoekers vinden dat men tijdens de eerste 8 tot 10 weken van de zwangerschap geen echografie zou mogen uitvoeren. Als later blijkt dat het niet om een tweeling, maar om slechts één kind gaat, kunnen de ouders teleurgesteld zijn.

Bij één op de 8000 bevallingen wordt een drieling geboren. Veel artsen maken in hun carrière nooit de geboorte van een drieling mee.

Op sommige gezinnen lijkt een extra zegen te rusten. Ik ken een vrouw die drie eenlingen had, terwijl haar vierde zwangerschap een tweeling was en haar vijfde een drieling! Samen met haar man besloot ze nog een keer een kans te wagen. Ze waren verrast (en waarschijnlijk ook opgelucht) toen het om 'slechts' één kind bleek te gaan.

Behandeling van onvruchtbaarheid, in-vitrofertilisatie en meerlingen Het is allang bekend dat bepaalde medicijnen om de vruchtbaarheid te bevorderen de kans op een meerling vergroten. Voor de behandeling van onvruchtbaarheid worden verschillende medicijnen gebruikt, die allemaal de kans op meer dan één kind in zekere mate vergroten. Een veelgebruikt middel is clomifeen (Clomid®). Bij inname ervan hebt u iets minder kans op een meerling dan bij andere middelen. Maar de mogelijkheid bestaat!

Tweelingen komen meestal voor als men medicijnen heeft gebruikt om de vruchtbaarheid te stimuleren, of bij de inplanting van meer dan één embryo na in-vitrofertilisatie. Hoe meer foetussen er zijn, hoe minder kans men heeft dat er een jongen bij is. Meerlingen bestaan dus meestal hoofdzakelijk uit meisjes.

Het ontdekken van een meerling Vóór echografieën werden uitgevoerd, was het moeilijker om een meerlingzwangerschap vast te stellen. Een tweeling wordt meestal niet ontdekt via het controleren van de hartslag. Veel mensen

Tip voor Week 32

Als u meer dan één baby draagt, hebt u meer calorieën, eiwitten, vitaminen en mineralen nodig. Per baby moet u 300 calorieën per dag meer opnemen dan bij een normale zwangerschap.

denken dat als er maar één hartslag te horen is, er onmogelijk een tweeling kan zijn. Dat is niet altijd zo! Twee heel snel kloppende hartjes kunnen met (bijna) dezelfde snelheid kloppen.

Het meten en onderzoeken van uw buik tijdens de zwangerschap is heel belangrijk. Meestal wordt een tweeling ontdekt tijdens het tweede trimester, omdat de aanstaande moeder te veel aankomt voor één enkele baby.

Een meerlingzwangerschap is het beste vast te stellen met behulp van echografie. Na 16 tot 18 weken, als de skeletten van de foetussen zichtbaar zijn, kan men ook de diagnose van een meerling stellen door röntgenfoto's te maken. Die methode wordt echter zelden gebruikt.

Zijn er bij een meerling vaker problemen? De kans op problemen is groter bij een meerlingzwangerschap. De volgende moeilijkheden komen vaker voor:

- een miskraam
- sterfte van een foetus
- misvormingen
- laag geboortegewicht of groeiachterstand
- zwangerschapsvergiftiging
- bloedarmoede bij de moeder
- problemen met de placenta, loslaten van de placenta en *placenta praevia*
- bloedverlies bij de moeder
- problemen met de navelstreng, zoals een verstrengeling van de navelstrengen
- hydramnion of polyhydramnion
- moeilijkere bevalling door een abnormale ligging, bijvoorbeeld stuit- of dwarsligging
- voortijdige bevalling

Een van de grootste problemen bij een meerlingzwangerschap is een voortijdige bevalling. Hoe meer foetussen er zijn, hoe korter de zwangerschap duurt en hoe lager het geboortegewicht. Hoewel dat niet altijd noodzakelijk zo is.

Meestal worden tweelingen na 37 weken geboren en drielingen na 35 weken. Elke week dat de baby's langer in de buik van hun moeder zitten, verhoogt hun geboortegewicht en zorgt ervoor dat hun organen zich verder ontwikkelen. Ernstige misvormingen komen vaker voor bij meerlingen. De kans op kleine afwijkingen is twee keer zo groot als bij een eenling. Verder komen afwijkingen vaker voor bij identieke tweelingen.

Als er meer foetussen zijn, probeert men meestal de zwangerschap zo lang mogelijk te laten duren. Bedrust kan daarom nuttig zijn. Uw normale activiteiten zult u niet kunnen en mogen volhouden. Volg het advies van uw arts, vroedvrouw of verloskundige op als hij of zij bedrust aanraadt.

Bij een meerlingzwangerschap is de gewichtstoename heel belangrijk. Afhankelijk van het aantal baby's dat u draagt, zult u meer dan de normale 12,5 tot 17,5 kg aankomen. Een extra inname van ijzer is noodzakelijk.

Sommige wetenschappers menen dat het gebruik van een tocolytisch middel (om de weeën te stoppen) nodig is om een voortijdige bevalling te voorkomen (zie Week 29). Het middel ontspant de spieren van de baarmoeder, zodat de contracties niet te vroeg beginnen. Volg het advies van uw arts, vroedvrouw of verloskundige nauwkeurig op. Elke dag of week dat u de baby's langer in uw buik kunt houden, zijn dagen of weken dat u ze niet op de intensive care hoeft te bezoeken terwijl ze hun ontwikkelingsproces voltooien.

Bevallen van meer dan één baby Meestal hangt alles af van de ligging van de foetussen. Naast een voortijdige bevalling loopt u bij een meerling ook kans op:

- een abnormale ligging (stuit- of dwarsligging)
- uitstulping van de navelstreng
- loslaten van de placenta
- problemen bij de foetus
- heviger bloedverlies na de bevalling

Bovenstaande problemen komen vaker voor bij een meervoudige zwangerschap. De bevalling wordt nauwkeurig voorbereid vanwege het verhoogde risico. Men voorziet een intraveneuze behandeling, een anesthesist, een kinderarts en voldoende ander medisch personeel om voor de baby's te zorgen.

Bij tweelingen komen alle mogelijke combinaties van liggingen voor. Beide baby's kunnen met hun hoofdje eerst komen (rechtstand). Ze kunnen stuit liggen, dat wil zeggen met hun voeten of achterste eerst, of ze kunnen dwars liggen, dus in een hoek, zodat noch de stuit noch het hoofd eerst komt. Er kan ook een combinatie van deze liggingen zijn (zie Week 38).

Als beide baby's met hun hoofdje naar beneden liggen, kan een vaginale bevalling tot een goed einde gebracht worden. Het kan ook zijn dat één baby normaal geboren wordt en de andere met een keizersnee als er problemen zijn met de navelstreng of wanneer de tweede baby te veel last ondervindt van de geboorte van de eerste. Sommige artsen menen dat een twee- of meerling in alle gevallen een keizersnee vereist. Als u bevallen bent van twee of meer baby's, zal de arts extra letten op uw bloedverlies vanwege de snelle verkleining van uw baarmoeder, die enorm uitgerekt werd. Medicijnen zoals oxytocine worden intraveneus toegediend om de baarmoeder te laten samentrekken en het bloeden te stoppen. Een enorm bloedverlies zou voor bloedarmoede kunnen zorgen of een bloedtransfusie of langdurige inname van ijzersupplementen noodzakelijk maken.

Veranderingen bij u

Tenzij er complicaties waren, hebt u tot nu toe maandelijks een afspraak gehad bij uw arts, vroedvrouw of verloskundige. Vanaf week 32 beginnen de meesten met tweewekelijkse afspraken tot aan de laatste maand van de zwangerschap. Vanaf dan zult u wekelijks op controle gaan. Waarschijnlijk kent u uw arts, vroedvrouw of verloskundige nu al redelijk goed en kunt u goed met hem of haar praten. Stel nu vragen en bespreek zaken in verband met de bevalling. Dat werpt zijn vruchten af als er later tijdens de zwangerschap of de weeën problemen zijn.

In de volgende weken legt uw arts of verloskundige u allerlei zaken uit. Misschien hoort u andere dingen vertellen tijdens de zwangerschapscursus die u volgt, bijvoorbeeld over lavementen, intraveneuze medicijnen en complicaties. Wees niet bang om vragen te stellen. Zij hebben liever dat u er met hem of haar over praat dan dat u zich onnodig zorgen maakt.

Uw invloed op de ontwikkeling van de baby

✍ *Prenatale vitaminen*

Ook in het derde trimester moet u uw vitaminen nog dagelijks blijven innemen.

De vitaminen en het ijzer in prenatale vitaminen zijn heel belangrijk voor u en de baby. U moet ervoor zorgen dat u tegen de tijd van de bevalling niet aan bloedarmoede lijdt. De kans dat u een bloedtransfusie nodig hebt, wordt dan immers groter. Blijf dus vooral uw prenatale vitaminen innemen.

Uw voeding

Als u meer dan één baby verwacht, is uw voeding en gewichtstoename heel belangrijk. Via de voeding moet u voedingsstoffen en calorieën binnenkrijgen, maar u moet ook dagelijks prenatale vitaminen nemen. Als u aan het begin van de zwangerschap niet genoeg aankomt, hebt u meer risico op pre-eclampsie. Uw baby's kunnen ook kleiner zijn.

Als u een tweeling verwacht, moet u normaal ongeveer 20 à 22 kilo bijkomen. Het is goed mogelijk dat uw arts, vroedvrouw of verloskundige u zegt dat u een bepaald aantal kilo's moet bijkomen. Als u het nagestreefde gewicht bereikt, zullen uw baby's mogelijk gezonder zijn. Haal uw extra calorieën uit de juiste voedingsmiddelen. Eet bijvoorbeeld een extra zuivelproduct per dag en een extra portie eiwit. Die twee zaken zullen u de nodige hoeveelheid calcium, eiwit en ijzer geven om aan de behoefte van uw baby's te voldoen.

Dit is ook belangrijk!

✌ *Bloedverlies na de bevalling*

De bevalling gaat meestal gepaard met wat bloedverlies, maar dat is totaal iets anders dan een hevige bloeding na de bevalling. Bij een *postpartum bloeding* verliest u meer dan 500 ml bloed in de eerste 24 uur na de bevalling.

Er zijn verscheidene oorzaken voor. Meestal is het te wijten aan het feit dat de baarmoeder zich tijdens het geboorteproces niet wil samentrekken en de vagina of baarmoederhals inscheurt. Het kan ook zijn dat de genitaliën beschadigd zijn omdat men een knip heeft moeten geven of omdat de knip met veel bloedverlies gepaard ging. Of de baarmoeder kan gescheurd zijn. Bloedverlies kan ontstaan als de bloedvaten in de baarmoeder (waar de placenta aan vast hing) niet dichtgaan, zodat het bloeden aanhoudt. Dat kan gebeuren als de baarmoeder niet opnieuw samentrekt omdat de bevalling heel snel verliep of heel lang duurde, omdat er al veel bevallingen aan voorafgingen, omdat uw baarmoeder ontstoken is of te ver uitgerekt werd (bij een meerling), of omdat er bepaalde middelen werden gebruikt voor een algehele verdoving.

Een hevige bloeding kan ook ontstaan als de placenta niet helemaal geboren werd, maar nog gedeeltelijk achtergebleven is in de baarmoeder. De bloeding kan direct optreden of pas weken en zelfs maanden later.

Problemen met de bloedstolling kunnen ook voor een hevige bloeding zorgen. Dat kan te maken hebben met de zwangerschap of aangeboren zijn. Bloedverlies na de bevalling moet nauwlettend door uw arts, vroedvrouw of verloskundige in de gaten gehouden worden.

Week 33

Leeftijd van de foetus – 31 weken

Hoe groot is de baby?

Het gewicht van de baby bedraagt op dit moment ongeveer 2000 g. Van kruin tot stuit meet hij of zij ongeveer 30 cm. De totale lengte bedraagt ongeveer 43 cm.

Hoeveel bent u aangekomen?

Ongeveer 13 cm boven uw navel kunt u de bovenrand van uw baarmoeder voelen. Vanaf het schaambeen gemeten is de baarmoeder ongeveer 33 cm groot. U bent normaal gezien op dit moment tussen de 9,9 en 12,6 kg aangekomen.

Zo groeit en ontwikkelt uw baby zich

✥ Loslaten van de placenta

Bij *loslaten van de placenta* komt de placenta los van de baarmoederwand, wat voor ernstige complicaties kan zorgen. Normaal gezien komt de moederkoek pas los na de geboorte van het kind.

Het loslaten van de placenta komt bij 1 op de 80 zwangerschappen voor. Het tijdstip waarop dat gebeurt, verschilt van geval tot geval, zodat ook de gevolgen voor de foetus niet altijd dezelfde zijn. Als de placenta loskomt tegen de tijd dat de bevalling moet plaatsvinden en het kind wordt zonder problemen geboren, is dat uiteraard minder erg.

De oorzaak van het loskomen is onbekend. De volgende omstandigheden kunnen de kans vergroten:

Op de tekening is duidelijk te
zien dat de placenta is losgekomen van de baarmoederwand.

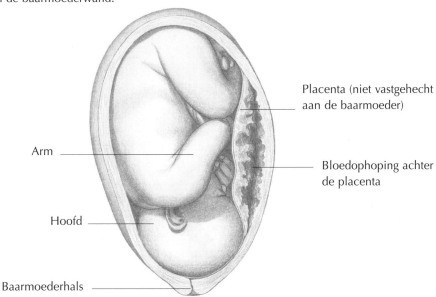

Placenta (niet vastgehecht
aan de baarmoeder)

Arm

Bloedophoping achter
de placenta

Hoofd

Baarmoederhals

- roken
- lichamelijk letsel bij de moeder, bijvoorbeeld door een auto-ongeluk
- een te korte navelstreng
- een plotselinge verandering in omvang van de baarmoeder (door de bevalling of het breken van de vruchtvliezen)
- hoge bloeddruk
- een tekort aan bepaalde voedingsstoffen
- een afwijking in de baarmoeder, bijvoorbeeld een stuk weefsel waaraan de
  moederkoek zich niet goed kan vasthechten

De placenta kan gedeeltelijk of volledig losraken van de baarmoederwand. In
het laatste geval is de situatie het ergst. De foetus is volledig afhankelijk van
de moederkoek. Als die loskomt, krijgt het kind geen bloed meer via de navelstreng, die verbonden is met de placenta. Uit onderzoeken is gebleken dat een
tekort aan foliumzuur een rol kan spelen bij het loskomen van de placenta.
Ook roken en alcoholgebruik worden als mogelijke boosdoeners genoemd.
Als u hiermee al eerder problemen hebt gehad, hebt u 10% kans dat het fe-
nomeen zich weer voordoet. Zodoende houdt een nieuwe zwangerschap veel
risico's in.

Symptomen   Als de placenta losgekomen is, kan dat gepaard gaan met een hevige bloeding of helemaal geen bloedverlies. De illustratie toont een placenta die volledig is losgekomen en waarachter zich bloed opgestapeld heeft. Er is dus geen bloeding uit de baarmoederhals of vagina. Andere symptomen kunnen zijn: lage rugpijn, een pijnlijke baarmoeder of buikholte en contracties van de baarmoeder.

Hoewel het niet altijd een precieze diagnose oplevert, kan echografie helpen om het probleem van een losgekomen placenta vast te stellen. Als de placenta op de achterzijde van de baarmoeder zit, is hij echter niet makkelijk via een echografie op te sporen.

Wanneer de placenta loskomt, kan het plotselinge hevige bloedverlies dat daarmee gepaard gaat, voor een shock zorgen. Er kan ook een gevaarlijke bloedklonter ontstaan of er zijn stollingsproblemen, zodat het bloedverlies aanhoudt.

Het loslaten van de placenta gaat in 75% van de gevallen gepaard met bloedverlies. Pijn aan de baarmoeder komt in 60% van de gevallen voor, net als problemen met de hartslag van de foetus. Bij 34% van de vrouwen zijn er contracties in de baarmoeder. De kans dat de afwijking tot een voortijdige bevalling leidt, bedraagt 20%. In 15% van de gevallen sterft de foetus, wat echter niet vaak voorkomt.

Bestaat er een behandeling voor het loslaten van de placenta?   De behandeling varieert, afhankelijk van hoe men de diagnose kan stellen en van hoe de moeder en de baby het maken. Bij zeer hevig bloedverlies wordt een keizersnee gedaan.

Als de bloeding minder erg is, pakt men het wat kalmer aan, afhankelijk van of de baby problemen ondervindt of onmiddellijk gevaar loopt.

Loslaten van de placenta is een van de ergste problemen die zich kunnen voordoen in het tweede en derde trimester. Bel meteen uw arts als u verdachte symptomen opmerkt!

Veranderingen bij u

∽ Hoe weet u dat uw vliezen gebroken zijn?

Meestal komt er een golf van vruchtwater uit de vagina, gevolgd door kleine hoeveelheden water. Sommige vrouwen beschrijven het als voortdurende nattigheid of water dat langs hun been naar beneden loopt terwijl ze staan.

Vruchtwater is meestal helder van kleur en ziet er waterig, af en toe ook bloederig, geel of groen uit.

Iets meer afscheiding uit de vagina of af en toe wat urineverlies is niet onge-woon wanneer de baby druk uitoefent op uw blaas. Om te zien of uw vliezen inderdaad gebroken zijn, kan de arts twee tests uitvoeren.

Eén daarvan is de pH-test. Als men wat vruchtwater op een teststrookje doet, verandert het papier van kleur. Deze test is gebaseerd op de zuurte- of pH-graad van vruchtwater. Onzichtbare sporen van bloed kunnen het teststrookje echter ook van kleur doen veranderen, zonder dat uw vliezen ook echt gebro-ken zijn.

Verder is er nog de varentest of ferntest. Vruchtwater of vocht uit het achterste gedeelte van de vagina wordt op een glasplaatje gedaan en onderzocht onder de microscoop. Opgedroogd vruchtwater ziet eruit als een varenblad of takken van een dennenboom. Deze test is meestal beter en effectiever dan de boven-genoemde pH-test.

Wat moet u doen als uw vliezen breken? De vruchtvliezen kunnen op elk tijdstip van de zwangerschap breken, dus niet alleen tegen de tijd van de be-valling!

Waarschuw uw arts, vroedvrouw of verloskundige als u denkt dat uw vrucht-vliezen gebroken zijn. Vermijd geslachtsgemeenschap in geval van twijfel, want dat verhoogt de kans op infecties aan de baarmoeder en dus ook bij de foe-tus.

Uw invloed op de ontwikkeling van de baby

✺ Gewichtstoename

Uw gewicht neemt nog toe, misschien zelfs sneller dan ooit tevoren. Dat komt doordat de baby nu heel hard groeit: on-geveer 250 g of zelfs meer per week!

Zorg ervoor dat u gezond eet. Doordat er steeds minder plaats overblijft voor uw maag, hebt u misschien meer dan eerst last van brandend maagzuur. Neem

> **Tip voor Week 33**
>
> Ga niet minder eten of maaltijden overslaan naarmate u aankomt. Zowel u als uw baby heeft de calorieën en voedingsstoffen van gezonde voeding nodig.

daarom meerdere kleinere maaltijden per dag in plaats van drie grotere. Volg de richtlijnen in elk hoofdstuk over voeding en het advies van uw arts, vroed-vrouw of verloskundige goed op.

Uw voeding

Ondertussen weet u al hoe belangrijk een gezonde voeding is tijdens de zwangerschap. Het eten van vers fruit en verse groenten, zuivelproducten, volkoren graanproducten en eiwitten draagt bij tot de ontwikkeling van uw baby. Sommige voedingsmiddelen eet u nu liever niet.

Probeer indien mogelijk alle voedingsadditieven te vermijden. Wees ook voorzichtig met pesticiden. Was en droog alle soorten fruit en groenten voor u ze eet, zelfs wanneer u ze schilt. De stoffen kunnen immers op uw handen komen terwijl u de vruchten schilt. Koop vis enkel bij een betrouwbare handelaar en kies voor vis die gevangen werd in niet-verontreinigde gebieden.

Dit is ook belangrijk!

✧ *Episiotomie (een knip)*

U vraagt zich misschien af of de arts u tijdens de bevalling zal inknippen (episiotomie). De mening van artsen over een knip lopen uiteen. Geen enkele recente studie bewijst echter het voordeel van een episiotomie, hoewel een knip nog vaak wordt toegepast. De knip zou enkel in geval van nood – als het snel moet gaan voor de baby – moeten worden gedaan.

Als men een knip geeft, is dat vanaf de vagina in de richting van de anus om te voorkomen dat de vagina inscheurt als het hoofdje van de baby door het geboortekanaal komt. Men kan loodrecht in de richting van de anus of meer naar opzij knippen. Sommige artsen zijn van mening dat een natuurlijke scheur achteraf beter geneest. De knip is een rechte insnede die scheuren in allerlei richtingen kan voorkomen. Anderzijds kan een knip ook verder inscheuren, wat voor nog meer complicaties kan zorgen.

Bepaalde oefeningen om het geboortekanaal zo ver mogelijk op te rekken, helpen bij sommige vrouwen, zodat ze niet ingeknipt hoeven te worden.

Vraag uw arts of hij/zij denkt dat u een knip nodig zult hebben en of die dan in het midden of aan de zijkant van de vagina wordt gegeven.

Na de bevalling wordt de knip dichtgenaaid met hechtingen die door het weefsel worden opgenomen en dus niet verwijderd hoeven te worden.

De pijnlijkste ervaring na de bevalling is misschien wel de knip. Tijdens het genezingsproces kunt u met heel wat ongemakken opgescheept zitten. Vraag gerust medicijnen om de pijn wat te verzachten. Er zijn veel veilige middelen, ook als u borstvoeding geeft, zoals paracetamol. Verder kan de plaats waar is ingeknipt gevoelig blijven en in sommige gevallen leiden tot pijn bij de geslachtsgemeenschap.

Week 34

Leeftijd van de foetus – 32 weken

Hoe groot is de baby?

Deze week weegt uw baby ongeveer 2275 g en meet hij van kruin tot stuit 32 cm. De totale lengte bedraagt 44 cm.

Hoeveel bent u aangekomen?

Ongeveer 14 cm boven uw navel kunt u de bovenrand van uw baarmoeder voelen. Vanaf het schaambeen gemeten is de baarmoeder ongeveer 34 cm groot. Maak u geen zorgen als uw resultaten niet overeenkomen met die van andere vrouwen. Het belangrijkste is dat u in verhouding genoeg aankomt en dat uw baarmoeder steeds groter wordt. Dat wijst erop dat de baby in uw buik goed groeit.

Zo groeit en ontwikkelt uw baby zich

✧ *Laat u uw baby onderzoeken voor de geboorte?*

Het zou ideaal zijn als u voor de bevalling kon laten onderzoeken of de baby gezond is, zonder afwijkingen of stress. Dankzij echografie kan de arts in uw baarmoeder kijken en de hersenen, het hart en andere organen van de foetus bestuderen. Foetale monitoring wordt in combinatie met echografie gebruikt om te zien of alles in orde is met de foetus. (Dit wordt verder besproken in Week 38.)

Grootte van de baarmoeder na
34 weken zwangerschap (leeftijd
van de foetus: 32 weken). De
bovenrand van de baarmoeder
komt ongeveer 14 cm boven de
navel.

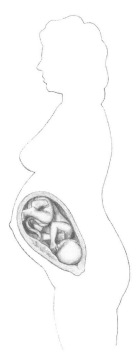

Veranderingen bij u

✖ *Is de baby ingedaald?*

Enkele weken voor de bevalling of bij het begin van de weeën merkt u misschien een verandering op in uw buik. De bovenrand van uw baarmoeder
komt dan niet meer zo ver boven uw navel of de afstand vanaf het schaambeen
tot aan de top van de baarmoeder kan kleiner zijn dan bij de vorige controle.
Dat komt doordat het hoofdje van de baby indaalt in het geboortekanaal of
omdat er minder vruchtwater is of vochtverlies na het breken van de vruchtvliezen. Maak u geen zorgen als u niet voelt dat de baby indaalt. Soms gebeurt
het pas tijdens de weeën of vlak ervoor.
Een voordeel van de indaling is dat er wat meer ruimte vrijkomt bovenaan
in uw buik, zodat u beter kunt ademen. De longen hebben nu immers meer
plaats om uit te zetten. Anderzijds is er meer druk op uw bekken, blaas en
anus, wat tamelijk ongemakkelijk aanvoelt.
Bij een onderzoek vertelt de arts, vroedvrouw of verloskundige u misschien dat
de baby nog niet ingedaald is of nog hoog zit. Daarmee wil hij of zij zeggen
dat het hoofdje van de baby nog niet in het geboortekanaal zit. Maar daarin
kan snel verandering komen!

Als de arts zegt dat de baby beweeglijk is boven de bekkeningang, wil dat zeggen dat het kindje hoog in het geboortekanaal kan worden gevoeld. Het hoofdje is nog niet ingedaald. De baby kan zelfs nog opzij 'zwemmen' als men u onderzoekt.

๛ Ongemakken

Vaak hebben vrouwen in dit stadium het gevoel dat de baby 'eruit valt'. Dat komt doordat de baby, die nu lager in het geboortekanaal zit, meer druk uitoefent.
Raadpleeg uw arts, verloskundige of vroedvrouw als u zich

> **Tip voor Week 34**
>
> Met een stukje papier, wat tape of een gaasje dekt u een gevoelige navel af.

hierover zorgen maakt. Hij of zij kan via een bekkenonderzoek zien hoe ver het hoofdje is ingedaald. De kans dat de baby er echt uitkomt, is heel klein. U voelt wel meer druk dan voorheen omdat de baby lager ligt dan u gewend bent.

Sommige vrouwen hebben het over 'speldenprikken', getintel, een druk of verdoofdheid van het bekken of de omgeving eromheen. Ook dat wordt veroorzaakt door de druk die de baby uitoefent. Het is een veelvoorkomend symptoom waarover u zich geen zorgen hoeft te maken.

Deze gevoelens kunnen aanhouden tot aan de bevalling. Om de druk op de zenuwen, bloedvaten en slagaders in het bekken te verlichten, kunt u het beste op uw zij gaan liggen. Als u erg veel last hebt, moet u zeker uw arts, vroedvrouw of verloskundige raadplegen. Probeer de baby niet opzij te duwen. Dat kan gevaarlijk zijn voor u beiden.

๛ Braxton-Hicks contracties en oefenweeën

Braxton-Hicks contracties zijn pijnloze, onregelmatig terugkerende contracties die u kunt voelen wanneer u een hand op uw buik legt. Ze komen vaak al in het begin van de zwangerschap voor en keren op onregelmatige tijdstippen terug. Als de baarmoeder gemasseerd wordt, kunnen ze vaker en sterker optreden. Het zijn nog geen echte weeën.

Oefenweeën dienen zich aan vóór de echte weeën. Ze kunnen heel pijnlijk zijn, zodat u misschien denkt dat de weeën begonnen zijn. Meestal komen ze onregelmatig voor en zijn ze van korte duur (minder dan 45 seconden). De contractie kan in verschillende lichaamsdelen gevoeld worden, zoals in de lies, de onderbuik en de rug. Bij echte weeën straalt de pijn vanaf de top helemaal uit over de baarmoeder, naar de onderrug en het bekken.

Deze oefenweeën komen meestal tegen het einde van de zwangerschap voor en vaker bij vrouwen die al zwanger geweest zijn en meer baby's ter wereld hebben gebracht. Gewoonlijk houden ze even plotseling op als ze begonnen zijn. Ze houden geen gevaar voor uw baby in.

Uw invloed op de ontwikkeling van de baby

Als de weeën beginnen, nadert het einde van uw zwangerschap. Het is een teken dat uw baby eraan komt! Weeën (contracties van de baarmoeder) zijn nodig om uw kind op de wereld te zetten.

Sommige vrouwen zijn bang (of hopen!) dat ze door bepaalde activiteiten de weeën op gang kunnen brengen. Verhalen over vrouwen die over een hobbelige weg reden of een lange wandeling maakten vlak voor de weeën begonnen, zijn slechts bakerpraatjes. Bij sommige vrouwen kan geslachtsgemeenschap of stimulatie van de tepels de bevalling op gang brengen, maar dat geldt niet voor iedereen.

Door gewoon uw dagelijkse activiteiten voort te zetten (tenzij u bedrust moet nemen), zult u de weeën niet opwekken voordat de baby klaar is om geboren te worden.

Uw voeding

ᵔ *Cholesterol*

Als u zwanger bent of borstvoeding geeft, is dit *niet* het geschikte ogenblik om de hoeveelheid cholesterol in uw bloed te laten meten. Doordat de hormoonproductie tijdens deze periode veel hoger ligt dan anders, hebt u ook een hoger cholesterolgehalte in uw bloed. Soms wel tot 25% meer dan normaal. Wacht met het meten van uw cholesterol tot na de geboorte en borstvoedingsperiode.

ᵔ *Een vitaminerijke snack*

Als u zin hebt in een snack, denkt u misschien niet aan aardappelen. Het is echter een voedzaam tussendoortje! Een aardappel geeft u eiwitten, vezels, calcium, ijzer, vitamine B en C. Kook of stoom er enkele in de schil en leg ze in de koelkast. Als u trek hebt, hoeft u ze alleen maar op te warmen.

Broccoli is een ander voedingsmiddel boordevol voedingsstoffen. Eet het samen met uw aardappel en doe er eventueel wat yoghurt, cottagecheese of zure room bovenop.

Dit is ook belangrijk!

⌒ 'Tekenen'

Na een vaginaal onderzoek of bij de eerste weeën en contracties hebt u misschien een beetje bloedverlies. Dat heet 'tekenen' en komt door het loskomen van de slijmprop die de baarmoeder afsluit. Het gaat om wat bloederig slijm. Bel onmiddellijk uw arts, vroedvrouw of verloskundige als u zich zorgen maakt over de hoeveelheid bloed.

Het tekenen is iets heel anders dan wanneer uw vliezen breken en het houdt geen gevaar in voor u of uw baby. Als u de slijmprop verliest, wil dat nog niet per se zeggen dat de bevalling is begonnen. Dat kan nog wel enkele uren of zelfs dagen duren.

⌒ *De contracties timen*

Tijdens de zwangerschapscursus of bij de prenatale controle werd u al uitgelegd hoe u contracties moet timen. U moet daarvoor beginnen met tellen vanaf het ogenblik dat de wee begint totdat ze weer weggeëbd is.

Verder is het belangrijk om te weten met welke regelmaat de weeën terugkeren. Daarover bestaat nogal wat verwarring. U kunt kiezen uit twee methodes. Volgens de eerste begint u de tijd op te nemen vanaf het ogenblik dat een wee begint tot aan het moment dat de volgende contractie optreedt. Dit is de meest gebruikte en ook betrouwbaarste methode.

Bij de tweede methode rekent men de tijd tussen het eind van een contractie en het begin van de volgende. Vraag uw arts, vroedvrouw of verloskundige welke methode hij of zij het beste vindt.

Voordat u uw arts of het ziekenhuis belt, kunnen u en uw partner of begeleider het beste zelf al de contracties timen. Waarschijnlijk vraagt men meteen hoe regelmatig de weeën optreden en hoe lang ze duren. Op basis daarvan wordt besloten wanneer u naar het ziekenhuis moet gaan.

Week 35

Leeftijd van de foetus – 33 weken

Hoe groot is de baby?

Uw baby weegt nu ongeveer 2550 g en meet van kruin tot stuit 33 cm. De totale lengte bedraagt 45 cm.

Hoeveel bent u aangekomen?

De bovenrand van de baarmoeder komt nu ongeveer 15 cm boven de navel. Vanaf het schaambeen gemeten is de baarmoeder zo'n 35 cm groot. U bent nu normaal gezien tussen de 11 en 13 kg aangekomen.

Zo groeit en ontwikkelt uw baby zich

✃ *Hoeveel weegt de baby?*

Waarschijnlijk hebt u al vaak gevraagd hoe groot uw kindje is en hoeveel het zal wegen bij de geboorte. Dat zijn de meest gestelde vragen na de vraag naar het geslacht van de baby.

Het is heel moeilijk om het gewicht van de baby, de placenta en het vruchtwater te schatten. Vaak doet de arts, vroedvrouw of verloskundige een schatting en geeft hij of zij een halve tot een kilogram speelruimte. De baby, de moederkoek en de hoeveelheid vruchtwater groeien nog steeds, zodat het heel moeilijk is om een schatting te doen.

Het gewicht van de foetus schatten aan de hand van echografie Dit is mogelijk, maar vergissingen zijn ook hier niet uitgesloten. Men kan echter steeds preciezer het gewicht van een baby inschatten door het gebruik van echografie, wat in sommige gevallen heel nuttig blijkt te zijn. Om het gewicht van een baby bij benadering te berekenen, wordt met een aantal factoren rekening gehouden: onder andere de diameter en de omtrek van het hoofdje, de omtrek van baby's buik en de lengte van het dijbeen.

Met behulp van echografie kan men het beste het gewicht van de foetus schatten. Toch kan het uiteindelijke resultaat ook bij gebruik van deze methode nog hoger of lager zijn dan het geschatte gewicht en moeten er geen overhaaste conclusies worden getrokken.

Kan uw baby wel door het geboortekanaal? Ook al werd het gewicht van de baby geschat of met behulp van echografie plusminus bepaald, dan nog kan niet op voorhand gezegd worden of de baby wel door het geboortekanaal kan. Maar u moet vertrouwen hebben in uw lichaam. 90% van alle vrouwen is immers in staat om zonder enig hulpmiddel een baby op de wereld te zetten.

Bij vrouwen van gemiddelde of meer dan gemiddelde grootte kan een baby van ongeveer 3 kg soms niet door het bekken, terwijl kleinere vrouwen vaak zonder veel moeite bevallen van een baby van 3, 4 kg of zelfs meer. U zult dus tot de weeën moeten wachten voordat u weet of uw kindje op de 'normale' manier ter wereld kan komen.

Veranderingen bij u

✂ *Emotionele veranderingen*

Naarmate het derde trimester vordert en de bevalling nadert, maken u en uw partner zich misschien zorgen over wat er te gebeuren staat. U hebt vaker last van wisselende gemoedsstemmingen, zonder dat daarvoor een aanwijsbare reden is. Toenemende prikkelbaarheid zorgt vaak voor spanningen in de relatie met uw partner.

U maakt zich misschien zorgen over kleine, onbelangrijke dingen en over het welzijn van uw baby. Of u vraagt zich af hoe u de weeën en de bevalling zult doorstaan. Misschien bent u ook bezorgd of u wel een goede moeder zult zijn en de baby goed zult kunnen opvoeden.

Terwijl u overspoeld wordt door die emoties, wordt u steeds dikker en kunt u gewone, alledaagse dingen niet meer doen. U voelt zich ongemakkelijk en slaapt minder goed. Door al die factoren schommelen uw emoties voortdurend tussen de hoogste ups en de laagste downs.

Hoe gaat u om met uw emoties? Denk niet dat u alleen op de wereld bent. Andere zwangere vrouwen en hun partners maken hetzelfde door.

Praat met uw partner over uw zorgen. Vertel hem hoe u zich voelt en wat er aan de hand is. U zult verbaasd zijn wanneer uw partner u vertelt dat hij zich ook zorgen maakt: over u, de baby en zijn rol tijdens de bevalling. Door daarover te praten begrijpt hij uw gemoedsstemmingen en huilbuien beter.

Bespreek emotionele problemen ook met de arts, vroedvrouw of verloskundige. Hij of zij kan u verzekeren dat wat u doormaakt, normaal is. Probeer zo veel mogelijk steun te halen uit zwangerschapscursussen en andere informatiebronnen. Emotioneel zult u het niet makkelijk hebben. Vraag uw partner, uw vroedvrouw/verloskundige en arts om u te helpen en vraag uitleg over wat u kunt doen aan die stemmingswisselingen.

Uw invloed op de ontwikkeling van de baby

✃ *De voorbereiding op de geboorte*

U voelt zich misschien wat zenuwachtig voor de bevalling. Of u bent bang dat u niet zult weten wanneer u de verloskundige of vroedvrouw moet bellen of naar het ziekenhuis moet gaan. Praat over zulke zorgen. Hij of zij zal u uitleggen op welke symptomen u moet letten. In een zwangerschapscursus leert u ook waarop u moet letten en wanneer u de verloskundige of vroedvrouw moet bellen of naar het ziekenhuis moet gaan.

Echte weeën keren regelmatig terug. Ze duren steeds langer en worden alsmaar heviger. Houd de klok in de gaten, zodat u weet hoe regelmatig ze voorkomen en hoe lang ze duren (zie Week 34). Aan de hand daarvan wordt een besluit genomen wanneer u naar het ziekenhuis moet gaan.

Tip voor Week 35

Er bestaan speciale beha's, die uw borsten extra steun geven. Door er een te dragen zult u zich overdag en zelfs 's nachts comfortabeler voelen.

Voor de weeën beginnen kunnen uw vliezen breken. Meestal merkt u dat, omdat er een golf van vloeistof uit uw vagina komt, gevolgd door een aanhoudend sijpelen (zie Week 33).

Zorg ervoor dat tijdens deze laatste weken uw koffer klaar staat, zodat u meteen naar het ziekenhuis kunt gaan. Zo bent u er zeker van dat u alles bij u hebt wat nodig is. Loop enkele weken voor de vermoedelijke bevallingsdatum nog eens alle ziekenhuisfaciliteiten na. Zorg ervoor dat u weet waar u naartoe moet en wat u moet doen als u aankomt in het ziekenhuis.

Spreek met uw partner af hoe u hem kunt bereiken als u denkt dat de weeën begonnen zijn. U kunt hem ook regelmatig laten opbellen. Eventueel kan hij een beeper dragen.

Vraag tijdens de prenatale controle wat u moet doen zodra u denkt dat de weeën begonnen zijn. Moet u bellen of rechtstreeks naar het ziekenhuis gaan?

Als u weet wat en wanneer u iets moet doen, kunt u zich makkelijker ontspannen en maakt u zich minder zorgen over de weeën en de bevalling.

Van tevoren naar het ziekenhuis Uw arts, vroedvrouw of verloskundige heeft een nauwkeurig verslag bijgehouden van alles wat er gebeurd is tijdens uw zwangerschap. Een kopie daarvan wordt op de verlosafdeling bewaard.

Het is nuttig en tijdbesparend als u zich enkele weken voor de vermoedelijke bevallingsdatum even aanmeldt in het ziekenhuis. U kunt dan al de nodige formulieren voor de opname invullen, zodat u dat niet meer hoeft te doen als het eenmaal zo ver is. Dan hebt u wel andere dingen aan uw hoofd!

Bepaalde zaken, die misschien niet in uw dossier vermeld staan, moet u zelf weten: uw bloedgroep en resusfactor, wanneer u voor het laatst menstrueerde, wat de vermoedelijke bevallingsdatum is... Verder moet u kunnen uitleggen hoe vroegere zwangerschappen verliepen of wat de eventuele complicaties precies inhielden. Onthoud ook de naam van uw arts, vroedvrouw of verloskundige.

Voorbereidingen bij een thuisbevalling Als u hebt gekozen voor een thuisbevalling weet uw vroedvrouw of verloskundige normaal gesproken al alles wat ze moet weten om de bevalling te kunnen begeleiden. U zult alvast een lijst gekregen hebben met alle zaken die u in huis moet hebben voor uzelf en de baby. In Nederland komt het kraambureau van tevoren controleren of alle voorzieningen aanwezig zijn voor u en de baby.

Dit is ook belangrijk!

⌐ *Wat is placenta praevia?*

Dit is een complicatie waarbij de placenta de baarmoederhals gedeeltelijk of volledig afsluit. Het is een ernstig probleem vanwege de kans op hevige bloedingen, die tijdens de zwangerschap of de weeën kunnen optreden. *Placenta praevia* komt slechts bij 1 op de 170 zwangerschappen voor.

De oorzaak ervan is onbekend. Een vroegere keizersnee, veel voorgaande zwangerschappen en een hogere leeftijd kunnen de kans op *placenta praevia* vergroten.

Dit is een geval van pla-
centa praevia waarbij de
moederkoek de opening van
de baarmoederhals volledig
afsluit.

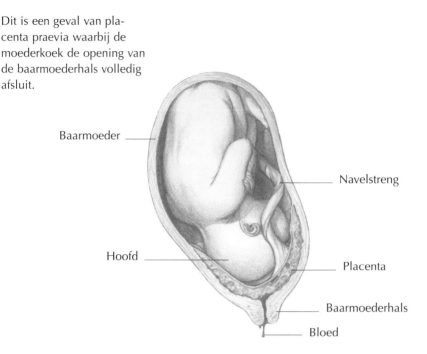

Baarmoeder

Navelstreng

Hoofd

Placenta

Baarmoederhals

Bloed

Symptomen van *placenta praevia*   Het verlies van helderrood bloed zonder pijn noch contracties van de baarmoeder is een symptoom van *placenta
praevia*. Meestal komt het pas tegen het einde van het tweede trimester voor
of later, wanneer de baarmoederhals dunner wordt, uitrekt en daardoor de
placenta lostrekt.

Het bloedverlies bij *placenta praevia* kan plotseling optreden en heel hevig zijn
wanneer de baarmoederhals in het begin van de weeën ontsluit.

Men kan *placenta praevia* vermoeden wanneer een vrouw tijdens de laatste
helft van de zwangerschap bloedverlies heeft. Aangezien een bekkenonderzoek
de bloeding kan verergeren, kan het probleem niet gediagnosticeerd worden
door een lichamelijk onderzoek. Daarom voert men een echografie uit, wat
vooral heel nuttig is in de tweede helft van de zwangerschap, wanneer de baarmoeder en moederkoek groter zijn.

Als u *placenta praevia* hebt, mag u geen bekkenonderzoek laten uitvoeren.
Onthoud dat voor het geval een andere arts u wil onderzoeken of wanneer u
naar het ziekenhuis moet.

Bij *placenta praevia* is er vaker sprake van een stuitligging. Om die reden, en
ook om heviger bloeden te vermijden, voert men een keizersnee uit. Zodoende
kan de arts de baby uit uw buik halen en de moederkoek verwijderen, zodat
de baarmoeder weer samentrekt. Het bloeden wordt zo tot een minimum
beperkt.

Week 36

Leeftijd van de foetus – 34 weken

Hoe groot is de baby?

In dit stadium weegt uw kindje ongeveer 2750 g. Van kruin tot stuit bedraagt de lengte ongeveer 34 cm, terwijl de totale lengte met de beentjes erbij zo'n 46 cm is.

Hoeveel bent u aangekomen?

Vanaf het schaambeen tot aan de bovenrand meet uw baarmoeder ongeveer 36 cm. Ze komt zo'n 14 cm boven uw navel uit.

Het lijkt misschien alsof uw lichaam te klein wordt voor u! De baby blijft steeds groeien, zodat ook uw baarmoeder groter is geworden. Ze komt nu ongeveer tot onder uw ribben.

Zo groeit en ontwikkelt uw baby zich

↬ Ontwikkeling van de longen en het ademhalingssysteem

Dit is een belangrijke ontwikkeling bij uw baby. Prematuurtjes hebben vaak problemen met de ademhaling, wat ook *hyaliene membraanziekte* wordt genoemd. De longen zijn nog niet volgroeid en de baby kan niet zelfstandig ademen. Via een machine dient men zuurstof toe.

In het begin van de jaren zeventig hebben wetenschappers een aantal methodes uitgewerkt om na te gaan of de longen van een foetus voldoende ontwikkeld zijn. Daarvoor voerde men een vruchtwaterpunctie uit. Dankzij de eerste methode, de *L/S ratio*, kon de arts van tevoren zien of de baby na de geboorte zelfstandig zou kunnen ademen.

De L/S ratio-test geeft op zijn vroegst in de 34ste week een positief resultaat. Op dat moment gaat het lecitine-niveau in het vruchtwater omhoog en daalt het sphingomyeline-niveau. De verhouding tussen beide cijfers geeft aan of de longen van de baby voldoende ontwikkeld zijn.

Bepaalde cellen in de longen produceren stoffen die nodig zijn om onmiddellijk na de geboorte te kunnen ademen. Of een baby na de geboorte kan ademen, wordt in grote mate bepaald door de aan- of afwezigheid van *surfactant*. Deze stof is niet aanwezig in de longen van prematuurtjes. Om ademhalingsproblemen te voorkomen, kan surfactant rechtstreeks in de longen van de pasgeborene worden gebracht. Veel prematuurtjes kunnen daardoor zelfstandig ademen en hoeven niet aan een machine te liggen!

Veranderingen bij u

De vermoedelijke bevallingsdatum is binnen 4 of 5 weken. U zou niets liever willen dan dat de baby nu geboren werd. U bent tussen 11,5 en 13,5 kg aangekomen en hebt nog een maand voor de boeg. Het is niet abnormaal dat u bijna niet meer aankomt.

De hoeveelheid vruchtwater die uw baby omgeeft, heeft haar maximum bereikt. Tijdens de volgende weken blijft de baby groeien. Een deel van het vruchtwater wordt echter door uw lichaam opgenomen, zodat de hoeveelheid vruchtwater en de ruimte waarin de baby zich kan bewegen, verminderen. Misschien merkt u veranderingen op in de bewegingen van de baby. Sommige vrouwen ervaren het alsof hun baby minder beweegt nu.

✄ *Weeën: wat, waarom en hoe?*

Het is belangrijk dat u weet wat er gaat gebeuren en wat u moet doen als de weeën op gang komen. Hoe worden ze opgewekt? Waarom bestaat er zoiets als weeën?

Het is moeilijk om daarop een antwoord te geven. Volgens een bepaalde theorie zouden bepaalde hormonen die door de moeder en de foetus geproduceerd worden, de bevalling op gang brengen. Het is mogelijk dat de foetus een hormoon aanmaakt dat de baarmoeder doet samentrekken.

Tijdens de weeën wordt de baarmoederhals beetje bij beetje wijder. Doordat de baarmoeder een spier is, zal die spier zich samentrekken en ervoor zorgen dat de baby geboren wordt. Terwijl de baby eruit wordt geduwd, rekt de baarmoederhals uit. Misschien voelt u een samentrekking, contracties of krampen, maar in de strikte zin van het woord spreken we pas over weeën als er een verandering optreedt in de baarmoederhals.

Ontsluiting van de baarmoederhals in centimeters (ware grootte)

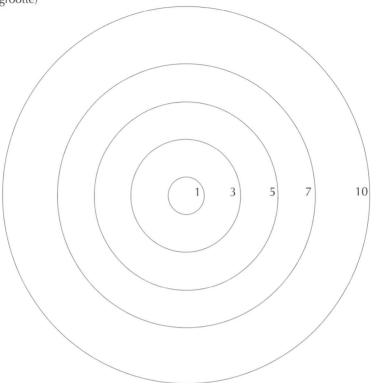

Drie stadia Er zijn drie soorten van weeën. Bij de *ontsluitingsweeën* zijn de contracties zo intens, lang en regelmatig dat de baarmoederhals dunner wordt en begint te ontsluiten. Bij een volledige ontsluiting (10 cm) staat de baarmoederhals ver genoeg open om het hoofdje van de baby erdoor te laten.

Als de baarmoedermond volledig ontsloten is, komen de *persweeën*, die eindigen met de geboorte van de baby.

Het derde stadium zijn de *nageboorteweeën*, die beginnen als de baby geboren is. Ze dienen om de placenta en de vruchtvliezen uit te drijven.

Soms wordt nog een vierde stadium onderscheiden, de naweeën, waarin de baarmoeder na de uitdrijving van de placenta nog een tijdje samentrekt. Die contracties zijn belangrijk voor eventuele bloedingen die na de bevalling kunnen optreden.

Hoe lang duren de weeën? Bij een eerste zwangerschap kunnen het eerste en tweede stadium, dus vanaf het begin van de ontsluiting tot en met de geboorte van de baby, 14 tot 15 uur duren.

Deze baby is ingedaald met zijn hoofd naar beneden, wat de beste ligging is voor de bevalling.

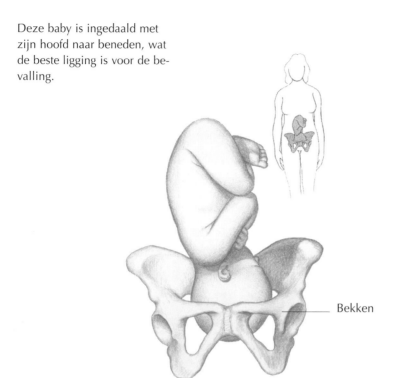

Bekken

Bij vrouwen die al één of twee kinderen hebben, duurt de bevalling gewoonlijk minder lang. Hoewel u daarop niet mag rekenen! Een tweede of derde bevalling duurt meestal enkele uren korter dan de eerste bevalling.

U hebt vast al wel eens van die verhalen gehoord over vrouwen die al na een uur bevielen of die amper het ziekenhuis haalden. Onthoud dat er voor elk van die vrouwen vele anderen zijn, waarbij de bevalling 18, 20, 24 uur of nog langer duurde.

Het is onmogelijk om te voorspellen hoe lang een bevalling zal duren.

Uw invloed op de ontwikkeling van de baby

✐ *Hoe ligt de baby?*

Nu kan de arts, vroedvrouw of verloskundige zeggen hoe uw baby ligt, bijvoorbeeld met het hoofdje of met de stuit eerst, en of daar nog verandering in kan komen. Tussen de 32ste en 34ste week is het hoofdje van de baby te voelen in de onderbuik. Sommige vrouwen voelen al eerder waar de verschillende lichaamsdelen van de baby zitten, maar het hoofdje is dan nog niet hard genoeg om het als dusdanig te herkennen.

Naarmate meer calcium afgezet wordt in de schedel, wordt het babyhoofdje harder. Een 'normale' ligging voelt dan ook heel anders aan dan een stuitligging, waarbij iets zachters en ronders wordt gevoeld dan het hoofdje.

Vanaf de 32ste of 34ste week voelt de arts, vroedvrouw of verloskundige aan uw buik om te bepalen hoe de baby ligt. Dat kan tijdens de zwangerschap namelijk vaak veranderd zijn!

Rond de 34ste tot 36ste week komt de baby in zijn waarschijnlijk definitieve positie. Ligt de baby na 37 weken stuit, dan kan hij alsnog draaien. Maar hoe dichter de vermoedelijke bevallingsdatum nadert, hoe onwaarschijnlijker dat is.

Af en toe is het moeilijk om te zeggen welke lichaamsdelen van de baby waar zitten. Stoten en trappen van de baby helpen u al een eind op weg. Vraag om op uw buik te laten zien hoe de baby ligt. Sommige artsen tekenen het zelfs met een pen op uw buik! Zo kan uw partner later ook nog zien hoe de baby lag toen u op controle was.

Uw voeding

U nadert het einde van uw zwangerschap. Misschien vindt u het nu moeilijker dan in het begin om de juiste voedingsmiddelen te eten. De baby neemt bovendien veel plaats in en laat niet veel ruimte voor voedsel. U kunt nu ook last krijgen van brandend maagzuur en indigestie.

Het is belangrijk om goed te blijven letten op uw voeding! Uw baby heeft nog steeds alle voedingsstoffen hard nodig voordat hij geboren wordt.

Probeer elke dag een portie groene bladgroenten te eten, een portie voedsel of sap rijk aan vitamine C, en een portie voedsel rijk aan bètacaroteen (bijvoorbeeld wortelen of oranje meloen). Blijf ook letten op uw vochtopname.

Dit is ook belangrijk!

⤳ *Uw ziekenhuiskoffertje*

Het kan kalmerend werken om uw spullen klaar te leggen. Maar begin er niet te vroeg mee, want het is niet leuk om elke dag naar een gepakte koffer te kijken. Wacht ook niet tot de laatste minuut, want dan vergeet u waarschijnlijk een aantal zaken. Drie tot vier weken voor de uitgerekende datum is een goed moment.

Hier volgt een lijstje met dingen die u nodig zult hebben voor uzelf tijdens de weeën en bevalling, voor uw partner, voor de baby na de geboorte.

- papieren van de verzekeraar, het ziekenfonds
- warme sokken die u draagt tijdens de bevalling
- een voorwerp dat u gebruikt om uw aandacht op te focussen
- een katoenen slaapkleed of T-shirt voor tijdens de weeën
- wat literatuur, tijdschriften voor tijdens de weeën
- lipbalsem, lolly's, vruchtensnoepjes voor tijdens de weeën
- mondspray
- pyjama's of nachtjaponnen voor tijdens uw ziekenhuisverblijf (let erop dat die kleding handig is als u borstvoeding gaat geven)
- slippers met rubberen zolen
- een kamerjas
- beha's (speciale borstvoedingsbeha's en -kompressen als u borstvoeding gaat geven)
- onderbroeken
- toiletartikelen, bijv. kam, borstel, tandenborstel, tandpasta, zeep, shampoo...
- een haarband of elastiek om lang haar uit uw gezicht te houden
- loszittende kleren voor als u weer naar huis gaat
- maandverband (in sommige ziekenhuizen krijgt u dat wel)
- een bril, want u kunt geen contactlenzen dragen tijdens de bevalling

U kunt ook wat fruit meenemen om te eten tijdens de weeën. Pak dat echter pas op het laatste moment in! Een aantal andere zaken die uw partner van pas kunnen komen om u te helpen tijdens de weeën:

- een horloge met secondewijzer
- olie of crème om u te masseren
- een tennisbal om uw onderrug te masseren
- muziek of een radio
- een fototoestel en/of camera
- telefoonnummers van de mensen die u wilt bellen
- munten voor drank- en snoepautomaten
- snacks voor u en uw partner

Voor de baby kunt u het volgende inpakken:

- rompertjes en pyjamaatjes
- een jasje en muts
- dekentje
- luiers (als het ziekenhuis ze niet ter beschikking stelt)

Zorg ervoor dat u een aangepast autostoeltje hebt om uw baby mee naar huis te nemen. Het is belangrijk dat uw baby vanaf de eerste keer goed meerijdt in de auto!

⤳ *Voorbereidingen bij een thuisbevalling*

Als u voor een thuisbevalling kiest, dan hebt u uiteraard alles bij de hand. Zorg er toch voor dat alles klaar ligt, zodat u het snel kunt vinden. U kunt het wiegje al opmaken, de kleertjes en luiers klaarleggen en de spullen die u zelf nodig hebt zoals kraamverband, een makkelijk nachthemd en persoonlijke verzorgingsartikelen. Van het kraambureau of de vroedvrouw krijgt u een uitgebreide lijst van wat er absoluut in huis moet zijn voor de bevalling.

Week 37

Leeftijd van de foetus – 35 weken

Hoe groot is de baby?

Nu weegt de baby ongeveer 2950 g. De lengte van kruin tot stuit is 35 cm en de totale lengte bedraagt 47 cm.

Hoeveel bent u aangekomen?

Uw baarmoeder is misschien nog even groot als vorige week of de week daarvoor. Vanaf het schaambeen gemeten is dat 37 cm. De bovenrand komt ongeveer 16 tot 17 cm boven de navel. U bent tussen 11 en 13,5 kg aangekomen.

Zo groeit en ontwikkelt uw baby zich

Tip voor Week 37

Zorg ervoor dat uw spullen klaar staan, verzekeringspapieren goed ingevuld en terug te vinden zijn, en dat eventueel andere details op voorhand in orde gemaakt zijn.

✧ Is het hoofdje al ingedaald in het bekken?

Ook tijdens deze laatste weken blijft uw baby groeien en aankomen. Meestal is het hoofdje rond deze tijd ingedaald. In 3% van alle gevallen zitten echter de billetjes of de voeten eerst, wat we een *stuitligging* noemen. Meer daarover in Week 38.

Veranderingen bij u

✲ *Bekkenonderzoek later in de zwangerschap*

Rond deze tijd voert men opnieuw een bekkenonderzoek uit om te kijken hoe uw zwangerschap vordert. Eerst en vooral wordt gekeken of u vruchtwater verliest. Als u denkt dat dat zo is, moet u dat beslist vertellen.

Verder wordt de baarmoederhals onderzocht. Wanneer de weeën beginnen, wordt die zachter en dunner, wat we *verstrijken* noemen. De arts, vroedvrouw of verloskundige kijkt tijdens het bekkenonderzoek of dat proces al aan de gang is.

Voordat de weeën beginnen, is de baarmoederhals dik en '0% verstreken'. Wanneer hij tijdens de weeën nog maar de helft van haar normale dikte is, noemt men dat '50% verstreken'. Vlak voor de geboorte is de baarmoederhals '100% verstreken' of 'volledig verstreken'.

Ook de ontsluiting van de baarmoederhals is belangrijk en wordt meestal in centimeters gemeten. Als de baarmoederhals 10 cm openstaat, spreekt men van volledige ontsluiting. Voor de weeën beginnen is hij helemaal dicht of slechts 1 cm ontsloten. Door de contracties van de baarmoeder wordt de baarmoederhals opgerekt en geopend, zodat de baby erdoor kan.

Tijdens het bekkenonderzoek kijkt de arts, vroedvrouw of verloskundige ook of uw baby met zijn hoofdje, achterste of beentjes eerst ligt. Verder wordt op de vorm van uw bekkenbeenderen gelet.

Ook de *indaling* is belangrijk. Men kijkt hoe ver het hoofdje (of het achterste of de beentjes van de baby) in het geboortekanaal is ingedaald. Als de indaling –2 bedraagt, zit het hoofdje nog hoger dan bij een +2 indaling. Het nulpunt is een benige plek in het bekken, waar het geboortekanaal begint.

U kunt het geboortekanaal beschouwen als een tunnel die begint in de bekkengordel en door het bekken en de vagina naar buiten leidt. De baby zal vanuit de baarmoeder door die tunnel moeten. Het kan gebeuren dat uw baarmoederhals wel ontsloten is, maar dat de baby niet door het bekken kan. In dat geval voert men een keizersnee uit.

Welke informatie geeft een bekkenonderzoek? De arts, vroedvrouw of verloskundige beschrijft uw situatie in medische termen. Misschien hebt u als resultaat '2 cm, 50% en –2'. Dat betekent dat uw baarmoederhals 2 cm ontsloten is, half verstreken (50% verstreken) en dat de baby (hoofd, achterste of benen) ingedaald is tot –2.

Probeer deze nuttige informatie te onthouden, zodat u weet wat dit betekent als u in het ziekenhuis onderzocht wordt. U kunt zo ook het medisch personeel tijdens de weeën vertellen hoe ver de ontsluiting en verstrijking gevorderd waren bij het laatste onderzoek. Zo hebben zij een referentiepunt en kunnen ze uw situatie beter inschatten, wanneer u in het ziekenhuis arriveert.

Uw invloed op de ontwikkeling van de baby

⤳ *Een keizersnee*

Hoewel de meeste vrouwen zich voorbereiden op een vaginale bevalling, behoort een keizersnee toch tot de mogelijkheden. Men maakt een snee in de buikwand en de baarmoeder om de baby ter wereld te laten komen.

Waarom een keizersnee? Men kan om verschillende redenen beslissen om een keizersnee uit te voeren, bijvoorbeeld als u al eens eerder een keizersnee hebt gehad. Er bestaat een risico dat het litteken van een vroegere keizersnee bij een vaginale bevalling uitrekt en opengetrokken wordt, wat voor ernstige complicaties kan zorgen. In dat geval voert men opnieuw een keizersnee uit, zodat de baarmoeder niet kan inscheuren. Toch is een normale bevalling na een keizersnee mogelijk (zie verder).

Een keizersnee kan noodzakelijk zijn als uw baby te groot is om door het geboortekanaal te kunnen. Dat kan al tijdens de zwangerschap vermoed worden, maar pas echt met zekerheid worden vastgesteld tijdens de weeën.

Tijdens de bevalling wordt de hartslag van de foetus op de monitor in de gaten

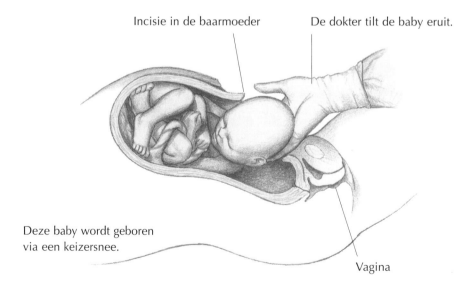

Incisie in de baarmoeder

De dokter tilt de baby eruit.

Deze baby wordt geboren via een keizersnee.

Vagina

gehouden om te zien hoe het kind reageert op de baring. Blijkt uit die hartslag dat de foetus in gevaar komt, dan voert men direct een keizersnee uit.

Ook als de navelstreng uitgezakt is en door de vagina komt vóór het hoofdje of als de baby te hard op de navelstreng drukt, is een keizersnee de enige manier van bevallen. Als de navelstreng te lang samengeperst wordt, krijgt de baby immers niet voldoende bloed.

Wanneer er sprake is van een stuitligging, dus als de voeten of billetjes van het kind eerst zitten in het geboortekanaal, voert men meestal een keizersnee uit. Als eerst het lichaam en dan pas de schouders en het hoofd geboren worden, kunnen het hoofdje en de nek van de baby ernstig beschadigd raken, vooral bij een eerste baby.

Placentaloslating en *placenta praevia* vereisen ook een keizersnee. Als de placenta voor de bevalling loskomt van de baarmoederwand, krijgt de baby geen zuurstof en voedingsstoffen meer. De diagnose wordt meestal gesteld nadat een vaginale bloeding is opgetreden. Als de placenta het geboortekanaal blokkeert (*placenta praevia*), kan de baby niet langs de normale weg geboren worden.

Hoe wordt een keizersnee uitgevoerd? Algehele narcose is tegenwoordig meestal niet meer nodig. Men dient een epidurale verdoving in het ruggenmergkanaal toe. (De soorten verdoving worden besproken in Week 39.) Het voordeel hiervan is dat u wakker bent en dus de geboorte bewust kunt meemaken. Als de epidurale verdoving onvoldoende werkt, of wanneer het heel snel moet gaan, kan men u volledig onder narcose brengen.

Voor een keizersnee maakt men een incisie dwars door de buikwand naar de baarmoeder. Daarna snijdt men door de baarmoeder en de vruchtzak, waarin de baby en de placenta zitten. De baby wordt via de incisie uit uw buik gehaald. Daarna wordt de moederkoek verwijderd. De verschillende weefsellagen van de baarmoeder worden dichtgenaaid met hechtingen die opgenomen worden door het weefsel en dus niet verwijderd hoeven te worden. Ook de buikwand wordt met zulke hechtingen dichtgenaaid.

Tegenwoordig maakt men meestal een horizontale incisie, laag in de baarmoeder. Vroeger koos men vooral voor een verticale incisie, die echter minder goed geneest. Aangezien men in het gespierde gedeelte van de baarmoeder snijdt, is de kans groter dat bij een latere vaginale bevalling het litteken opnieuw openscheurt door de persdruk. Met veel bloedverlies en schade voor de baby tot gevolg. Als u een klassieke keizersnee hebt gehad, is de kans op een volgende keizersnee groter. Alles hangt eigenlijk af van de reden waarom men al eens een keizersnee heeft gedaan. Als uw eerste kindje in stuitligging lag en uw volgende kindje in hoofdligging, dan is de tweede keer een vaginale bevalling wel mogelijk.

Voor- en nadelen van een keizersnee Het belangrijkste doel is dat uw baby gezond ter wereld komt. Misschien is uw baby wel te groot om door het bekken te kunnen. Dan is een keizersnee de enige veilige manier om het kind geboren te laten worden. Meestal zijn de weeën al op gang voordat men kan zien dat het kind te groot is.

En de nadelen? Een keizersnee is een chirurgische ingreep, met alle bijbehorende risico's zoals infecties, bloedingen, shock als gevolg van bloedverlies, bloedklonters en letsel aan andere organen zoals de blaas of het rectum. Bij een keizersnee moet u enkele dagen langer in het ziekenhuis blijven.

Het herstel na een keizersnee duurt langer dan het herstel na een gewone bevalling, meestal zo'n 4 tot 6 weken.

Een keizersnee wordt altijd uitgevoerd door een gynaecoloog.

Is een keizersnee voor u noodzakelijk? Het zou mooi meegenomen zijn als u van tevoren kon weten of u een keizersnee moet ondergaan, zodat u de weeën niet hoeft te doorstaan. Helaas weet men meestal pas tijdens de weeën of een keizersnee noodzakelijk is. Men weet namelijk niet van tevoren of de baby veel last heeft van de contracties. Het is vaak ook moeilijk te voorspellen of de baby door het geboortekanaal kan.

Sommige vrouwen menen dat een keizersnee 'niet echt bevallen' is. Ze denken dat ze een deel van het geboorteproces niet als zodanig zullen ervaren. Dat is niet waar. Probeer die gevoelens van u af te zetten als u met een keizersnee bevalt. U bent in geen enkel opzicht tekortgeschoten!

Het duurde 9 maanden om een baby te krijgen. Zelfs al wordt die geboren met een keizersnee, dan nog hebt u een geweldige prestatie geleverd. Onmiddellijk na de keizersnee (bij gedeeltelijke narcose) kunt u uw baby vasthouden en zelfs al borstvoeding geven.

⚘ *Vaginale geboorte na een keizersnee*

Als u een klassieke keizersnee hebt gehad, is de kans op een volgende keizersnee groter. Alles hangt eigenlijk af van de reden waarom men al eens een keizersnee heeft gedaan. Als uw eerste kindje in stuitligging lag en uw volgende kindje in hoofdligging, dan is de tweede keer een vaginale bevalling wel mogelijk.

Medisch gezien is de bevallingswijze minder belangrijk dan uw welzijn en dat van de baby.

Voordelen en risico's van een vaginale bevalling na een keizersnee Door vaginaal te bevallen ontloopt u een heleboel risico's die verbonden zijn aan een chirurgische ingreep, wat een keizersnee in feite is. U herstelt ook sneller en mag eerder het ziekenhuis verlaten.

Bij meerlingen is het vaak onmogelijk om vaginaal te bevallen, mede vanwege het risico voor de andere baby's. Ook medische complicaties zoals hoge bloeddruk of diabetes maken een nieuwe keizersnee noodzakelijk.

Hebt u al een keizersnee gehad en wilt u nu gewoon bevallen, praat er dan over met uw arts, vroedvrouw of verloskundige. Tijdens de bevalling worden u en de foetus dan nog zorgvuldiger in de gaten gehouden via monitors. Als een keizersnee toch nodig blijkt, krijgt u een infuus.

Overweeg zorgvuldig de voordelen en risico's als u na een keizersnee gewoon wilt bevallen. Praat erover met uw arts of verloskundige en uw partner voordat u een definitieve beslissing neemt. Vraag gerust wat uw kansen zijn op een succesvolle normale bevalling. Hij of zij is immers het beste op de hoogte van uw gezondheidstoestand en de voorgeschiedenis van uw zwangerschap.

Uw voeding

Tot nu toe hebt u gedurende de hele zwangerschap goed op uw voeding gelet. U moet nog even volhouden en u nu zeker niet laten gaan.

Als u wordt uitgenodigd op een feestje waar allerlei hapjes en snacks worden geserveerd, moet u kieskeurig zijn in wat u eet. U kunt ook gezond feesten!

Eet vers voedsel of gebakken voedsel alleen als het nog warm of koel is. Als dat voedsel lange tijd blijft liggen op een schaal, kunnen zich bacteriën vormen. Dus eet er alleen van als het pas wordt neergezet of aangevuld.

Het is ook goed om iets te eten voordat u vertrekt naar het feest, zodat uw grootste honger al gestild is. Een glas water drinken om uw maag te vullen is ook goed. Zo hebt u minder trek in vette en calorierijke snacks. Rauwe groenten en fruit zijn lekkere en gezonde hapjes. Eet geen rauwe schelp- en schaaldieren, rauw vlees of zachte kazen, zoals brie, camembert of feta. Ze kunnen listeriosis bevatten.

Drink geen alcohol. In plaats daarvan kunt u vruchtensap mengen met bruisend mineraalwater of citroenlimonade.

Ga eventueel wat verder weg van de tafel met hapjes en drankjes zitten en praat met vrienden. Zo wordt uw aandacht van het 'lekkers' afgeleid.

Dit is ook belangrijk!

∿ *Moet een lavement per se?*

Veel vrouwen willen weten of bepaalde routinebehandelingen worden uitgevoerd voor de bevalling, bijvoorbeeld het toedienen van een lavement.

Vroeger werd dat routinematig gedaan, zonder dat de vrouw zelf een keuze had. Een lavement als de weeën nog maar pas begonnen zijn, heeft zijn voordelen. Bij de bevalling komt er zo minder ontlasting vrij, wat de kans op infecties verkleint. Het kan ook nuttig zijn na de bevalling, als u ingeknipt werd. Dan bent u misschien blij dat u even niet naar het toilet hoeft.

Vraag uw arts, vroedvrouw of verloskundige of hij/zij routinematig een lavement toedient. Bespreek de voordelen en de reden ervan. Vraag zijn of haar mening en probeer te weten te komen wat de precieze gang van zaken is in het ziekenhuis waar u gaat bevallen.

‿ *Zal de arts een verlostang of vacuümpomp gebruiken?*

De laatste jaren gebruikt men om allerlei redenen steeds minder de verlostang. Een daarvan is het toenemende aantal keizersneden als de baby nog hoog in het bekken zit. Wanneer de baby niet goed uit zichzelf naar buiten komt, is een keizersnee veiliger dan een tangverlossing.

Tegenwoordig gebruikt men eerder een vacuümpomp dan een verlostang. Er bestaan twee modellen vacuümpompen. De eerste soort heeft een plastic kapje dat over het babyhoofdje past. Het tweede model heeft een metalen kapje. De kapjes laten makkelijk los, zodat de baby niet hardhandig uit het geboortekanaal getrokken wordt, wat met een verlostang wel mogelijk is.

Bij iedere bevalling probeert men de baby zo veilig mogelijk ter wereld te brengen. Als met de verlostang veel kracht uitgeoefend moet worden, is het beter een keizersnee te overwegen.

Als u bezorgd bent over het gebruik van de verlostang of de vacuümextractor, praat er dan over met uw arts, vroedvrouw of verloskundige. Zorg ervoor dat u een goede communicatie hebt en dat u met hem of haar over uw zorgen kunt praten voordat de eigenlijke bevalling plaatsvindt.

Week 38

Leeftijd van de foetus – 36 weken

Hoe groot is de baby?

Uw baby weegt nu ongeveer 3100 g. De lengte van kruin tot stuit is niet veel veranderd: 35 cm. De totale lengte bedraagt 47 cm.

Hoeveel bent u aangekomen?

Tijdens de laatste weken van de zwangerschap worden de meeste vrouwen niet meer dikker, maar voelen ze zich heel ongemakkelijk. Ongeveer 16 tot 18 cm boven uw navel kunt u de bovenrand van uw baarmoeder voelen. Vanaf het schaambeen is de baarmoeder ongeveer 36 tot 38 cm groot.

Zo groeit en ontwikkelt uw baby zich

༒ *Elektronische bewaking van de foetus tijdens de bevalling (CTG)*

U vraagt zich misschien af hoe men weet dat alles in orde is met uw kindje, vooral tijdens de bevalling. In veel ziekenhuizen houdt men de hartslag van de baby in de gaten op een monitor. Hoe eerder eventuele problemen opgespoord worden, hoe makkelijker ze immers opgelost kunnen worden. In de praktijk wordt er vaak intermitterend (om de 15 minuten één minuut luisteren) geluisterd naar de hartslag van de baby en niet continu. Op die manier kunt u vrij bewegen en een houding kiezen die voor u het gemakkelijkst is. Elektronische bewaking kan ook thuis gebeuren.

Iedere keer dat de baarmoeder samentrekt, bevat het bloed dat van u naar de placenta stroomt, minder zuurstof. De meeste baby's ondervinden daar geen last van, sommige echter wel. Er zijn twee manieren om de hartslag van de baby tijdens de bevalling in het oog te houden. Uitwendige monitors kunnen gebruikt worden voordat de vruchtvliezen breken. Men gespt dan een gordel met een ontvanger om uw buik. Deze techniek werkt hetzelfde als echografie om de hartslag van de baby op te sporen.

Met een inwendige monitor kan de hartslag van de baby nauwkeuriger gemeten worden, wat ook een beter beeld geeft van de gezondheidstoestand van het kindje. Men plaatst op het babyhoofdje een elektrode die met draden verbonden is aan een machine die de hartslag registreert. Dit soort monitor kan uiteraard alleen gebruikt worden als de vruchtvliezen gebroken zijn en er minstens 1 cm ontsluiting is.

Bloedonderzoek bij de foetus Om te zien hoe goed uw baby de contracties doorstaat, kan men ook de zuurgraad van het foetale bloed meten. Voor deze test moeten uw vruchtvliezen gebroken zijn en moet u een ontsluiting van minstens 2 cm hebben.

Met een instrumentje wordt een kleine snee in de huid van het babyhoofdje gemaakt. In een buisje of een pipet wordt dan wat bloed opgezogen. Als de baby de bevalling niet goed doorstaat, blijkt dat uit de zuurgraad van zijn bloed. Na dit onderzoek kan men beslissen of een keizersnee al dan niet noodzakelijk is.

Veranderingen bij u

⌛ *Postnatale stress*

Na de geboorte van uw baby barsten allerlei emoties in u los. U vraagt zich misschien af of het wel een goed idee was om een kindje te krijgen. Dat verschijnsel noemt men *postnatale stress.* Veel vrouwen hebben er in zekere zin last van: 80% van alle vrouwen heeft last van de 'baby blues', die 2 dagen tot 2 weken na de bevalling opduiken.

De neerslachtigheid duurt slechts korte tijd en verdwijnt even snel als ze gekomen is. Het kan ook opduiken als u weer ongesteld wordt door de hormonale veranderingen. Veel specialisten beschouwen postnatale stress tot op zekere hoogte als normaal.

Verschillende graden van depressie De mildste vorm van postnatale stress zijn de *baby blues,* die slechts enkele weken duren en waarbij de symptomen niet erger worden.

Een echte *postnatale depressie* is veel erger. Ze komt bij ongeveer 10% van alle jonge moeders voor en verschilt van de baby blues door de frequentie, de intensiteit en de duur van de symptomen. Een postnatale depressie kan 2 weken tot een jaar na de bevalling de kop opsteken. De moeder ervaart woede, verwarring, paniek en wanhoop. Haar eet- en slaappatroon zijn verstoord. Ze is bang om de baby pijn te doen of denkt dat ze gek aan het worden is. Angst is een van de meest voorkomende symptomen bij postnatale depressie. We kennen de precieze oorzaak van een postnatale depressie niet.

De ernstigste vorm van psychische problemen na de bevalling is de *postnatale psychose*. Een psychose is in feite een heel andere problematiek dan een depressie. De vrouw die daaraan lijdt hallucineert, heeft zelfmoordgedachten of wil de baby pijn doen. Meestal is er in geval van een psychose al een psychiatrisch verleden en is de geboorte de veroorzaker van de psychotische toestand.

Neem contact op met uw behandelend geneesheer als u denkt dat u last hebt van postnatale stress. Iedere reactie na de bevalling, of ze nu gematigd of ernstig is, is meestal van tijdelijke aard en goed te behandelen.

Oorzaak Waarschijnlijk is bij alle problemen na de geboorte de gevoeligheid voor hormonale veranderingen van de vrouw in kwestie de oorzaak. Toch spelen hormonen slechts een beperkte rol. Andere factoren zijn: depressies in de familie, weinig steun na de geboorte, isolatie en chronische vermoeidheid.

Omgaan met de depressie Zorg ervoor dat u voldoende steun kunt krijgen. Vraag familie en vrienden om te helpen. Laat uw moeder of schoonmoeder een tijdje voor u en de baby zorgen. Laat uw partner enkele dagen vakantie nemen of neem iemand in dienst om u elke dag een beetje te komen helpen. Er bestaat geen specifieke behandeling. Wel kunt u de symptomen op allerlei manieren verzachten:

- Durf hulp te vragen.
- Rust een beetje als de baby slaapt.
- Praat met andere moeders die in dezelfde situatie zitten, zodat u gevoelens en ervaringen kunt uitwisselen.
- Probeer niet om volmaakt te zijn.
- Verwen uzelf.
- Neem elke dag een beetje lichaamsbeweging.
- Eet gezond en drink veel.
- Maak elke dag een kleine wandeling.

Bij een postnatale depressie moet u bovenstaande adviezen opvolgen en de juiste medicijnen innemen. Ongeveer 85% van alle vrouwen met een postnatale depressie neemt ongeveer een jaar lang aangepaste medicatie.

Uw invloed op de ontwikkeling van de baby

✺ *Stuitligging*

Het komt vaak voor dat baby's in het begin van de zwangerschap in een stuit liggen. Als de weeën beginnen, is dat nog slechts voor 3 tot 5% van alle baby's het geval (meervoudige zwangerschappen niet meegerekend). Kunt u de ligging van de baby beïnvloeden? Bepaalde factoren maken de kans op een stuitligging groter. Eén daarvan is een vroegtijdige bevalling. Tegen het einde van het tweede trimester liggen baby's vaak in een stuit. Door goed voor uzelf te zorgen, kunt u een te vroege bevalling helpen voorkomen. Zo heeft uw baby nog genoeg tijd om uit zichzelf van positie te veranderen. Als de baarmoeder minder stevig is vanwege eerdere zwangerschappen

> ### Tip voor Week 38
>
> Als de dokter vermoedt dat de baby stuit ligt, kan hij een echografie laten uitvoeren om zijn vermoeden te bevestigen. Daarop is duidelijk de positie van de baby in de baarmoeder te zien.

of een meerlingzwangerschap, komt stuitligging vaker voor. Ook polyhydramnion, hydrocefalie (waterhoofd) en afwijkingen of tumoren in de baarmoeder verhogen de kans op stuitligging.

Er zijn verschillende soorten stuitliggingen. Bij een *onvolkomen stuitligging* zijn de onderbenen gebogen ter hoogte van de heupen en uitgestrekt vanaf de knieën. Bij een voldragen baby komt dit soort stuitligging het vaakst voor. De voeten van de baby bevinden zich voor zijn gezicht of hoofd.

Bij een *volkomen stuitligging* zijn één of beide knieën gebogen. Dat ziet u op de illustratie op bladzijde 277.

Bevallen bij een stuitligging Verloskundigen zijn het vaak niet eens over hoe een baby die in een stuit ligt, ter wereld moet komen. Vroeger werden zulke baby's vaginaal geboren. Later vond men het verstandiger om een keizersnee uit te voeren, vooral bij een eerste baby. Veel artsen menen dat een keizersnee nog steeds de beste oplossing is bij een stuitligging. Anderen zijn ervan overtuigd dat een gewone bevalling heel goed mogelijk is als de omstandigheden goed zijn. Meestal gaat het om een onvolkomen stuitligging van een voldragen foetus bij een vrouw die eerder normaal bevallen is. De meeste artsen zijn het erover eens dat bij een *halfonvolkomen stuitligging* (één been uitgestrekt, de andere knie gebogen) een keizersnee nodig is. Men neemt ook aan dat de keizersnee het best tijdens de eerste weeën of zelfs nog voor die beginnen, uitge-

Een *volkomen stuitligging,* waarbij de baby met zijn knieën opgetrokken in het bekken is ingedaald.

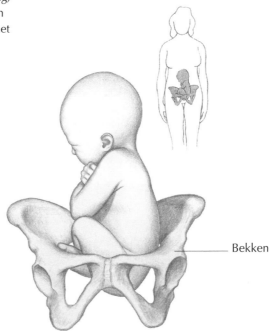

Bekken

voerd wordt. Vraag uw arts, vroedvrouw of verloskundige hoe hij of zij erover denkt. Een stuitligging moet u zeker met uw arts of verloskundige bespreken. Als u in het ziekenhuis aankomt, moet u het medisch personeel ook van de stuitligging op de hoogte brengen.

De baby draaien Men kan ook proberen om de baby van een stuit- naar een normale ligging (rechtstand) te keren. Dat is echter moeilijker als uw vliezen gebroken zijn of als de weeën al begonnen zijn. Daarbij probeert de arts, vroedvrouw of verloskundige de baby met zijn/haar handen te draaien met zijn hoofd naar beneden.

Er gaat wel een aantal risico's mee gepaard, zoals het breken van de vliezen en het loslaten van de placenta. Het kan een effect hebben op de hartslag van de baby en de voortzetting van de weeën.

In 1 op de 2 gevallen lukt het om de baby te draaien. Maar koppige baby's kunnen daarna soms terug draaien in stuitligging.

◌ *Andere liggingen*

Soms gebeurt het dat het hoofdje van de baby te ver vooruitgestrekt is, zodat zijn gezicht het eerst in het geboortekanaal komt (*aangezichtsligging*). Als de baby tijdens de weeën niet de normale positie inneemt, voert men een keizersnee uit. Af en toe zit een *schouder* van de baby voor de baarmoederhals. Bij een *dwarsligging* lijkt het alsof de baby in een wieg ligt. Zijn hoofdje zit aan een kant van uw buik en zijn achterste aan de andere kant. Een keizersnee is in dit geval onvermijdelijk.

Uw voeding

Misschien hebt u niet veel zin meer om te eten, maar een gezonde voeding blijft belangrijk. Kleine snacks eten gedurende de dag zijn goed om uw energie op peil te houden en om maagzuur te voorkomen. Hieronder volgt een lijstje met gemakkelijke, lekkere en gezonde snacks:

- banaan, rozijnen, gedroogde vruchten en mango: lekker zoet, rijk aan ijzer, potassium en magnesium
- een stuk kaas: veel calcium en proteïne
- vruchtenshakes van magere melk, yoghurt en roomijs: calcium, vitaminen, mineralen
- vezelrijke crackers of beschuiten met een beetje pindakaas: lekker en veel proteïne
- cottagecheese met fruit, een beetje suiker en kaneelpoeder: een lekkere portie fruit met melk
- zoutarme chips of tortillachips met salsa of bonendip: lekker pittig en vezelrijk
- hummus en sneetjes plat brood: vezelrijk en smaakvol
- tomaten met olijfolie, vers basilicum en geschaafde Parmezaanse kaas: een portie groente met een portie zuivel
- kipsalade of tonijnsalade op crackers of tortillachips: proteïne en vezels

Dit is ook belangrijk!

↝ De placenta komt niet volledig los

Meestal komt de moederkoek tijdens de eerste minuten na de geboorte van uw kindje vanzelf los van de plaats waar hij zich aan de baarmoederwand gehecht had. Daarna wordt hij uitgedreven. Soms blijft echter een deel van de moederkoek achter in de baarmoeder. Die kan dan niet weer tot de normale grootte samentrekken, wat voor hevig bloedverlies uit de vagina kan zorgen.

Soms komt de placenta helemaal niet los van de baarmoederwand. Deze complicatie, die heel ernstig is, komt gelukkig maar zelden voor.

Meestal is het bloedverlies hevig en is een chirurgische ingreep nodig om het bloeden te stoppen. Men kan proberen om de placenta door een dilatatie en curettage te verwijderen.

De placenta kan zich om allerlei redenen op een abnormale manier vasthechten. Hij kan over het litteken van een vroegere keizersnee of incisie zitten. Ook een plaats waar de baarmoeder al eens werd afgeschraapt, bijvoorbeeld bij een dilatatie en curettage, of een plek die ooit geïnfecteerd is geweest, zijn risicozones. Terwijl u zich volledig wijdt aan uw pasgeboren baby, wordt nagekeken of de moederkoek wel goed geboren wordt. U kunt ook vragen om de placenta na de geboorte te mogen zien.

Week 39

Leeftijd van de foetus – 37 weken

Hoe groot is de baby?

Nu weegt uw kindje ongeveer 3250 g. Van kruin tot stuit meet het zo'n 36 cm. De totale lengte bedraagt 48 cm.

Hoeveel bent u aangekomen?

Dikker dan nu kunt u waarschijnlijk niet meer worden! Op de volgende bladzijde ziet u hoe u er ongeveer vanbinnen uitziet. Ongeveer 16 tot 20 cm boven uw navel kunt u de bovenrand van uw baarmoeder voelen. Vanaf het schaambeen gemeten is de baarmoeder ongeveer 36 tot 40 cm groot.

U nadert het einde van de zwangerschap en uw gewicht neemt normaal gesproken niet veel meer toe in deze laatste week/weken. U bent tussen 11,5 en 16 kg aangekomen.

Zo groeit en ontwikkelt uw baby zich

Zelfs tot de laatste twee weken van de zwangerschap neemt het gewicht van de baby nog toe. Hij heeft nu niet veel ruimte meer om te bewegen.

Alle organen zijn ontwikkeld en zitten op de goede plaats. De laatste organen die zich verder ontwikkelen zijn de longen.

⌖ *Kan uw baby verstrikt raken in de navelstreng?*

Misschien hebben vrienden u al gewaarschuwd dat u uw armen niet hoog boven het hoofd mag houden of ver naar iets mag reiken, omdat de navelstreng dan rond de nek van de baby kan komen te zitten. Dat is onzin.

Een baby die bijna voldragen is na
39 weken zwangerschap (leeftijd
van de foetus: 37 weken).

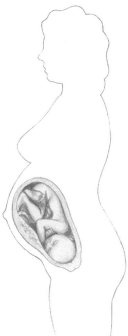

Sommige baby's raken inderdaad verstrikt in de navelstreng, die in een knoop
of rond hun hals zit. Dat kunt u echter op geen enkele manier voorkomen.
Als de navelstreng in de war raakt, vormt dat geen probleem tijdens de bevalling. Erger kan het zijn wanneer hij in een knoop ligt of heel vast rond de nek
van de baby zit.

Veranderingen bij u

Het zou ongewoon zijn als u zich nu *niet* ongemakkelijk en overvol zou voelen.
Uw baarmoeder vult uw bekken en het grootste gedeelte van uw buikholte.
Alle andere organen zijn opzij geduwd.
Misschien hebt u al gedacht dat u nooit meer zwanger wilt worden, omdat u
zich zo ongemakkelijk voelt. Of u bent er zeker van dat uw gezin met dit kind
compleet is. Dat u precies nu denkt aan sterilisatie is dus niet vreemd. De
gemengde gevoelens die de geboorte en een sterilisatie met zich meebrengen
zijn nu echter te verwarrend om te verwerken. De kraamperiode is een emo-

tionele tijd. Het is van belang om anticonceptie 'op maat' te bespreken met uw partner. De communicatie over dit onderwerp kan in deze periode meestal gemakkelijker op gang gebracht worden.

Uw invloed op de ontwikkeling van de baby

⋙ *Borstvoeding is beter voor u én voor de baby*

Borstvoeding geven is het natuurlijke en logische vervolg op de zwangerschap en de bevalling. De samenstelling van de melk van iedere moeder is aangepast aan de behoefte van haar baby. Moedermelk bevat belangrijke antistoffen, die de baby beschermen tegen ziektekiemen. Door deze beschermende eigenschappen hebben borstgevoede baby's minder kans op onder andere oorontsteking, luchtweg- en darminfecties. Moedermelk bevordert een optimale hersengroei. Ze bevat veel stoffen die belangrijk zijn voor de ontwikkeling van het centrale zenuwstelsel. Baby's die borstvoeding krijgen, hebben minder kans op het ontwikkelen van allergieën en voedselintolerantie. Luieruitslag en eczeem komen minder voor. Het drinken aan de borst bevordert een goede kaakontwikkeling en bepaalt daardoor mede de ontwikkeling van het gezicht, het gebit en zelfs de taal. Borstgevoede baby's hebben minder kans op wiegendood. Hun ontlasting is altijd zacht, ook als ze na enkele maanden meerdere dagen wegblijft. Bij vrouwen die borstvoeding geven, herstelt de baarmoeder sneller. Ook omdat de menstruatie een tijd uit kan blijven, is er minder kans op bloedarmoede. Het geven van borstvoeding vermindert de kans op borstkanker en eierstokkanker en verhoogt op lange termijn de botdichtheid van de moeder; er is dus minder kans op osteoporose op latere leeftijd.

Borstvoeding geven is echter vooral een eenvoudige en plezierige manier om te wennen aan het moeder zijn. Net zo belangrijk als de moedermelk zelf, is het contact tussen moeder en kind en de bijzondere band die tussen hen ontstaat. Aan de borst vindt de baby automatisch de liefde en zekerheid, die hij nodig heeft.

Als borstvoeding niet gaat zoals het hoort... Het gaat niet altijd zo eenvoudig. Wanneer u moeilijkheden bij borstvoeding ondervindt, zijn er vroedvrouwen en/of lactatiekundigen die naar u thuis kunnen komen en die u met raad en daad bijstaan om u te ondersteunen tijdens de moeilijke momenten wanneer de borstvoeding toch niet zo soepel gaat.

Sommige vrouwen hebben problemen met borstvoeding omdat hun tepels naar binnen getrokken zijn. Ook wanneer u *ingetrokken tepels* hebt, kunt u

Informatie over borstvoeding

Praat tijdens de zwangerschap met uw dokter over borstvoeding. Vraag vriendinnen naar hun ervaringen. U kunt ook bij bepaalde organisaties informatie inwinnen. Zij geven uitleg aan vrouwen die problemen hebben met borstvoeding. Zoek gerust hulp als u die nodig hebt.

uw kind de borst geven. Onder uw kleding kunt u plastic kapjes over de tepel dragen, zodat de ingetrokken tepel meer vooruit steekt. U kunt ook lichtjes aan de tepel trekken en hem tussen uw duim en wijsvinger rollen.

Borstvoeding geven moet je leren Vraag aan de vroedvrouw of kraamhulp tips om uw baby op weg te helpen als hij de borst krijgt. Stel hun alle vragen die in u opkomen. Zij zullen u in ieder geval helpen als u uw baby voor de eerste keer aanlegt na de geboorte.

De informatie die u van hen krijgt, kan alleen maar leiden tot een gelukkiger baby én dus ook een gelukkiger moeder.

Zorg ervoor dat u gezond en evenwichtig eet, net als tijdens de zwangerschap. Per dag moet u ongeveer 500 calorieën extra opnemen. U kunt ook prenatale vitaminen innemen als u de borst geeft. Vraag raad aan uw arts, vroedvrouw of verloskundige.

Let goed op wat u eet en drinkt: alles komt in de moedermelk terecht! Ook cafeïne wordt doorgegeven via de moedermelk, net als alcohol.

Sommige voedingsmiddelen vallen bij u en uw baby niet goed. Pikant voedsel kan voor maag-darmklachten bij uw baby zorgen. Hoe langer u borstvoeding geeft, hoe beter u de voedingsmiddelen zult leren kennen die uw baby niet verdraagt.

Problemen bij borstvoeding *Stuwing* is een van de meest voorkomende problemen. De borsten zijn gezwollen, pijnlijk en zitten vol melk. Het beste kunt u die melk regelmatig verwijderen door borstvoeding te geven. Sommige vrouwen nemen een hete douche en maken hun borsten leeg onder het warme water. Ook ijskompressen kunnen helpen. Raadpleeg uw arts, vroedvrouw of verloskundige als u uitzonderlijk veel last hebt van stuwing.

U voorkomt dit ongemak door uw baby tijdens het voeden om beurten van beide borsten te laten drinken. Als u de baby niet kunt voeden, moet u toch wat melk uit uw borsten proberen te persen, zodat de melkklieren open blijven. U zult zich dan ook heel wat comfortabeler voelen.

De meeste moeders die borstvoeding geven, krijgen _pijnlijke tepels,_ zeker in het begin. Dat is normaal. Houd uw borsten steeds droog en schoon. Om te voorkomen dat uw tepels uitdrogen, kunt u uw borsten insmeren met lanoline. Na een tijdje – enkele dagen of weken – raakt uw lichaam gewend aan het geven van borstvoeding.

Terwijl u borstvoeding geeft, kunnen uw borsten geïnfecteerd raken. Bel onmiddellijk uw arts als u denkt dat dat het geval is. Bij een _ontsteking_ kunnen uw borsten er rood, met strepen en gezwollen uitzien. U voelt zich alsof u griep hebt met zeer hevige koorts. De verstopte melkklieren voelen aan als zeer pijnlijke knobbeltjes.

Dit is ook belangrijk!

✂ _Pijn verminderen tijdens de weeën_

Als u pijnstillende middelen wilt gebruiken, vraag dan advies aan uw arts, vroedvrouw of verloskundige. Wilt u een pijnstiller, bedenk dan dat ook uw ongeboren baby daardoor beïnvloed wordt. Narcotische analgetica komen via de placenta in de baby terecht en beïnvloeden de ademhalingsfunctie van de pasgeborene negatief. Dat kan tot uiting komen in de Apgarscore.

Meestal worden bij de bevalling medicijnen toegediend via een injectie om een bepaald lichaamsdeel te verdoven. Men kan bijvoorbeeld een ruggenprik geven of uw baarmoederhals verdoven. Dit soort van medicatie lijkt sterk op de verdoving bij de tandarts. De werkzame stoffen erin zijn xylocaïne en aanverwante stoffen.

Af en toe geeft men bij een bevalling algehele narcose, bijvoorbeeld als in noodgevallen een keizersnee moet worden uitgevoerd. Een kinderarts is dan bij de bevalling aanwezig omdat de baby na de geboorte misschien slaapt.

Wat is een epidurale verdoving? Dit is een vaak gebruikte plaatselijke verdoving, die de pijn als gevolg van contracties verlicht. Een epidurale verdoving mag alleen toegediend worden door iemand die daarvoor werd opgeleid en ervaring heeft, met name een anesthesist. Epidurale anesthesie wordt toegediend terwijl u zit of op uw zij ligt. In het ruggenmerg wordt een plaatselijk verdovend middel ingespoten. Daar wordt vervolgens een naald ingebracht. De verdoving wordt rond het ruggenmerg, maar niet in de wervel geplaatst. Een plastic katheter blijft tijdens de hele verdoving aan uw rug vastgeplakt zitten.

Tijdens de weeën worden kleine hoeveelheden van het verdovende middel met regelmatige tussenpozen ingespoten. Het nadeel van een ruggenprik is soms verlaagde bloeddruk, wat ook de bloedtoevoer naar de baby ongunstig beïnvloedt. Een intraveneus druppelinfuus helpt hypotensie (lage bloeddruk) voorkomen. Aangezien uw onderrug en onderbuik verdoofd zijn, voelt u ook geen drang om te persen. U kunt de bevalling dus niet intens beleven.

Andere plaatselijke verdovingen Bij een keizersnee kan men spinale anesthesie toepassen, die gedurende de gehele operatie werkt. Om de pijn van weeën te verlichten, gebruikt men echter meestal epidurale verdoving.
Soms verdooft men ook de geslachtsorganen. De verdoving wordt in de vagina toegediend en vermindert de pijn in het geboortekanaal. U voelt nog wel de contracties van de baarmoeder en de daarmee gepaard gaande pijn. Sommige ziekenhuizen gebruiken een paracervicale verdoving, waardoor de pijn van de ontsluiting vermindert, maar niet die van de contracties.
Tijdens de bevalling kan de pijn niet volledig weggenomen worden. Praat erover met uw arts, vroedvrouw of verloskundige. Een bevalling is een intense, vrouwelijke ervaring die de moeite waard is om in haar totaliteit te beleven. Probeer te weten te komen welke soorten van verdoving eventueel mogelijk zijn en wat de voor- en nadelen van elk ervan zijn.

Complicaties bij verdoving Verdovende middelen kunnen voor complicaties zorgen. Bij het gebruik van narcotica kan de baby na de geboorte enorm slaperig zijn. De Apgarscore is lager en de baby ademt minder goed. Misschien moet de baby gereanimeerd worden of geeft men een ander geneesmiddel om de effecten van de verdoving te verminderen. Slaperigheid, vertraagde ademhaling en een trage hartslag kunnen ook voorkomen bij een baby van wie de moeder volledig onder narcose gebracht werd. De moeder is meer dan een uur 'buiten westen' en kan pas enkele uren later haar pasgeboren kindje zien.

✎ *Het samentrekken van de baarmoeder na de bevalling*
Na de geboorte van uw baby krimpt uw baarmoeder een heel stuk, waarbij de placenta loskomt. Op dat moment geeft een golf van bloed uit de baarmoeder aan dat de moederkoek geboren zal worden.
Als de placenta uitgestoten is, geeft men soms oxytocine om de baarmoeder te laten samentrekken en bloedverlies te voorkomen. Uitzonderlijk veel bloedverlies (meer dan 500 ml) na een vaginale bevalling wordt *postpartum hemorragie* genoemd. Het kan voorkomen worden door medicijnen te gebruiken die de baarmoeder stimuleren om samen te trekken en door de baarmoeder te masseren. Wanneer een vrouw veel bloed verliest na de bevalling, is dat meestal omdat de baarmoeder niet samentrekt, wat men *baarmoederatonie* noemt. De arts, verloskundige of vroedvrouw kan uw baarmoeder na de bevalling masse-

ren en uitleggen hoe u dat zelf moet doen om de baarmoeder stevig en samen-
getrokken te houden. Daarmee voorkomt u extra bloedverlies en eventuele
bloedarmoede.

↷ Placenta en navelstreng naar de bloedbank

Vroeger werden de placenta en de navelstreng na de bevalling weggegooid.
Tegenwoordig bewaart men ze voor latere bloedtransfusies.

Het bloed kan worden 'opgeslagen' en later gebruikt worden voor het kind,
zijn ouders of broers en zussen. Soms wordt het ook ter beschikking gesteld
van anderen, net als bij gewone bloedtransfusies.

Bloed uit de navelstreng kan gebruikt worden bij de behandeling van kanker
en genetische afwijkingen die men nu via beenmergtransplantaties behandelt.
Kinderen met leukemie, bepaalde afwijkingen in hun afweersysteem of andere
bloedziekten werden er al succesvol mee geholpen. Men onderzoekt nu ook het
gebruik van bloed uit de navelstreng voor gentherapie bij een aantal ziekten
zoals aids, sikkelcelanemie, diabetes en andere genetisch bepaalde ziekten.

Bloed uit de navelstreng bevat dezelfde waardevolle cellen als beenmerg. Die
cellen worden op een eenvoudige manier verkregen en kunnen gedurende jaren opgeslagen worden. Onmiddellijk na de bevalling wordt het bloed uit de navelstreng opgevangen. Daarna wordt het overgebracht naar een bloedbank, waar het ingevroren en bewaard wordt. Deze procedure is noch voor de moeder noch voor de baby schadelijk.

Tip voor Week 39

Verwijder etiketten van kleding en andere cadeautjes niet voor de baby geboren is.
Misschien moet u de spulletjes wel omruilen omdat de maat, de kleur of het 'geslacht' ervan niet juist is.

Week 40

Leeftijd van de foetus – 38 weken

Hoe groot is de baby?

Nu weegt uw kindje ongeveer 3400 g. Het meet van kruin tot stuit 37 tot 38 cm en in totaal ongeveer 48 cm. De baby vult nu de baarmoeder volledig en heeft niet veel ruimte meer om te bewegen.

Hoeveel bent u aangekomen?

Ongeveer 16 tot 20 cm boven uw navel kunt u de bovenrand van uw baarmoeder voelen. Vanaf het schaambeen gemeten is de baarmoeder zo'n 36 tot 40 cm groot.

Bovenstaande resultaten kunnen u nu misschien nog weinig schelen. U voelt zich dikker dan ooit tevoren en zou willen dat de baby geboren werd. Voor het zover is, wordt u misschien nog een beetje dikker... Laat u echter niet ontmoedigen: weldra wordt uw kindje geboren!

Zo groeit en ontwikkelt uw baby zich

Bilirubine komt vrij bij de afbraak van rode bloedcellen. Voor de geboorte wordt deze stof moeiteloos van de foetus via de placenta naar de bloedsomloop van de moeder afgevoerd. Zo raakt uw baby de bilirubine kwijt. Als de baby na de bevalling afgenaveld is, moet hij er zelf voor zorgen dat deze stof verwijderd wordt uit zijn lichaam.

Een voldragen baby heeft nog maar weinig ruimte om te bewegen in de baarmoeder, zodat u tijdens de laatste weken van de zwangerschap minder bewegingen voelt.

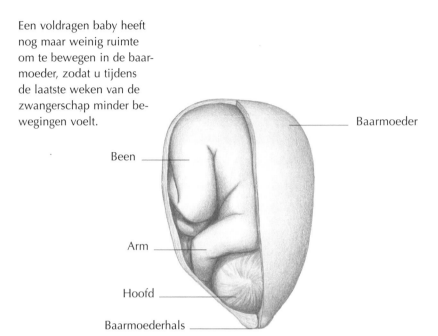

Baarmoeder

Been

Arm

Hoofd

Baarmoederhals

ॐ *Geelzucht bij pasgeborenen*

Als de baby problemen heeft met het afvoeren van bilirubine, blijft er steeds meer van die stof achter in zijn bloed. Daardoor krijgen de huid en het wit van de ogen een gelige kleur. Rond de derde of vierde dag na de geboorte bereikt de hoeveelheid bilirubine in het bloed een hoogtepunt. Daarna vermindert het langzaam aan. De kinderarts, verloskundige of vroedvrouw kijkt of uw kindje geelzucht heeft. Soms voert men ook een bloedonderzoek uit om te zien hoe hoog het bilirubinegehalte is.

Geelzucht bij pasgeborenen wordt behandeld met lichttherapie. De baby wordt onder speciale lampen gelegd, die dwars door de huid heen de bilirubine afbreken. Als echt heel veel bilirubine in het bloed aanwezig is, kan een wisseltransfusie van bloed nodig zijn.

Kernicterus bij een pasgeborene   Een extreem hoog bilirubinegehalte (hyperbilirubinemie) kan bij pasgeborenen voor een ernstige complicatie zorgen, die we *kernicterus* noemen. Prematuurtjes hebben hiervan vaker last van dan voldragen pasgeboren kinderen. Als de baby het overleeft, kan hij er neurologische problemen aan overhouden, zoals spasticisme, een gebrekkige spiercoördinatie en geestelijke achterstand. Gelukkig komt kernicterus zelden voor bij pasgeboren kinderen.

Veranderingen bij u

U bereidt zich nu voor op de geboorte van uw kindje! Als dit uw eerste baby is, bent u waarschijnlijk heel opgewonden en een beetje bang. U zult zich nog lang de geboorte van uw kindje herinneren.

Nu moet u beslissen wie u tijdens de bevalling aan uw zijde wilt. In bepaalde gevallen zijn familieleden aanwezig. Sommige paren nemen graag jongere kinderen mee naar de verloskamer, zodat ze hun nieuwe broertje of zusje geboren kunnen zien worden. Praat daar lang genoeg van tevoren over met uw arts, vroedvrouw of verloskundige. Voor u en uw partner is de bevalling misschien bijzonder, maar jonge kinderen kunnen er angstig van worden.

Uw invloed op uw baby

✂ *Wat gebeurt er als u in het ziekenhuis aankomt?*

Geneer u niet als u naar het ziekenhuis moet gaan om te laten controleren of de weeën al begonnen zijn. Het ziekenhuispersoneel en uw arts vinden dat helemaal niet erg. Ze zijn er immers speciaal voor u! Als u niet zeker weet of de weeën begonnen zijn, praat dan met uw arts, verloskundige of de vroedvrouw op de verlosafdeling. Zij kunnen u vertellen of u al opgenomen moet worden of u nog terug naar huis kunt gaan. Als u nog in de latente fase blijkt te zijn, zal men u ervan proberen te overtuigen dat het beter is om weer naar huis te gaan. De vroege arbeid wordt immers veel beter beleefd en doorgemaakt in uw eigen omgeving. Men zal u zeggen wanneer u terug kunt komen naar het ziekenhuis.

Wanneer u in het ziekenhuis aankomt, zal men u onderzoeken. Op de verlosafdeling wordt een kopie van uw gegevens bewaard. De mensen waarmee u spreekt in het ziekenhuis, moeten alles weten over eventuele problemen of complicaties tijdens de zwangerschap.

Na uw opname wordt u naar een onderzoekskamer gebracht om te zien of de weeën werkelijk begonnen zijn. Het is belangrijk dat u weet of u contracties hebt, hoe vaak ze voorkomen, hoe lang ze duren en hoe sterk ze zijn. Meestal gaat men dat na met externe elektroden (zie Week 38). De elektroden worden op uw buik bevestigd om te zien hoe vaak de contracties terugkeren en hoe lang ze duren.

U moet ook weten of uw vliezen al gebroken zijn. Een vroedvrouw, verloskundige of arts kijkt ook of u al ontsluiting hebt. Het kan nuttig zijn om te weten of dat al het geval was (en in hoeverre) toen u voor het laatst onderzocht werd.

Men zal u vragen om een korte beschrijving van uw zwangerschap te geven. Vermeld daarbij alle medische problemen, ook bloedverlies. Ook als u weet dat uw baby in een stuit ligt, moet u dat meedelen. Denk niet zomaar dat het medisch personeel dat al weet. Verder meet men uw bloeddruk, polsslag en temperatuur. Dit onderzoek duurt meestal wel een tijdje, zodat men precies weet of de bevalling al dan niet begonnen is.

Als de weeën inderdaad begonnen zijn en u in het ziekenhuis moet blijven, zullen er nog andere dingen gebeuren. U moet inschrijvingsformulieren invullen als dat nog niet gebeurd is.

Na de registratie krijgt u misschien een lavement of een infuus. De arts bespreekt eventueel met u methodes om de pijn te verlichten.

Bloed wordt soms afgenomen voor onderzoek. Afhankelijk van in welk ziekenhuis u terechtkomt, welke arts, vroedvrouw of verloskundige u hebt gekozen en wat u van tevoren hebt geregeld, worden misschien nog andere onderzoeken uitgevoerd.

∾ Creëer zo veel mogelijk kansen tijdens de bevalling

Terwijl u zich voorbereidt op de weeën en de bevalling, moet u een aantal zaken afwegen. Hoe gaat u proberen door de bevalling heen te komen? Met een epidurale verdoving? Of probeert u het zonder medicijnen? Iedere vrouw is anders. Daarom verloopt ook iedere bevalling anders. Het is moeilijk om van tevoren te zeggen wat er gaat gebeuren en welke methodes voor pijnverlichting u nodig zult hebben. U kunt ook niet weten hoe lang de bevalling zal duren: 3 uur of 20 uur? Stel u zo flexibel mogelijk op. Zorg ervoor dat u weet wat de mogelijkheden zijn.

Praat tijdens de laatste 2 maanden over dergelijke zaken met uw arts, vroedvrouw of verloskundige, zodat u vertrouwd raakt met zijn/haar visie over bevallen. U moet weten welke faciliteiten het ziekenhuis van uw keuze biedt. Misschien zijn bepaalde middelen niet overal beschikbaar.

∾ Pijn bestrijden zonder medicatie

Het is onmogelijk om te vertellen hoe het barenswerk en bevalling zullen verlopen. Het is wel belangrijk om uzelf erop voor te bereiden. Door kennis te hebben van wat er kan gebeuren, wordt de angst voor het onbekende minder. De weeën beginnen door de productie van oxytocine. Het lichaam maakt tegelijkertijd ook endorfine aan. Endorfine is een morfineachtige stof die de pijnbeleving vermindert.

Het lichaam zorgt dus zelf voor een zekere pijnverdoving. Maar elke bevalling gaat gepaard met een zekere pijn. Bij sommige vrouwen is deze beperkt, maar meestal zijn weeën pijnlijk. Het gaat erom wat u met de weeën doet. U kunt ze proberen op te vangen door een bewuste ademhaling, door rugmassage, aromatherapie, acupressuur of door een bepaalde houding te kiezen. Durf creatief te zijn bij het zoeken naar de beste ontspanningsmethode en vraag raad aan uw vroedvrouw of verloskundige. Tijdens elke bevalling komt er een moment dat u het gevoel hebt dat u de pijn niet

> **Tip voor Week 40**
>
> Als u een bepaalde houding, massage, ontspanningstechniek of hypnotherapie wilt proberen om de pijn te verlichten, kunt u dat het beste op voorhand bespreken met uw dokter.

meer kunt verdragen. Op dat moment kunt u er zeker van zijn dat het einde in zicht is. Het is zinvol om aan het eind van de ontsluitingsfase een warm bad te nemen. Warm water geeft een diepere relaxatie, de pijn wordt als minder intens ervaren, wat de ontsluiting ten goede komt. Het is een niet-medicamenteuze manier om u door dit moeilijke moment te leiden.

ᘓ *Houdingen tijdens de bevalling*

De meeste vrouwen in Europa bevallen liggend op hun rug. Sommige vrouwen proberen verschillende houdingen uit om de pijn te verlichten en de bevalling voor hun baby makkelijker te maken. Het aannemen van verschillende houdingen, vooral die in verticale positie, heeft meerdere voordelen.

Vroeger gebeurde het vaak dat vrouwen rechtop bevielen, in een houding waarin het bekken verticaal staat, zoals geknield, gehurkt, staand of zittend. In deze houdingen blijft de buikwand ontspannen en zal de baby gemakkelijker door het geboortekanaal naar beneden komen. De weeën zullen wel sterker zijn en elkaar sneller opvolgen, maar daardoor zal de bevalling korter duren.

Vrouwen willen tegenwoordig bewust kiezen voor een bevallingshouding. De vrijheid in het maken van die keuze kan de vrouw in kwestie meer zelfvertrouwen geven tijdens de bevalling. Als u zelf keuzes hebt gemaakt, kan de hele bevalling een mooiere ervaring worden voor u.

Als u de houding tijdens de bevalling belangrijk vindt, praat er dan over met uw arts, vroedvrouw of verloskundige. Dan moet u tijdens de bevalling waarschijnlijk kunnen beschikken over speciaal materiaal, zoals een baarkruk of een barre om te hurken.

Rondlopen en *staan* is goed tijdens de bevalling, vooral in de vroege fase. U zult beter kunnen ademen en ontspannen. Onder een warme douche staan kan de pijn verlichten. Als u rondloopt, zorg er dan voor dat er iemand bij u is om u te steunen (lichamelijk en emotioneel).

Door te *zitten* vermindert u de intensiteit en frequentie van de contracties en vertraagt u het bevallingsproces. U kunt even gaan zitten om te rusten nadat u hebt rondgewandeld, maar zitten is voor de rest geen comfortabele houding. Zitten *op handen en knieën* helpt om rugpijn te verlichten. Ergens tegenaan leunen terwijl u *knielt*, zoals tegen een stoel of tegen uw partner, is goed om uw rugspieren te rekken. De effecten van knielen zijn hetzelfde als bij staan of rondlopen.

Als u niet kunt staan, lopen of knielen, ga dan *op uw zij liggen*. Dat is bijvoorbeeld het geval wanneer u pijnstillende medicatie krijgt via een infuus. Lig afwisselend op uw linker- en rechterzij.

Op uw rug liggen is wel de meest algemene bevallingshouding, maar zeker niet de beste om het bevallingsproces op gang te houden. Door te liggen kan uw bloeddruk dalen en de baby's hartslag. Als u toch ligt, leg dan een kussen onder uw schouders en hoofd, of zet het hoofdeind van het bed hoger, zodat u niet helemaal plat ligt.

✎ Massage om pijn te verlichten

Massage is een mooie en zachte manier om pijn te verlichten tijdens de bevalling. De aanrakingen en strelingen helpen om u te ontspannen. U wordt rustiger en voelt minder pijn. Tijdens de weeën kunnen de volgende lichaamsdelen gemasseerd worden: hoofd, nek, rug en voeten. De persoon die de massage uitvoert moet goed letten op de reacties van de vrouw om de juiste druk uit te oefenen. U kunt het beste al vooraf oefenen met uw partner zodat jullie tijdens de bevalling weten wat te doen.

Met *effleurage* worden zachte strelingen van de vingertoppen bedoeld. De vingers blijven altijd in contact met de huid. Deze techniek is geschikt voor de vroege fase van de bevalling. Begin met de handen aan weerszijden van de navel. Beweeg de handen dan naar buiten en naar boven toe en eindig de cirkelvormige beweging bij de schaamstreek. U kunt ook de bovenbenen mee masseren.

Drukmassage is erg geschikt om rugweeën te verlichten. Plaats de muis van de hand of de platte kant van de vuist (of een tennisbal) tegen het staartbeen en druk stevig in een kleine cirkelbeweging.

Uw voeding

✎ Eten en drinken tijdens de bevalling

Vrouwen willen graag nog eten in het vroege stadium van de bevalling. Dat kan gerust toegelaten worden. Het probleem zit hem vooral in het eventueel noodzakelijk toedienen van algemene narcose. Op dat moment is het gevaarlijk dat er voeding in de maag zit, omdat die kan terugvloeien en worden ingeademd, wat tot verstikking kan leiden.

Het is toch van belang om te weten dat honger en vermoeidheid inefficiënte weeën veroorzaken en dan kan weer leiden tot het gebruik van oxytocine en kunstverlossingen. De wens om te eten vermindert in ieder geval wanneer de bevalling vordert.

Dit is ook belangrijk!

↝ *Uw begeleider tijdens de bevalling*

Hoogstwaarschijnlijk is dat uw partner, maar dat hoeft niet per se. Een goede vriend(in) of een familielid, bijvoorbeeld uw moeder of zus, kan u ook prima bijstaan tijdens de bevalling. Wacht niet tot de laatste minuut voor u iemand vraagt of hij/zij u wil begeleiden. Geef hem of haar voldoende tijd om zich voor te bereiden en ervoor te zorgen dat hij of zij er daadwerkelijk bij kan zijn. Niet iedereen woont graag een bevalling bij. Misschien ook uw partner niet. Dwing uw partner of begeleider er niet toe om bij de bevalling aanwezig te zijn als hij of zij dat niet wil.

Net als bij een zwangerschapscursus is een goede voorbereiding het halve werk. Vroeger beviel een vrouw alleen, in het bijzijn van een vroedvrouw of verloskundige en eventueel een arts, terwijl haar partner in de wachtkamer liep te ijsberen.

Gelukkig zijn de tijden veranderd! Een begeleider is zo waardevol omdat hij of zij u steunt tijdens de zwangerschap, de weeën, de bevalling en de herstelperiode erna. Maak daarom een weloverwogen keuze.

Wat kan uw partner of begeleider doen? Hij of zij is misschien wel het waardevolste wat u hebt tijdens de bevalling. Uw partner of begeleider kan u op verschillende manier helpen om u voor te bereiden op de weeën en de bevalling. Hij of zij steunt u tijdens de weeën en deelt samen met u in de vreugde die de geboorte van de baby met zich meebrengt.

Spreek tijdens de laatste 4 tot 6 weken van de zwangerschap af waar u uw begeleider op elk moment van de dag kunt bereiken. Het kan nuttig zijn om een tweede chauffeur te regelen, bijvoorbeeld een buur of vriend(in), die altijd beschikbaar is. Als u niet op tijd uw begeleider kunt bereiken, maar dringend naar het ziekenhuis moet, kan die 'stand-in' u wel wegbrengen. Voordat u naar het ziekenhuis gaat, kan uw begeleider de contracties 'timen', zodat u het medisch personeel daarover de nodige informatie kunt geven.

Zodra u in het ziekenhuis aankomt, zult u allebei een beetje zenuwachtig zijn. Uw begeleider kan ervoor zorgen dat u zich wat ontspant. Bijvoorbeeld door:

- tegen u te praten tijdens de weeën
- u aan te moedigen en gerust te stellen tijdens de weeën en wanneer u moet persen
- de deur in de gaten te houden en dus op uw privacy te letten
- te helpen om de spanning tijdens de weeën wat te verlichten
- u aan te raken, te knuffelen en te kussen (Als u tijdens de bevalling niet aangeraakt wilt worden, zeg dat dan tegen uw begeleider.)
- u te zeggen dat u gerust mag roepen om uw pijn af te reageren
- met een washandje uw mond en gezicht af te vegen, uw buik of rug te wrijven, uw rug te ondersteunen terwijl u perst
- wat sfeer in de verloskamer te brengen, bijvoorbeeld door muziek en aangepaste verlichting (Bespreek dat van tevoren met het personeel; breng zaken mee die u denkt nodig te hebben.)
- foto's te maken (De meeste paren herinneren zich naderhand hun blijdschap bij de geboorte het best door foto's te bekijken.)

Uw begeleider kan wat rusten of een pauze nemen tijdens de weeën, vooral als de bevalling lang duurt. Hij of zij kan iets eten in de gang of in het ziekenhuisrestaurant.

Er zijn allerlei zaken die paren doen om wat afleiding te hebben tijdens de weeën: namen kiezen voor de baby, spelletjes spelen, tv-kijken of naar muziek luisteren. Een begeleider moet liever geen werk meenemen naar de verloskamer. Als hij zit te telefoneren met klanten of zit te werken, getuigt dat van weinig medeleven met zijn vrouw.

Praat met de arts, vroedvrouw of verloskundige over het aandeel dat uw partner kan hebben in de bevalling, bijvoorbeeld het doorknippen van de navelstreng of de baby na de geboorte baden. In sommige ziekenhuizen mag u dat zelf doen. Onthoud dat uw arts of verloskundige verantwoordelijk is voor uw welzijn en dat van de baby. Stel geen eisen die voor complicaties kunnen zorgen.

Bespreek van tevoren wie u zult opbellen om het blijde nieuws te vertellen. Leg een lijstje met namen en telefoonnummers klaar. Misschien wilt u zelf wel enkele mensen opbellen.

Praat met uw begeleider over hoe en wanneer u de baby aan derden wilt laten zien. Als u wilt dat uw partner erbij is wanneer vrienden of familieleden de baby voor het eerst zien, maak dat dan duidelijk. Neem de tijd voor uzelf.

Daarna kunt u de baby laten zien aan vrienden en familieleden en samen met hen delen in de vreugde.

☞ *De vaginale geboorte*

Een gewone, vaginale geboorte (in tegenstelling tot de keizersnee, zie Week 37) is zonder complicaties mogelijk bij de meeste vrouwen. De bevalling bestaat uit drie fasen. In de eerste fase zal de baarmoeder gedurende lange tijd samentrekken (*weeën*) om de baarmoederhals dunner en wijder te maken. Wanneer de baarmoederhals volledig open is (meestal 10 cm), is er voldoende opening zodat het babyhoofd erdoor kan. Dan kunt u gaan persen en kan de tweede fase beginnen, namelijk de *uitdrijvingsfase*. Het persen kan 1 tot 2 uur duren of enkele minuten. Aan het einde van deze fase wordt de baby geboren. Tijdens de derde fase worden de placenta en de vliezen geboren. Dat gebeurt meestal 15 minuten na de geboorte van de baby en wordt nageboorte genoemd. Als de placenta niet spontaan en volledig loskomt van de baarmoederwand, kan dat voor problemen zorgen (zie Week 39). Vrouwen bij wie dit al is voorgevallen, die een miskraam hebben gehad, een keizersnee of een dilatatie en curettage hebben ondergaan, hebben meer kans dat de placenta niet volledig en spontaan loskomt. Na de bevalling wordt een eventuele knip gehecht.

Na de geboorte worden u en uw baby onderzocht. U kunt dan ook uw baby eindelijk in uw armen houden en voor het eerst borstvoeding geven.

Meestal kunt u de weeën opvangen en de baby ter wereld brengen in dezelfde kamer. In sommige ziekenhuizen zult u tijdens de weeën in een opnamekamer verblijven en voor de eigenlijke bevalling naar de verloskamer worden overgebracht. Daarna gaat u naar een kamer, waar u de rest van uw verblijf doorbrengt.

De baby blijft constant op de kamer van de moeder, tenzij dat om bepaalde redenen niet mogelijk is. Sommige kamers hebben een bank of een stoel die omgevormd kan worden tot een bed, zodat uw partner na de bevalling bij u kan blijven. Vraag ernaar bij de ziekenhuizen in uw buurt.

☞ *Wat gebeurt er na de geboorte met uw baby?*

De navelstreng wordt afgebonden en doorgeknipt. De baby wordt in schone handdoeken gewikkeld op uw buik gelegd en onderzocht en geëvalueerd. Rond 1 en 5 minuten na de geboorte wordt de Apgarscore toegekend. De baby krijgt een identificatiebandje rond de pols.

Vlak na de geboorte moet de baby warm gehouden worden. De vroedvrouw of verloskundige droogt uw kindje af en wikkelt het in warme doeken, zodat het op uw borst kan liggen of onderzocht kan worden.

Als er complicaties waren, moet de baby wat grondiger onderzocht worden. Zijn welzijn en gezondheid zijn immers het belangrijkst. U mag uw baby wel even vasthouden en voeden, maar als hij of zij ademhalingsproblemen heeft of extra zorgen nodig heeft, kunt u hem of haar beter voor onderzoek overlaten aan het medisch personeel.

De baby wordt gewogen, gemeten en men maakt een afdruk van zijn voetje (in sommige instellingen). Druppeltjes tegen ontsteking worden in de ogen aangebracht. Verder krijgt baby vitamine K om zijn bloedstolling op peil te brengen. Als er problemen zijn, wordt de kinderarts onmiddellijk gewaarschuwd. Zo niet, dan wordt hij of zij zo snel mogelijk na de geboorte op de hoogte gebracht en wordt uw baby binnen 24 uur onderzocht.

Enkele dagen na de geboorte krijgt uw baby ook de zogenaamde hielprik om bepaalde stofwisselingsziekten op te sporen in een heel vroeg stadium.

De Apgarscore van uw baby De baby wordt 1 en 5 minuten na de geboorte onderzocht en geëvalueerd aan de hand van een *Apgarscore*. Het resultaat zegt veel over de algemene gezondheidstoestand van de pasgeborene.

Hoe hoger de score, hoe beter. Het kind wordt onderzocht op vijf gezondheidskenmerken. Voor elke categorie is 2 punten de hoogste score. De maximumscore is 10. Men onderzoekt het volgende:

Hartslag: als de hartslag niet hoorbaar is, krijgt de baby voor deze categorie 0. Voor minder dan 100 slagen per minuut wordt 1 punt gegeven, voor meer dan 100 worden 2 punten toegekend.

Ademhaling: 0 betekent dat de ademhaling afwezig is. 1 wijst op een oppervlakkige en onregelmatige ademhaling. Als de baby goed doorhuilt en ademt, krijgt hij 2 punten.

Spierspanning: deze geeft weer hoe goed de baby beweegt. Als de armen en benen er slap bijhangen, is de score 0. 1 wordt gegeven bij matige bewegingen en 2 bij goede, actieve bewegingen.

Reactie op prikkels: als er geen reactie is op prikkels, bijvoorbeeld het wrijven van armen en benen, krijgt de baby 0. Bij weinig bewegingen of grimassen als reactie is de score 1. Een baby die onmiddellijk en sterk reageert, krijgt 2 punten.

Huidskleur: een blauwe of bleke huidskleur krijgt 0. Als het lichaam roze is en de ledematen blauw, geeft men 1 punt. Een volledig roze baby krijgt een 2.

Baby's hebben slechts zelden de maximumscore van 10 punten. De meeste baby's krijgen na een normale, gezonde bevalling 7, 8 of 9. Als een baby die 1 minuut na de bevalling onderzocht wordt een laag Apgarcijfer heeft, moet hij misschien gereanimeerd worden. De arts, verloskundige of vroedvrouw stimuleert de baby om te ademen en te herstellen na de bevalling. Meestal is de Apgarscore na 5 minuten hoger dan na 1 minuut, omdat de baby dan actiever is en meer gewend is aan zijn nieuwe omgeving.

Week 41

Wanneer u overtijd bent

De uitgerekende datum is voorbijgegaan en u bent nog niet bevallen. U wordt het zwanger zijn ondertussen beu. U wilt uw baby in uw armen houden. Uw arts, vroedvrouw of verloskundige vertelt u telkens dat het nu niet lang meer duurt. Maar voor u is elke minuut te veel! Houd echter nog even vol, want het zal werkelijk niet lang meer duren.

Wat gebeurt er als u overtijd bent?

U bereidt zich nu voor op de komst van uw baby en telt de dagen af. Zoals ik al eerder gezegd heb, bevalt niet iedere vrouw op de uitgerekende dag. Ongeveer 10% van de baby's worden 2 weken of meer later geboren. U bent pas overtijd, als u langer dan 42 weken of 294 dagen zwanger bent, geteld vanaf uw laatste menstruatie.

Uw arts, vroedvrouw of verloskundige zal u blijven onderzoeken om te controleren of de baby het goed maakt en genoeg beweegt in de baarmoeder. Hij of zij zal controleren of er nog voldoende vruchtwater in de amnionholte zit. Misschien worden er nog extra onderzoeken gedaan, die hierna worden besproken.

✌ *Blijf uzelf verzorgen*

Blijf positief denken als u overtijd bent! Een evenwichtige voeding blijft belangrijk en uw vochtopname moet u zeker onderhouden. Als het nog mogelijk is om zonder problemen aan matige lichaamsbeweging te doen, ga dan wat wandelen of zwemmen. Bewegen in water is trouwens een van de beste dingen die u kunt doen op dit moment. U kunt zwemmen of oefeningen doen in het water zonder dat u bang hoeft te zijn dat u zult vallen of uw evenwicht zult verliezen. U kunt ook gewoon heen en weer wandelen in het zwembad.

U moet nu rusten en uzelf ontspannen, want uw baby zal weldra geboren worden. U zult het dan druk hebben! Gebruik deze extra tijd om alles klaar te maken voor de komst van de baby.

∞ *Als u overtijd bent*

De meeste baby's die twee weken of meer na hun uitgerekende datum worden geboren, komen zonder problemen ter wereld. Toch kunnen er problemen ontstaan bij een baby die langer dan 42 weken in de baarmoeder zit. Daarom worden er onderzoeken gedaan en wordt de bevalling als het nodig is ingeleid.

Terwijl de foetus groeit en zich ontwikkelt in de baarmoeder, hangt hij voor twee belangrijke functies af van de placenta: om te ademen en gevoed te worden.

Als u overtijd bent, kan de moederkoek misschien niet langer voor de ademhaling en de voeding van uw kindje zorgen. De baby lijdt dan aan ondervoeding en wordt *postmatuur* genoemd. Zo'n baby heeft bij de geboorte een droge, gebarsten, schilferende en gerimpelde huid, lange vingernagels en overvloedig veel haar. De huid is ook minder bedekt met vernix (huidsmeer). De baby ziet er bijna ondervoed uit en heeft te weinig onderhuids vet.

Aangezien een postmature baby de kans loopt om de voedende functie van de placenta kwijt te raken, is het belangrijk dat u weet hoe lang u precies zwanger bent. Dat is een van de redenen waarom u naar alle prenatale afspraken moet gaan.

Mogelijke onderzoeken

∞ *Elektronische foetale bewaking voor de bevalling (CTG)*

Elektronische foetale bewaking wordt meestal in het verloskwartier van het ziekenhuis uitgevoerd, maar kan ook thuis gebeuren. Terwijl u ligt, worden registratieplaatjes op uw buik bevestigd. Iedere keer dat de baby beweegt, wordt een knop ingedrukt, wat geregistreerd wordt op papier. Tegelijkertijd wordt de hartslag van de baby weergegeven. Als de baby beweegt, versnelt normaal gezien zijn hartslag. Door elektronische foetale bewaking kan de arts, verloskundige of vroedvrouw inschatten hoe de baby het maakt binnen in de baarmoeder.

∞ *Biofysisch profiel*

Dit is een uitgebreid onderzoek waarbij de foetus wordt onderzocht terwijl hij nog in de baarmoeder zit. Men kan door dit onderzoek te weten komen of het kind gezond is. Bij deze test wordt gebruikgemaakt van een bepaald puntensysteem. De eerste vier van onderstaande onderzoeken worden uitgevoerd met een echografie, de laatste met foetale monitoring (zie hierboven). Voor elk onderdeel wordt een score toegekend.

Men onderzoekt:

- de ademhaling van de foetus
- de bewegingen van de foetus
- de tonus van de foetus
- de hoeveelheid vruchtwater
- de hartslag van de foetus

Tijdens het onderzoek wordt gelet op de 'ademhalingsbeweging' van de foetus. Er wordt dus gekeken of de borstkas van het kind beweegt of uitzet. De score die wordt toegekend, hangt af van het aantal ademhalingsbewegingen dat men telt.

Ook op de bewegingen van de foetus wordt gelet. Als het kind weinig of niet beweegt tijdens het onderzoek, krijgt het een lage score.

De tonus van de foetus wordt op dezelfde manier onderzocht. Men kijkt of een baby met armen en benen beweegt.

Om tijdens een echografie te zien of er voldoende vruchtwater is, moet men al wat ervaring hebben. Bij een normale zwangerschap is er voldoende vruchtwater rond de baby. Als er weinig of geen vruchtwater aanwezig is, wijst dat op problemen.

De hartslag van de foetus wordt met een monitor gecontroleerd. Men vergelijkt veranderingen in de hartslag met de bewegingen van de baby. Het aantal veranderingen in de hartslag varieert, afhankelijk van de persoon die de test uitvoert en wat hij als een verandering beschouwt.

Voor elk van de vijf tests is 2 een normale en 0 een abnormale score. 1 is middelmatig. Men telt alle resultaten op om een eindscore te krijgen. De evaluatie kan verschillen afhankelijk van hoe geavanceerd de apparatuur is en van de ervaring van de persoon die de onderzoeken uitvoert. Hoe hoger de score, hoe beter het met de baby gaat.

Als de score heel laag is, kan men besluiten om de bevalling in te leiden. Als het resultaat bevredigend is, kan de test wekelijks of om de twee weken herhaald worden. Indien de resultaten geen duidelijk beeld scheppen, kan het onderzoek de volgende dag opnieuw uitgevoerd worden. Dat is afhankelijk van de omstandigheden en van de resultaten van de test. Voordat uw arts, vroedvrouw of verloskundige een beslissing neemt, zal hij of zij de informatie die verkregen werd door de tests grondig bestuderen.

De bevalling inleiden

Het inleiden van de bevalling is een verloskundige interventie met als doel de verlossing op gang te brengen zonder de spontane weeën af te wachten. De zwangerschap wordt voortijdig beëindigd in omstandigheden waarbij aangenomen wordt dat het beëindigen van de zwangerschap beter is voor de baby dan een verder verblijf in de baarmoeder, bijvoorbeeld bij hypertensie, zwangerschapsdiabetes, voortijdig gebroken vliezen, te weinig vruchtwater of groeiachterstand van de baby.

Niet-medische indicaties worden echter in toenemende mate de reden voor het inleiden van de baring. Dergelijke niet-medische factoren kunnen zowel patiënt- als artsgebonden zijn, zoals opportuniteit, comfort en veiligheid bij een geplande verlossing. Er moet echter voorzichtig omgesprongen worden met het inleiden, want het kan heel wat nadelige gevolgen hebben, zeker bij een eerste zwangerschap en/of bij onrijpe baarmoederhals.

Om de bevalling in te leiden plaatst men een stof (prostaglandine) in de schede ter hoogte van de baarmoedermond. Daardoor wordt de baarmoederhals gestimuleerd tot rijpheid en ontsluiting. Vaak ontstaan daarna ook vanzelf de weeën. Vooral als u al eens eerder bevallen bent, lukt deze methode goed. Gaat het om een eerste bevalling, dan zullen de weeën meestal nog gestimuleerd moeten worden met een oxytocine-infuus. Dat is een infuus met het weeënopwekkende hormoon oxytocine, dat in kleine hoeveelheden wordt toegediend.

✣ *De baarmoedermond strippen om de bevalling in te leiden*

Een andere manier om te proberen de weeën op te wekken is het strippen van de baarmoedermond. Daarbij wordt met de vinger de baarmoedermond een beetje van de vruchtvliezen losgewoeld. Door het strippen wordt in het weefsel van de baarmoedermond een kleine hoeveelheid natuurlijk prostaglandine vrijgemaakt. Het strippen heeft alleen zin rond de periode dat de bevalling spontaan op gang zou komen.

Woordenlijst

Aambeien. Gezwollen bloedvaten in of rond de anus.

Aangeboren afwijking. Afwijking die bij de geboorte al aanwezig is.

Aangezichtsligging. Positie waarbij de baby eerst met zijn gezicht in het geboorte-kanaal komt. Wordt ook *voorhoofdsligging* genoemd.

Aerobe lichaamsbeweging. Beweging die de hartslag en het zuurstofverbruik ver-hoogt.

Aids (acquired immune deficiency syndrome). Een ziekte die het lichaam sterk verzwakt en meestal fataal is omdat het immuniteitssysteem wordt aangetast. Ze wordt veroorzaakt door het HIV-virus (human immune deficiency).

Alfafetoproteïne (AFP). Stof die de ongeboren baby tijdens zijn groei aanmaakt en die rijkelijk aanwezig is in het vruchtwater. Als de foetus afwijkingen aan de zenuwbuis (neuraalbuis) vertoont, is er een te grote hoeveelheid AFP in de bloedsomloop van de moeder.

Alveoli. Longblaasjes die zich aan het uiteinde van de luchtpijptakken bevinden.

Aminozuren. Bouwstoffen van eiwitten die in het embryo en de foetus aanwezig zijn voor de groei.

Amniocentese. Zie *vruchtwaterpunctie*.

Anemie. Zie *bloedarmoede*.

Anencefalie. Aangeboren misvorming, waarbij het schedeldak vrijwel volledig ont-breekt en de hersenen volledig ontbreken.

Angioom. Tumor, meestal goedaardig, of zwelling bestaande uit lymfvaten en bloedvaten.

Anovulatoire cyclus. Menstruele periode waarin geen eisprong optreedt.

Anti-inflammatoire medicijnen. Geneesmiddelen om pijn of ontstekingen te ver-lichten.

Areola. Gepigmenteerde of gekleurde cirkel rond de tepel.

Aritmie. Onregelmatige hartslag.

Aspiratie. Handeling waarbij vocht (zoals braaksel) uit een lichaamsholte wordt opgezogen met bijvoorbeeld een sonde.

Astma. Ziekte die gekenmerkt wordt door aanvallen van kortademigheid en moei-lijk ademen. Vaak veroorzaakt door een allergische reactie.

Auto-immuniteit. Toestand waarbij het lichaam antistoffen produceert die het ei-gen weefsel aantasten.

Baarmoeder. Orgaan waarin het embryo/de foetus groeit.

Baarmoederatonie. Verslapte, ontspannen baarmoeder. Gebrek aan tonus, spier-spanning.

Baby blues. Gematigde depressie na de bevalling.

Bèta-adrenergica. Stoffen die belangrijk zijn voor het overbrengen van stimuli en een invloed hebben op het autonome zenuwstelsel.

Bevruchting. Versmelting van een zaadcel met een eicel.

Bilirubine. Stof die vrijkomt in de lever bij de afbraak van rode bloedlichaam-pjes.

Binnenste kiemblad. Weefsellaag in het beginstadium van de zwangerschap, waar-uit het spijsverteringsstelsel, de luchtwegen, de vagina, de blaas en de urinelei-ders ontstaan. Wordt ook _endoderm_ genoemd.

Biofysisch profiel. Methode om een ongeboren kind te evalueren.

Biopsie. Het verwijderen van een klein stukje weefsel voor microscopisch onder-zoek.

Blastomeer. Een van de cellen waarin de eicel zich opsplitst na de bevruchting.

Bloedarmoede. Toestand waarbij het bloed te weinig rode bloedlichaampjes bevat. Meestal een tekort aan zuurstoftransporterend materiaal in het bloed, dus de rode bloedcellen.

Bloedsuikergehalte. Hoeveelheid suiker in het bloed. Gemeten met een bloed-test.

Braxton-Hicks contracties. Zie _harde buiken._

Buitenbaarmoederlijke zwangerschap. Zwangerschap die zich buiten de baar-moeder ontwikkelt.

Buitenste kiemblad. Laag in het zich ontwikkelende embryo, waaruit de huid, tanden, mondklieren, het zenuwstelsel en de hypofyse groeien. Wordt ook _ecto-derm_ genoemd.

Cataract, aangeboren. Troebelheid van de ooglens, reeds bij de geboorte aanwe-zig.

Cervixinsufficiëntie. Pijnloze, vroegtijdige uitrekking, ontsluiting van de baarmoe-derhals.

Chemotherapie. Methode om een ziekte met chemische stoffen of geneesmiddelen te bestrijden.

Chlamydia. Seksueel overdraagbare aandoening aan de geslachtsorganen.

Chloasma. Zie _zwangerschapsmasker._

Colostrum. Dunne, gele vloeistof. De eerste melk die door de borst wordt afge-scheiden. Komt voor tegen het einde van de zwangerschap en heeft een andere samenstelling dan de melk die later geproduceerd wordt.

Condylomata acuminata. Vergroeiingen of wratten op de huid die overgedragen worden door seksueel contact. Worden ook genitale wratten genoemd.

Conisatie van de baarmoedermond. Chirurgische ingreep bij verdacht weefsel in de baarmoedermond. Men neemt een grote kegelvormige biopsie van de baarmoedermond.

Constipatie. Verstopping; door onregelmatige of onvoldoende darmwerking.

Cystitis. Blaasontsteking.

Cytomegalie. Groep van virussen die verwant is met het herpesvirus.

Diastasis recti. Scheiding van de rechte buikspieren.

Diethylstilbestrol (DES). Niet-steroïde kunstmatig vervaardigd oestrogeen. Werd vroeger gebruikt om miskramen te voorkomen.

Dilatatie en curettage. Chirurgische ingreep waarbij de baarmoederhals opgerekt wordt en de baarmoederwand afgeschraapt.

Dwarsligging. Positie waarbij de foetus op zijn zij in de baarmoeder ligt.

Dysurie. Moeilijk of pijnlijk urineren.

Eclampsie. Stuiptrekkingen en coma bij een vrouw met pre-eclampsie. Houdt geen verband met epilepsie.

Ectoderm. Zie *buitenste kiemblad.*

Eeneiige tweeling. Tweeling die ontstaan is uit één eicel. Wordt ook *identieke tweeling* genoemd.

Eileider. Buis die aan de ene kant in de baarmoeder uitmondt en met het andere einde tegen de eierstok ligt.

Elektro-encefalogram. Registratie van de elektrische activiteit in de hersenen.

Embryo. Benaming voor de vrucht in het begin van de zwangerschap.

Embryonaal stadium. Eerste 10 weken van de zwangerschap.

Endoderm. Zie *binnenste kiemblad.*

Endometrische cyclus. Regelmatig terugkerende ontwikkeling van het baarmoederslijmvlies, die begint met de voorbereiding op een zwangerschap en eindigt met het afscheiden van het slijmvlies tijdens een menstruatie.

Endometrium. Baarmoederslijmvlies dat de binnenkant van de baarmoeder bekleedt.

Enzym. Eiwit dat aangemaakt wordt door de cellen. Maakt scheikundige reacties in andere stoffen mogelijk of bevordert ze.

Epidurale verdoving. Soort van plaatselijke verdoving waarbij men medicatie inspuit in het ruggenmerg tijdens de bevalling of een chirurgische ingreep.

Episiotomie. Het inknippen van de vulva (zone achter de vagina, boven de anus) tijdens de bevalling om te voorkomen dat de schedeopening en de anus inscheuren.

Exotoxinen. Giftige stoffen afkomstig van een bron buiten het lichaam.

Ferrogluconaat. IJzersupplement.

Fibrine. Elastisch eiwit dat belangrijk is voor de bloedstolling.

Foetaal kropgezwel. Zwelling van de schildklier bij de foetus.

Foetaal stadium. Stadium dat volgt op de embryonale periode (de eerste 10 weken van de zwangerschap) en duurt tot aan de geboorte.

Foetale anomalie. Misvorming of abnormale ontwikkeling van de foetus.

Foetale aritmie. Onregelmatige hartslag bij de foetus.

Foetale dood. Mislukte zwangerschap zonder bloedverlies of contracties. Wordt vaak pas na weken of maanden vastgesteld door middel van echografie.

Foetale groeiachterstand. Gebrekkige ontwikkeling van de foetus in de laatste stadia van de zwangerschap.

Foetale leeftijd. Berekening van de zwangerschapsduur vanaf het moment van de bevruchting; twee weken korter dan de zwangerschapsduur berekend vanaf de eerste dag van de laatste menstruatie.

Foetale monitor. Instrument dat voor en tijdens de bevalling de hartslag van de foetus registreert. De baby in de baarmoeder kan extern (elektroden worden aangebracht op de buik van de moeder) of intern (elektroden worden aangebracht via de schede van de moeder) onderzocht worden.

Foetus. Term die verwijst naar de ongeboren baby vanaf 10 weken.

Forceps. Zie *verlostang*.

Fysiologische bloedarmoede. Bloedarmoede tijdens de zwangerschap die veroorzaakt wordt door een verhoging van de hoeveelheid plasma (vloeistof) in vergelijking met het aantal cellen in het bloed. Zie *bloedarmoede*.

Gebroken vruchtvliezen. Vruchtwaterverlies uit de vruchtzak.

Geel lichaam. Plaats waar de eicel bij de ovulatie uit de eierstok vrijkomt. Na de eisprong kan daar een cyste gevormd worden.

Geelzucht. Gelige kleur van de huid, de ogen en het diepere weefsel, veroorzaakt door een teveel aan bilirubine. Wordt behandeld met lichttherapie.

Genetische counseling. Overleg tussen een echtpaar en een specialist over genetische afwijkingen en mogelijke genetische problemen tijdens de zwangerschap.

Genitale herpes simplex. Herpes simplex-ontsteking van de genitale zone. Bij een bevalling kan de pasgeboren baby besmet worden met het virus.

Genitale wratten. Zie *condylomata acuminata*.

Gespleten verhemelte. Afwijking aan het verhemelte, de bovenkaak of de mond.

Globulinen. Eiwitten die in het bloedplasma of -serum voorkomen.

Glucosebelastingproef. Onderzoek om de reactie van het lichaam op suiker te testen. Na inname van een suikerachtige stof wordt met regelmatige tussenpozen bloed afgenomen.

Glucosurie. Aanwezigheid van glucose in de urine.

Gonorroe. Besmettelijke geslachtsziekte die voornamelijk wordt overgedragen via geslachtsgemeenschap.

Grand mal. Epileptische aanval waarbij men de controle over zijn lichaam verliest.

Groeiachterstand. Toestand waarbij de baby zich trager dan normaal ontwikkelt in de baarmoeder.

Groep-B streptokokkeninfectie. Ernstige infectie in de vagina en keel van de aanstaande moeder.

Harde buiken. Onregelmatige, pijnloze contracties van de baarmoeder tijdens de zwangerschap.

HCG (human chorionic gonadotropin). Hormoon dat in het begin van de zwangerschap gemeten wordt. Ook zwangerschapstesten meten het HCG-gehalte in de urine.

Hematocriet. Verhouding tussen bloedcellen en plasma. Belangrijk bij de diagnose van bloedarmoede.

Hemoglobine. Pigment in de rode bloedlichaampjes dat zuurstof naar de verschillende weefsels transporteert.

Hemolytische ziekte. Vernietiging van rode bloedcellen. Zie *bloedarmoede.*

Heparine. Geneesmiddel om het bloed te verdunnen.

Holle ader. Zie *vena cava.*

Hyaliene membraanziekte. Ademhalingsafwijking bij een pasgeborene.

Hydramnion. Een teveel aan vruchtwater.

Hydrocefalie. Opeenhoping van vloeistof rond de hersenen van een baby. Wordt ook *waterhoofd* genoemd.

Hyperbilirubinemie. Te hoog gehalte aan bilirubine in het bloed.

Hyperemesis gravidarum. Zie *zwangerschapsbraken.*

Hyperglycemie. Verhoogd gehalte aan suiker in het bloed.

Hypertensie. Hoge bloeddruk, waarbij de diastolische en/of systolische druk te hoog is.

Hyperthyroïdie. Verhoging van het schildklierhormoon in het bloed.

Hypoplasie. Gebrekkige of onvolledige ontwikkeling van een orgaan of weefsel.

Hypotensie. Lage bloeddruk.

Hypothyroïdie. Lage of onvoldoende aanwezigheid van het schildklierhormoon in het bloed.

Identieke tweeling. Zie *eeneiige tweeling.*

IJzersulfaat. IJzersupplement.

IJzertekort. Bloedarmoede als gevolg van een tekort aan ijzer. Komt vaak voor tijdens de zwangerschap. Zie *bloedarmoede.*

Immunoglobuline. Stof die besmetting met bepaalde ziekten, bijvoorbeeld hepatitis of mazelen, voorkomt.

Indaling. Schatting van hoe ver de baby ingedaald is in het geboortekanaal.

Inknippen. Zie *episiotomie.*

Insuline. Hormoon dat wordt aangemaakt door de alvleesklier. Regelt de bloedsuiker.

Intra-uterien. In de baarmoeder.

Intra-uteriene groeiachterstand. Zie *foetale groeiachterstand.*

IUGR. Intra-uterine growth restriction of intra-uteriene groeiachterstand, zie *groei-achterstand.*

Keizersnee. Ingreep waardoor de baby door een incisie in de buik geboren wordt en niet door de vagina.

Ketonen. Afvalproducten van het metabolisme die teruggevonden worden in het bloed, vooral bij ondervoeding of ongecontroleerde diabetes.

Kiembladen. Lagen van weefsel die belangrijk zijn voor de ontwikkeling van de baby.

Kruin-tot-stuitlengte. Lengte van de baby gemeten van het hoofd (kruin) tot aan de billetjes (stuit).

Kwaadaardige molazwangerschap. Molazwangerschap die kenmerken van kanker vertoont.

Laparoscopie. Kleine chirurgische ingreep die uitgevoerd wordt om de urineleiders af te binden, de oorzaak van pijn in het bekken vast te stellen of een buitenbaar-moederlijke zwangerschap te diagnosticeren.

Lavement. Vloeistof die in de anus geïnjecteerd wordt om de darmen te reinigen.

Leucorree. Vaginale, vooral slijmerige afscheiding met een witte of gelige kleur.

Lichttherapie. Behandeling voor geelzucht bij een pasgeborene. Zie *geelzucht.*

Linea nigra. Zie *zwangerschapslijn.*

Longembolie. Bloedklonter die van een ander lichaamsdeel naar de longen reist. Kan de doorgang naar de longen blokkeren en voor zuurstoftekort zorgen.

Maagzuur, brandend. Ongemak of pijn in de slokdarm. Komt meestal voor na het eten.

Mammografie. Röntgenonderzoek van de borst om vast te stellen of het borstweef-sel al dan niet abnormaal is.

Meconium. Eerste, groen-gele ontlasting van een pasgeborene, die bestaat uit oude cellen, slijm en gal. Wordt aan het eind van de zwangerschap, tijdens de ge-boorte of in de eerste dagen uitgescheiden.

Melanoom. Moedervlek of tumor, al dan niet wijzend op kanker.

Meningomyelocèle. Aangeboren afwijking aan het centrale zenuwstelsel van een baby. Een gedeelte van de ruggenmergvliezen en het ruggenmerg stulpen door een opening in de ruggengraat naar buiten.

Menstruatie. Maandelijks bloedverlies afkomstig uit de baarmoeder.

Mesoderm. Zie *middelste kiemblad.*

Metaplasie. Abnormale verandering in de structuur van een weefsel.

Microcefalie. Abnormaal kleine ontwikkeling van het hoofd van de foetus.

Middelste kiemblad. Weefsellaag in het embryo waaruit bindweefsel, spieren, nie-ren, urineleiders en andere organen ontstaan. Wordt ook *mesoderm* genoemd.

Miskraam. Het natuurlijk afbreken van een zwangerschap. De geboorte van een embryo of foetus voordat de vrucht buiten de baarmoeder in leven kan blijven, meestal voor de 20ste week van de zwangerschap.

Mittelschmerz. Pijn wanneer de eisprong plaatsvindt; ook ovulatiepijn genoemd.

Moederkoek. Zie *placenta.*

Moerbei (*morula*). Hoopje cellen dat ontstaat uit de eerste celdeling van de bevruchte eicel.

Molazwangerschap. Afwijking waarbij de placenta cysten vertoont. Wordt gekenmerkt door bloedverlies in het begin- en middenstadium van de zwangerschap.

Mutaties. Veranderingen in een gen. Worden overgedragen van de ene celdeling naar de andere.

Nageboorte. Zie *placenta.*

Natrium. Element dat in veel voedingsmiddelen en vooral in zout zit. Te veel natrium opnemen kan vochtophoping veroorzaken.

Navelstreng. Verbindt de placenta met de baby. Voert afvalproducten en kooldioxide van de baby af en brengt zuurstofrijk bloed en voedingsstoffen van de moeder naar de baby.

Neuraalbuisdefect. Abnormale ontwikkeling van het ruggenmerg en de hersenen van een foetus. Zie *anencefalie, hydrocefalie, spina bifida.*

Nierstenen. Kleine massa of neerslag in de nieren of urinewegen. Kunnen de urineafvoer verhinderen.

Niet-identieke tweeling. Zie *twee-eiige tweeling.*

Ochtendmisselijkheid. Misselijkheid en braken in het begin van de zwangerschap. Wordt in ernstige vormen ook *hyperemesis gravidarum* genoemd.

Oefenweeën. Contracties van de baarmoeder zonder dat de baarmoederhals ontsluit.

Oligohydramnion. Afwezigheid of tekort aan vruchtwater.

Omfalocèle. Navelstrengbreuk, waarbij de organen van de foetus of pasgeborene in meer of mindere mate uitpuilen uit de buik.

Onvolkomen stuitligging. Positie waarbij de billetjes van de baby voor het geboortekanaal liggen. De benen zijn opgetrokken en vanaf de knieën uitgestrekt.

Open rug. Zie *spina bifida.*

Opiumderivaten. Synthetische stoffen die hetzelfde effect hebben als opium.

Organogenese. Ontwikkeling van de organen bij een foetus.

Ossificatie. Botvorming.

Ovariale cyclus. Regelmatige productie van hormonen in de eierstok als antwoord op hormonale boodschappen gestuurd door de hersenen. De ovariale cyclus regelt de *endometrische cyclus.*

Ovulatie. Eisprong.

Oxytocine. Hormoon dat contracties opwekt.

Paracervicale verdoving. Plaatselijke verdoving voor de ontsluiting van de baarmoedermond.

Pediater. Arts die gespecialiseerd is in de behandeling van baby's en kinderen.

Pelvimetrie. Meting van het geboortekanaal of het bekken, uitgevoerd met röntgenstralen.

Perinatoloog. Arts gespecialiseerd in de behandeling van zwangerschappen met veel risico's.

Petit mal. Korte epileptische aanval die gepaard kan gaan met een korte bewusteloosheid, knipperen van de oogleden en een lichte vertrekking van de mond.

Placenta. *Moederkoek.* Orgaan in de baarmoeder dat via de navelstreng verbonden is met de foetus. Is van levensbelang voor de groei en ontwikkeling van de foetus. Wordt ook *nageboorte* genoemd na de geboorte van de baby.

Placentaloslating. Toestand waarbij de placenta te vroeg loskomt van de baarmoederwand.

Placentamegalie. Abnormaal sterke groei van de placenta.

Placenta praevia. Moederkoek die laag in de baarmoeder ligt en de baarmoederhals geheel of gedeeltelijk bedekt.

Pneumonie. Longontsteking.

Polyhydramnion. Zie *hydramnion.*

Postmature baby. Baby die geboren wordt na meer dan 42 weken zwangerschap.

Postpartum hemorragie. Bloedverlies van meer dan 450 ml na de bevalling.

Postpartum stress. Depressie na de bevalling, variërend van baby blues, postnatale depressie tot postnatale psychose.

Pre-eclampsie. Zwangerschapsvergiftiging; een combinatie van symptomen die alleen tijdens de zwangerschap voorkomen, zoals hoge bloeddruk, oedeem, opzwelling en veranderde reflexen.

Proteïnurie. Aanwezigheid van eiwit in de urine.

Pruritus gravidarum. Jeuk tijdens de zwangerschap.

Pyelonefritis. Ernstige nierbekkenontsteking.

Radioactieve scan. Diagnosetest waarbij radioactieve stoffen in het lichaam worden geïnjecteerd en gescand om eventuele lichamelijke problemen vast te stellen.

Radiotherapie. Behandelingsmethode voor veel soorten van kanker.

Rechtstand. Zie *vertex.*

Rekkingspijn. Pijn doordat de banden aan de zijkant van de baarmoeder uitgerekt worden.

Resusantagonisme. Zie *resusincompatibiliteit.*

Resusincompatibiliteit. Productie van antilichamen die de rode bloedcellen van een ander individu, bijvoorbeeld van een ongeboren baby, aanvallen. Komt vaak voor bij een resusnegatieve vrouw die een resuspositieve baby draagt of resuspositief bloed heeft gekregen. Wordt ook *resusantagonisme* genoemd.

Resusnegatief. Afwezigheid van de resusfactor in het bloed.

RhoGAM®. Medicijn dat tijdens de zwangerschap en na de bevalling toegediend wordt om resusincompatibiliteit te voorkomen.

Ruggenprik. Zie *epidurale verdoving.*

Schaambeen. Bot dat in het midden van het bekken ligt. Vanaf deze plaats wordt vaak de grootte van de baarmoeder gemeten tijdens de zwangerschap.

Schildklieraandoening. Abnormale werking van de schildklier, met een ongewone productie van het hormoon tot gevolg. Zie *hyperthyroïdie, hypothyroïdie.*

Schildklierhormoon. Chemische stof die geproduceerd wordt door de schildklier en een invloed heeft op het hele lichaam.

Schildklierstimulerend hormoon. Hormoon dat geproduceerd wordt in de hersenen en dat de schildklier stimuleert om het schildklierhormoon aan te maken.

Schimmelinfectie. Ook moniliale vulvovaginitis genoemd. Zie *vaginale schimmelinfectie.*

Seksueel overdraagbare aandoening (SOA). Infectie die wordt overgedragen door seksueel contact.

Siamese tweeling. Tweelingkinderen die met elkaar vergroeid zijn. Ze delen vaak bepaalde vitale organen.

Sikkelcelanemie. Bloedarmoede waarbij de rode bloedcellen de abnormale vorm van een sikkel of een cilinder hebben.

Sikkelcelcrisis. Pijnaanval die veroorzaakt wordt door sikkelcelanemie.

Slijmprop. Slijmerige massa in de baarmoedermond. Wordt meestal vlak voor de bevalling afgescheiden.

Spataders. Uitgerekte of gezwollen bloedvaten (aders).

Spina bifida. Aangeboren afwijking die gekenmerkt wordt door een misvorming van de ruggengraat. De ruggenmergvliezen en het ruggenmerg puilen uit het beschermende benige kanaal van de ruggengraat. Wordt ook *open rug* genoemd.

Spinale anesthesie. Verdoving via de rug.

Spontane miskraam. Spontane beëindiging van de zwangerschap tijdens de eerste 20 weken.

Spruw. Schimmelinfectie in de mond of de slijmvliezen van een pasgeborene.

Stasis. Belemmering in de stroming van een lichaamsvloeistof.

Steroïden. Groep medicijnen van hormonale oorsprong die gebruikt worden om allerlei ziekten te bestrijden. Oestrogeen, testosteron, progesteron, prednison zijn er enkele van.

Stervormig angioom. Zie *teleangiëctasie.*

Striae. Strepen die over de huid lopen, meestal op de buik, borsten, billen en benen. Ook *zwangerschapsstrepen* of *striemen* genoemd.

Stuitligging. Abnormale ligging van de foetus. Niet het hoofd, maar de billetjes of de benen zitten eerst in het geboortekanaal.

Stuwing. Overvulling; gevuld met vloeistof (melk).

Surfactant. Fosfolipide in de longen dat de oppervlaktespanning van de longen beïnvloedt. Premature baby's hebben vaak een tekort aan surfactant, zodat ze niet zelfstandig kunnen ademen.

Syfilis. Geslachtsziekte die via seksueel contact wordt overgedragen en veroorzaakt wordt door *treponema pallidum.*

Teken van Chadwick. Donkerblauwe of paarse verkleuring van het slijmvlies in de vagina en baarmoedermond tijdens de zwangerschap.

Teken van Homan. Pijn bij het naar zich toe trekken van de tenen wanneer er een bloedklonter in het onderbeen zit.

Tekenen. Kleine hoeveelheid bloedverlies uit de vagina in het laatste stadium van de zwangerschap, vaak vlak voor de bevalling.

Teleangiëctasie. Zwelling van een klein bloedvat. Wordt ook *angioom* genoemd. Tijdens de zwangerschap spreekt men ook van *stervormig angioom.*

Teratogenen. Factoren en schadelijke stoffen die voor een abnormale ontwikkeling van het embryo zorgen.

Teratologie. Wetenschap die zich bezighoudt met de oorzaken van een abnormale ontwikkeling.

Thalassemie. Erfelijke afwijking van het metabolisme waarbij te weinig hemoglobine wordt geproduceerd.

Tocolyse. Het stopzetten van voortijdige weeën.

Tocolytica. Medicatie om voortijdige weeën af te remmen.

Toxoplasmose. Infectie veroorzaakt door *toxoplasma gondii,* meestal overgedragen door eieren van darmparasieten bij huisdieren.

Trimester. Elk van de drie periodes waarin een zwangerschap opgedeeld wordt. Een trimester duurt ongeveer 13 weken.

Trofoblast. Cellaag die belangrijk is in het begin van de foetale en embryonale ontwikkeling. Ze zorgt ervoor dat de foetus voedingsstoffen krijgt van de moeder en dat de placenta zich ontwikkelt.

Trombose. Vorming van een bloedklonter.

Twee-eiige tweeling. Niet-identieke tweeling die voortkomt uit twee verschillende eicellen.

Uitstrijkje. Routineonderzoek om de eventuele aanwezigheid van kanker in de baarmoederhals op te sporen.

Ureters. Urineleiders die de urine van de nieren naar de blaas voeren.

Vaccin. Vloeistof met verzwakte of dode micro-organismen, die geïnjecteerd wordt zodat het lichaam antistoffen kan produceren tegen bepaalde ziekten.

Vacuümextractor. Instrument met een zuignap dat gebruikt wordt om tijdens de bevalling het kind uit het geboortekanaal te leiden. Ook *vacuümpomp* genoemd.

Vacuümpomp. Zie *vacuümextractor.*

Vaginale schimmelinfectie. Ontsteking die veroorzaakt wordt door een schimmel en meestal de vagina en vulva aantast.

Vena cava. Holle ader die uitmondt in de rechter hartboezem en zuurstofarm bloed naar het hart transporteert, vanwaar het verder naar de longen gaat.

Verlostang. Instrument waarmee men de baby uit het geboortekanaal helpt.

Vermoedelijke bevallingsdatum. Vermoedelijke datum waarop de baby geboren wordt, 280 dagen na de eerste dag van de laatste menstruatie.

Vernix. Vette substantie die de huid van de foetus in de baarmoeder beschermt.

Verstrijking. Dunner worden van de baarmoedermond.

Vertex. Positie waarbij de foetus met het hoofd eerst in het geboortekanaal komt.

Vlokken. Uitstulpingen van slijmvlies. In de placenta heel belangrijk voor de uitwisseling van voedingsstoffen uit het bloed van de moeder naar de placenta en de foetus.

Vlokkentest. Diagnosetest die in het begin van de zwangerschap uitgevoerd wordt. Men maakt via de opening van de baarmoederhals een biopsie van het weefsel in de baarmoeder om afwijkingen op te sporen.

Voorhoofdsligging. Zie *aangezichtsligging.*

Voortijdige bevalling. Bevalling voor de 38ste week van de zwangerschap.

Vroedvrouw. Professioneel opgeleid om zwangere vrouwen te begeleiden, zowel medisch als psycho-sociaal. Zij/hij kan autonoom de zwangerschap, bevalling en de kraamperiode begeleiden.

Vruchtwater. Vloeistof die de baby in de vruchtzak omgeeft.

Vruchtwaterpunctie. Wegname van een kleine hoeveelheid vruchtwater, dat gebruikt wordt om genetische afwijkingen op te sporen.

Vruchtzak. Zak waarin de baby, de placenta en het vruchtwater zitten.

Waterhoofd. Zie *hydrocefalie.*

Zwangerschapsbraken. Hardnekkige misselijkheid, uitdroging en braken tijdens de zwangerschap, vooral in het eerste trimester.

Zwangerschapsdiabetes. Het optreden of verergeren van suikerziekte tijdens de zwangerschap.

Zwangerschapsduur. Berekening van de zwangerschapsduur vanaf de eerste dag van de laatste menstruatie.

Zwangerschapslijn. Bruine verkleuring in de vorm van een donkere lijn tussen de navel en het schaambeen. Ook *linea nigra* genoemd.

Zwangerschapsmasker. Onregelmatige, bruine vlekken op het gezicht of bepaalde lichaamsdelen.

Zwangerschapsstrepen. Zie *striae.*

Zwangerschapsvergiftiging. Zie *pre-eclampsie.*

Zygote. Resultaat van de versmelting van een zaadcel en een eicel.

Register